中国法治化
营商环境丛书

上海市行政法治研究所——编

优化营商环境的
上海实践

中国法制出版社
CHINA LEGAL PUBLISHING HOUSE

编委会

序言

Preface

近年来，我国以参与世界银行全球营商环境评估为抓手，大力营造稳定公平透明、可预期的营商环境，营商环境全球排名持续大幅提升。2020年，在世界银行营商环境评估中，我国位列第31位，连续两年被世界银行评选为全球营商环境改善幅度最大的10个经济体之一，被采信的改革措施数量位居全球前三，标志着我国已成为全球主要经济体中营商环境改善幅度最大的经济体。[①]为更好地贯彻新发展理念，推动经济社会高质量绿色协调发展，扎实做好“六稳”工作、落实“六保”任务，中国将继续对标国际一流水平，推进简政放权，持续打造市场化、法治化、国际化营商环境，为内外资企业及各类所有制企业提供优质公共服务和公平竞争环境，进一步激发市场主体活力，增强发展新动能，推进更高水平的对外开放。

上海市作为我国优化营商环境建设中的重点城市，在世界银行营商环境测评中发挥了重要作用。近年来，上海市委、市政府积极响应中央号召，深入贯彻习近平总书记关于“上海要瞄准最高标准、最高水平，打造国际一流营商环境”的重要指示，按照中共中央、国务院关于进一步优化营商环境的重要部署，对标最高标准、最高水平，打造贸易投资便利、行政效率高效、政务服务规范、法治体系完善的国际一流营商环境。上海市以优化深化“互联网+政务服务”为重点，以目标导向与问题导向相结合的制度建设为核心，持续深入推进“放

① 世界银行:《2020年营商环境报告》。

管服”改革，把打造法治化、国际化、便利化营商环境作为促进高质量发展、提升城市软实力和核心竞争力的重要举措，在扎实有效推进营商环境建设的基础上，聚焦制度建设、能力建设、窗口建设、机制建设，持续提升营商环境改革质量，以更有效的工作机制为保障，着力解决企业遇到的实际问题，更好满足企业提出的实际需求，积极推进营商环境改革取得了实实在在的新成效。①

优化营商环境只有进行时，没有完成时。为了更好推进上海优化营商环境建设，本书尝试阶段性地系统梳理、总结近年来上海对标世界银行评估指标优化营商环境的重要举措、超越标准主动扩围的成功做法，并在比对国内外其他地区、城市优化营商环境建设成功经验的基础上，分析上海地区存在的不足、提出具有针对性的对策建议，以期能够为上海及其他兄弟省市持续发力推进营商环境系统性改革、实施革命性的流程再造、强化营商环境的法治化保障水平提供有益的决策参考。

在结构上，本书共分为总报告、区域报告、专题调研和热点思考四个部分。第一部分“总报告”，即第一章上海市优化营商环境建设经验研究，较为全面系统地梳理了上海近年来在优化营商环境建设方面的主要举措和重要经验。第二部分“区域报告”，由第二章上海市黄浦区优化营商环境法治保障研究和第三章上海市闵行区浦江镇优化营商环境法治保障研究组成，以上海市黄浦区和闵行区浦江镇两个地区为代表，对上海市区、镇两级营商环境政策落实和法治保障建设经验作了区域调研。第三部分“专题调研”由第四章市场准入负面清单的治理实践与改革路径研究和第五章办理建筑许可的经验比较与指标优化研究构成，分别对市场准入负面清单和办理建筑许可这两项营商环境建设中的关键指标建设作了专题研讨。第四部分“热点思考”，由第六章优化法律服务业营商环境法治保障的思考和第七章优化科技型小微企业营商环境法治保障的思考构成，从实务角度为优化法律服务业和科技型小微企业营商环境法治保障角度

① 《上海进一步优化营商环境实施计划：设营商环境优化提升咨询会》，https://baijiahao.baidu.com/s?id=1627874667075181717&wfr=spider&for=pc，最后访问日期2020年12月。

提供了非常有益的思考。

本书的编写凝结了许多同志的付出和努力，非常感谢上海市司法局罗培新副局长倾情担任编写顾问，为本书的完善提供了非常宝贵的专业指导！

参与本书撰写工作的有：

上海市行政法治研究所王天品所长、王松林副所长、邓海娟研究员、史莉莉助理研究员、刘莹助理研究员、顾捷助理研究员、曾炫钊实习研究员；上海社会科学院法学研究所彭辉研究员；上海交通大学凯原法学院李德旺博士；黄浦区司法局党委书记王建忠局长、王翔副局长、普法依法治理科吴晓赟科长，邦信阳中建中汇律师事务所杜爱武主任、陈云开律师；上海市闵行区司法局党委书记金海民局长、丁妮副局长、法治科蒋晓闻科长；上海市闵行区浦江镇司法所黄伟强所长；华诚律师事务所仇倍珍律师、顾仲彦律师。

当然，由于能力所限，本书可能还存在很多不足之处，还望各位关心优化营商环境建设的读者朋友不吝批评指正！

编者

2022年3月

目 录

Contents

第一部分

总报告

第一章　上海市优化营商环境建设经验研究

“上海要瞄准最高标准、最高水平，打造国际一流营商环境。”习近平总书记的重要指示为上海营商环境建设确立了奋斗目标，提供了根本遵循。近年来，经过数轮持续优化营商环境的对标性改革，上海已成功实施了一大批先行突破、行之有效、广受好评的改革举措，创造了一系列引领性、示范性、可复制、可推广的上海经验，营商环境相关指标排名居于全国领先位置，其中执行合同、获得电力等指标已居于全球前沿水平。营商环境的优化是持续推进的系统工程。上海以打造贸易投资便利、行政效率高效、政务服务规范、法治体系完善的国际一流营商环境为目标，以优化深化“互联网+政务服务”为重点，以目标导向与问题导向相结合的制度建设为核心，持续聚焦制度建设、能力建设、窗口建设、机制建设，深入推进“放管服”改革，积极优化营商环境改革，不断提升营商环境改革质量，取得了令人瞩目的改革成就。通过不断优化营商环境，上海的政府治理效能得以全面提升，市场活跃度和发展质量显著提高，营商环境市场化、法治化、国际化水平不断攀升。持续推进的营商环境改革，不仅更好满足了企业主体的实际发展需要，使各类市场主体获得了优化营商环境红利，也更加深刻地促进了上海市场经济高质量发展，有力提升了上海城市软实力与核心竞争力。

营商环境改革只有进行时，没有完成时。对标打造一流营商环境标杆城市的使命和要求，上海还存在一些短板和差距，一些关键性改革难题还有待破解。基于此，本章旨在通过系统梳理、总结上海对标建设国际一流营商环境的重要举措、超越标准主动扩围的成功做法，对比国内外其他地区优化营商环境建设的成功经验，分析上海地区存在的不足，提出有针对性的对策建议，为上海持续发力推进营商环境系统性改革、实施革命性的流程再造、强化营商环境的法治化保障水平提供决策参考。

一、上海对标世界银行考评指标优化营商环境的重要举措

（一）开办企业：推行开办企业“一窗通办”

2018年2月底，上海市工商局、公安局、国税局、地税局四部门联合印发《关于加快企业登记流程再造，推行开办企业“一窗通”服务平台的意见》，旨在实现上海市新设企业通过工商、公安、税务并联办理，实现材料齐全3天可领照、5天可营业。为此，上海市线上建立了以企业开办“一窗通”平台为核心的全流程办事系统，线下也推出了企业开办服务专区。经过3轮的改革优化，“一窗通”已经具备开办企业同步申报办理执照、刻制印章、申领发票、办理“五险一金”和银行预约开户能力，并提供在线登记档案查询、企业变更（备案）申报、税务、人社、公积金事项办理等服务功能。同时，上海各区开办企业“一窗通”服务专区单一窗口运转日趋顺畅，申请人现场领取一个办事号码，即可在单一窗口一次性领到纸质执照、印章和发票，企业最快2天即可具备经营条件，全程免费。自2018年3月“一窗通”上线以来，全市有90%以上的新设企业使用“一窗通”办理开办业务。[①]除了着力缩减时间、环节，还深入研究提升企业办事便利度。从2020年4月1日起，上海市在全国率先为全市所有新设企业（含各类企业、农民专业合作社和个体工商户）同步发放电子营业执照和电子印章。具体而言，主要是重点围绕“简环节、压时间、便企业”的目标不断深化。

1.开通运行“一窗通”服务平台

该平台集申请受理、审批核准、结果反馈等环节于一体，形成工商、公安、税务等部门涉企数据交互机制，为各业务部门内部简化审查、提速审批提供有力支撑。将原先申请人按先后顺序依次现场向各部门提交有关申请材料的传统办

① 参见陈霜华、张天乐：《上海优化营商环境的国际对标分析》，载《科学发展》2021年第6期。

证流程，改造为申请人通过开办企业“一窗通”服务平台一表填写、一次提交数据。填写数据完成后，各部门数据同步采集、信息共享，实现营业执照、公安公章备案、税务涉税事项在“一窗通”一次受理、后台自动分送、业务同步办理，结果实时共享。“一窗通”还提供银行预约开户、社保用工自助办理等服务功能。

2. 精简环节与压缩时间并举

一方面，对原有环节流程逐一梳理，削减部分办事环节。比如，工商部门的企业名称预先核准和企业设立登记两个环节合并为一个环节，对开办企业材料整体审查做出一个登记决定；人社部门原用工登记和社保缴费登记两个环节，合并为就业参保登记一个环节。另一方面，对于确需保留的环节，在简化内部流程提高工作效率上下功夫。比如，工商部门办理营业执照的时间由7天缩短为3天，税务部门办理发票手续的时间由10天缩短为1天。

3. 开展“一照多址”和“一证多址”改革试点

上海市稳步推进商事制度改革，率先开展企业名称登记改革试点，首创工业产品生产许可证“一企一证”改革。以“证照分离”改革试点为核心，着力打造宽松平等的市场准入环境。坚持“把该放的权放得更彻底、更到位”，不断深化“证照分离”改革试点，率先对116项审批事项进行分类改革，按照改革后的管理方式发放审批证件9万余件，将75项改革举措复制推广至全市，企业办事更加便捷高效，市场活力得到充分释放。2016年7月，上海市长宁区率先实施“一照多址”和“一址多证”改革试点，在区内从事“互联网+生活性服务业”且有营业场所的内资企业在区内增设营业场所无须办理分支机构营业执照。2017年，“一照多址”登记改革试点升级为2.0版本，进一步扩大了试点的对象和范围，实现“一张营业执照、多个经营地址、一次行政许可”。

（二）办理施工许可：探索实行科学分类审批，精简再造审批流程

上海市积极推进工程建设项目审批制度“全覆盖、全流程、全方位”改革，2018年7月，出台《上海市工程建设项目审批制度改革试点实施方案》，统领全市改革有序推进。聚焦上海市社会投资项目审批改革，成立社会投资项目工

作改革小组，全面负责社会投资项目的改革。2018年初，上海市相继出台《进一步深化上海市社会投资项目审批改革实施办法》和《进一步深化上海市社会投资项目竣工验收改革实施办法》两个政策性文件和九个改革配套文件，形成“1+4”，即1个总体实施方案、4种不同类型项目的具体实施细则的顶层框架体系，进一步取消或简化审批事项、精简报审材料、转变管理方式、下放审批权限，依靠制度创新提高施工许可审批效率。具体而言，主要通过流程再造、分类审批、多规合一、多图联审、多测合一、多验合一、限时办结等举措，进一步压缩项目办理程序和时间，大幅降低办理成本。

1.探索实行科学分类审批

改变原有“一刀切”的审批方式。根据资金来源、土地获得方式、工程类别、技术难度和风险控制等因素，将项目类型划分为两大类八小类，分别设定不同的审批流程、审批时限和审批方式，实现精细化、差别化管理。完善项目分类监管模式，根据小型社会投资项目的环评、施工质量监管、竣工验收等项目种类和办事环节，实施更有针对性的改革举措。在此过程中，加大对窗口、审批和审图人员的培训，为企业提供优质咨询服务。

2.精简再造审批流程

改革后将项目审批划分为立项用地规划许可、工程建设许可、施工许可、竣工验收四个阶段。在审批环节上，共取消14项行政审批事项、11项审批前置条件。通过“多图联审、多测合一、多验合一”改革将26项审批事项整合为3项，并根据其他流程特点将36项审批事项整合为14项。优化调整12项事项办理顺序、下放3项审批权限，推进转变13项管理方式、推行8项告知承诺制。涉及项目外部空间平面形态布置的审批和征询事项进入设计方案审核环节，涉及项目内部功能结构安全的审批和征询事项进入施工图多图联审环节，项目开工前涉及的各部门审批及征询事项完成了“两个阶段选边”，将全流程办事环节从18个压减到4个，办理时间从125.5天（自然日）压缩至约23天，政府许可产生的经营成本从73868元减少至550元，质量控制指数保持15分（满分）。修改完善供排水接入改革实施办法，实行并联办理，进一步压缩办理环节和时间。

3. 依托"多规合一"实行一网通办

依托"一网通办"平台，加强数据共享对接，建立了以工程建设项目联审平台为核心的一体化办事系统，工程建设项目联审平台已具备一站式在线申请、在线审批、在线咨询、供排水接入服务等功能，社会投资项目各项手续的申请、受理、审批、发证等全流程实现了网上在线办理。通过打造"一网通办"的审批管理系统，相继完成改革四阶段审批功能的开发，同步推进多规合一协同平台和用地规划许可审批模块，实现"对外由审批系统统一受理，对内与发改委在线投资审批系统、规划全覆盖系统、地理信息系统等各部门审批系统互联互通"的目标，向社会提供高效优质、规范透明、全方位无纸化的电子政务服务"通办"机制。通过"多规合一"业务协同平台，加速项目前期策划生成速度，提升策划生成质量。

4. 强化事中事后监管

着重建立以诚信体系建设为基础的事中事后监管模式，建设单位事前告知并承诺能够通过事中事后监管纠正且风险可控的审批事项，审批部门免予事前审批。全面推行"双随机、一公开"的监管机制，进一步明确落实建设各方的主体责任，加强各审批监管部门信用信息的互联共享，完善信用信息的记录、公开、评价和应用制度。强化守信激励和失信惩戒措施，建立"黑名单"管理制度，加大跨部门的失信联合惩戒，增加违规和失信成本。建立基于风险的工程质量监督检查体系，对低风险小型社会投资项目的地质勘查、监理、供排水接入服务等，通过政府采购方式进行免费，减轻企业负担。

（三）获得电力：实行电网企业"一口受理、一站服务"

坚持化客户"痛点"为"满意点"的问题导向，坚持让客户从"感知"到"认同"的需求导向，坚持提升客户关注点的效果导向，践行"五省、五增"改革举措，打造"FREE"2.0版办电新模式，建立了以电网公司为主体的一站式服务新模式，将以往用电企业自己跑办各审批手续转变为由电网公司一口受理申请，并为用户全程办理各项审批手续和施工程序的模式。政府部门采用并联办理、限时办结等举措，大幅度压缩办理时间。2020年已实现申请和接电2个环节时间不超过15天、零费用，极大减少了客户往返营业厅的次数。2021年又实行占掘路行政审批告知承诺制，政府部门审批时限不超过2天，并进一步将低压非居用户电力接入办理时间缩减至最长10天。推行“互联网+”营销服务，迭代升级“掌上电力”APP（中英文版）和95598网站办电功能，客户通过线上渠道提交用电申请和接电装表位置等相关材料，在线查询业务办理进度、电量电费等信息；公司通过APP推送供用电合同文本和告知短信，在线签订电子供用电合同，确定装表位置，实现客户报装在线化、定制化、透明化，压缩用电申请时间。

1.压缩办电环节，降低获电成本

在办电环节方面，积极推行线上申请办电和签订电子供用电合同，将客户办电环节进一步压减为“申请签约”“施工接电”两个环节。在接电时长方面，低压小微企业平均接电时间不超过5天，最长接电时间不超过15天。在获电成本方面，继续实施延伸投资界面至客户电能表政策，承担160千瓦及以下小微企业接电工程的全部投资成本，将客户办电“零投资”“零保证金”制度化，2019年以来累计投资3.4亿元，惠及1.49万户小微企业客户[①]。

2.提升供电可靠度和透明度

通过加大智能配电网建设力度、提高计划停电管控和带电作业水平、完善电价调整发布机制以及多渠道发布电价调整信息等举措，不断提升供电可靠性和透明度。

3.拓展上海电力“FREE”办电服务品牌新内涵

进一步加大改革创新力度，拓展上海电力“FREE”办电服务品牌新内涵，提出“服务新体验，办电环节最优；联审新平台，接电时长最优；能源新生态，综合能效最优；投资新模式，用电成本最优；保障新机制，供电品质最优”的“五新、五优”（FREE3.0版）改革新举措。主要包括：推广“网上国网”APP，

---

① 参见罗水元：《“五新五优”！国网上海电力再推优化营商环境举措》，载《新民晚报》2019年11月20日，http://newsxmwb.xinmin.cn/chengsh/2019/11/20/31613277.html。

对接“一网通办”，实现小微企业客户“一次都不跑”，10千伏客户办电环节逐步压减至2个。国网上海电力与政府“建设工程联审平台”相衔接，“一口申请、同步受理、并联审批、限时办结”。实现低压小微企业客户平均接电时长压缩至10天内，10千伏、35千伏及以上客户平均接电时长压减20%。打造“能源管家”品牌，助力客户能效提升，推进客户侧泛在电力物联网建设，提供定制化综合能源解决方案，构建覆盖“点、线、面、体”的综合能源新生态。试点高压客户临时用电租赁套餐式服务。实现临时用电一站式办理、供电设备多维度循环利用，促进社会资源高效集约，切实降低客户投资成本。建设“钻石型”配电网，加快“三型两网”建设，实现电网整体供电可靠性突破“4个9”（即99.99%以上）。执行电价调整提前告知政策。制定供电可靠性指标行政执法相关细则，切实保障客户权益。

（四）财产登记：实施“全网通”改革，实现一口受理、网上办理

2018年，上海市实施“全网通”改革，实现了一口受理、网上办理，并扩大改革范围至居民间住宅转移登记，办理时长不超过5天。2019年，推出工厂仓库转移登记受理专窗，实现一个窗口、当场办结，并推出了对非住宅转移登记绿色通道、设立独立投诉机制等改革举措。2020年，进一步开展不动产登记服务改革，设立企业服务专区，将当场办结业务扩大到所有企业间不动产转移登记，实现一个环节、当场缴税、当场办结（不超过90分钟）。

1.精简办理流程

2018年2月，上海市不动产登记局发布《关于上海市实施不动产登记“全·网·通”服务改革的通知》，聚焦不动产登记、交易、纳税等工作进行流程改造、系统升级和资源整合。在“互联网政务服务”平台设置综合受理窗口，在全市统一的网上政务大厅提供网上申请不动产登记服务，将房地产交易登记和税收办理需要的交易、税务、登记3个部门，调整为一口受理、内部流转、并联审批、统一时限，不动产交易登记由原来的4个环节，精简为签订合同与申请登记、缴税、领取权证3个环节，一次性收取不动产交易登记所需要

的交易、税务、登记审核材料。率先探索应用电子不动产权证，实现“网上预受理”、申请人“最多跑一次”和不动产抵押登记“不见面”办理，实现办事体验明显提升、审批效率明显提高、成果应用明显优化。

2. 缩短办理时限

根据不同业务类型，缩短办理时限，一般情况下，申请人赴交易登记受理大厅两次即可完成不动产登记相关的全部手续。抵押权、地役权、预告登记注销，异议登记，查封登记和文件登记实行当日办结；首次登记、转移登记、变更登记、抵押权登记、地役权登记、预告登记、注销登记、更正登记和补证实行5个工作日内办结。在综合受理的同时，一并收取不动产登记费，确保申请人完成税收缴纳后，2个小时内可领取不动产权证。对企业间转让非住宅办理不动产转移登记事项设立绿色通道。

3. 规范登记收费

取消交易手续费，严格按照《上海市物价局、上海市财政局关于转发〈国家发展改革委财政部关于不动产登记收费标准等有关问题的通知〉的通知》（沪价督〔2016〕8号）的规定收费。

4. 提升管理质量

充分发挥不动产登记信息系统和房屋土地测绘成果管理系统一体化的优势，规范登记操作，推广不动产登记信息“即时自助”查询新模式，将数据成果开放给“互联网政务服务”数据中心，从“互联网政务服务”数据中心获取业务办理需要的数据，优化信息互通共享，避免重复提交，提升了登记工作质量，提高了登记服务水平。设置独立的不动产登记和地籍图相关投诉电话，建立健全纠纷处理机制，加强地籍图实时更新机制的工作宣传。

（五）跨境贸易：实施跨境贸易便利化专项行动，丰富上海国际贸易“单一窗口”服务功能

2019年，上海推出深化跨境贸易营商环境新举措，制定了《上海口岸深化跨境贸易营商环境改革若干措施》，重点围绕政府、企业和社会普遍关注的

上海水运口岸“提效降费”的实际情况，突出了跨境贸易边境手续办理“前推后移”、单证精简、先进设施设备应用、服务流程规范和费用标准等公开透明及可监督等方面的相关配套改革举措，持续提升上海跨境贸易便利化水平。在“两步申报”、“提前申报”、“通关+物流”并联作业、“设备交接单无纸化”、“提货单无纸化”、“出口直装”、“进口直提”、公开通关流程与作业时限、规范口岸收费等任务上加大推进力度，持续推进操作层面的流程优化、手续便捷，提效降费。文件主要内容如下：

1.推广应用国际贸易“单一窗口”

中国（上海）国际贸易“单一窗口”与国家“单一窗口”标准版进一步融合对接。一是标准规范融合对接。完成单一窗口关检融合一次申报功能改造，推动全口岸平稳切换。企业申报统一使用标准版的网页界面和数据导入接口组件，统一用户认证。二是全面融合对接。将企业资质、许可等业务通过标准版与国家部委之间进行“总对总”办理；推进与国家标准版实时共享申报数据、办理数据、税单信息等“三落地”，方便进出口收发货人办理口岸相关申报事宜，基础申报应用率实现了100%。

2.公开口岸收费目录清单

结合价格管理的相关规定，采取政府主管部门定规则、市场第三方机构公布费用的方式，在上海国际贸易“单一窗口”集中公示口岸收费目录清单，既实现了清单之外不得收费，又引导市场主体对收费项目合理收费。由第三方机构按照年度周期评估口岸基本费用，采取分类管理模式，将口岸每一批进出口货物按照固定费用、偶发费用和其他代理服务费用等标准进行分类，包括基于相关作业无纸化水平的提升，海关检验检疫通关作业系统全面融合等带来的办事环节减少产生的费用标准调减等，由第三方机构在年度周期内进行综合评估，并向全社会公布上海口岸集装箱货物进出口基本费用表。

3.口岸通关提前申报

全面实施进口货物“两个提前”作业，率先探索建立进口提前申报容错机制。在船舶抵港前，企业确认进口货物舱单信息传输后，即可安排向海关申报进口报关单，办理相应手续，非布控查验货物抵达口岸后即可放行提离；企业可同步安排船舶公司（或其代理）办理费用结算、提单换提货单、集装箱放箱等手续。船舶实际抵港后，可直接向码头办理提货手续。海关对“提前申报”引起的修改进口日期，以及由于装运、配载等原因造成货物变更运输工具的，不予记录报关差错。进口报关“提前申报”，在舱单传输后、货物抵达港区前，企业即可向海关办理进口申报手续，货物运抵后依据风险分析实施快速验放，前推通关作业环节，可缩短货物通关时间，提升通关效率。

4.主干业务已经实现全程信息化

2019年11月，提货单电子化全面上线应用后，连同之前实施的集装箱设备交接单无纸化和取消纸质装箱单，上海港主干业务已经实现全程信息化。上港集团在2015年设立了“港口业务受理中心”，对上海港的7个集装箱码头全面实现了港口缴费和结算网上办理，从2017年开始，网上“一站式”办理比例稳定在95%以上。2019年，《国务院办公厅关于做好优化营商环境改革措施复制推广借鉴工作的通知》（国办函〔2019〕89号）在全国复制推广借鉴营商环境改革措施中，集装箱设备交接单无纸化、同步通关和物流作业、实行跨境贸易大数据监管等几项，都是来自上海口岸的最初实践。

（六）纳税：探索研究税（费）综合申报，构建统一面向用户的申报平台

上海落实国家部署，提升纳税便利度，构建统一面向用户的申报平台，实现更高水平的涉税服务事项网上办理和纳税基本信息共享，推广移动办税服务，进一步减少纳税办理时间，制定“最多跑一次”办税事项清单简化办事材料、优化涉税申报流程，通过3轮改革，与2017年相比，纳税时间由207小时缩减至91小时，纳税次数由9次下降为6次，总税费率由67.6%降低到49%。

1.探索研究税（费）综合申报

构建统一面向用户的申报平台，通过“统一征期、简化表单、合并报表”等手段，进一步压缩纳税时间。对房土两税申报表进行合并、修订，实现城镇

土地使用税和房产税的申报由2次变1次，6表变3表，少填13个数据项目，有效减少了企业工作量。

2.制定“最多跑一次”办税事项清单

发布办税指南和标准化材料清单，推出2批“最多跑一次”涉税事项清单共计318项。其中，有249项企业可以全程网上办，实现了“一次不用跑”。

3.减轻企业税费负担

2019年，将房产税原值减除比例从20%提高至30%，降低上海市城镇职工基本养老保险单位费率（由20%降至16%），全年减少企业税收和社保缴费等超过1800亿元。完善上海市住房公积金政策，将职工本人和单位住房公积金缴存比例调整为各5%至7%，单位可以在此范围内自主确定住房公积金缴存比例。落实停征河道管理费等减税降费各项政策措施。

（七）执行合同：推广诉讼档案电子化，推出司法数据公开平台

在世界银行发布的《2020年营商环境报告》中，构成营商环境评估的10个一级指标中，上海“执行合同”指标跻身全球前五名。“司法程序质量指数”更是获得了满分18分中的16.5分，排名全球第一。①

1.推广诉讼档案电子化

完善随机自动分案、电子送达等工作机制，推出司法数据公开平台，进一步推动司法数据向全社会公开。

2.建立“基本解决执行难”联动机制

法院、发展改革、公安、税务、市场监管、房管等46个单位，集中签署执行联动合作协议。各部门对被执行人财产实行网络联动查控，覆盖房产、存款、车辆、证券、工商登记等9大类财产信息。联动采取11类43项信用监督惩戒措施，对失信被执行人在上海市购买不动产、土地招拍挂、矿产资源开发、担任公职和公司高管，以及飞机和火车高级别席位出行、投资、招投标

① 《上海市高级人民法院2019年度工作报告》。

等实行自动拦截限制。2018年同期结案率100%，执行到位金额305.05亿元，法定期限内结案率、执行完毕案件结案平均用时居全国法院第一；全年网络查询财产3221.56万件次，冻结款项1247.87亿元，有效维护了胜诉当事人的合法权益。①

3.积极推动完善和规范延长审限和延期开庭等相关法律制度

2019年3月，最高人民法院公布了《关于修改〈最高人民法院关于严格规范民商事案件延长审限和延期开庭问题的规定〉的决定》，对人民法院延期开庭审理次数作出严格限制。这对适用简易程序审理的民商事案件范围进一步作出规定，提升了争议解决的便捷性。

（八）获得信贷：推进金融服务创新，提升金融信贷服务可获得性、便捷性

2018年4月，上海市金融服务办公室、中国人民银行上海分行、中国银行业监督管理委员会上海监管局发布了《关于提升金融信贷服务水平优化营商环境的意见》，聚焦金融信贷服务，从完善差异化货币信贷政策和监管政策、创新科技金融模式、加强“三农”金融服务等以下七方面推出了多项获得信贷的便利举措。

1.完善差异化货币信贷政策和监管政策

对单户授信500万元及以下的小微企业贷款、个体工商户经营性贷款、小微企业主经营性贷款、农户生产经营贷款、创业担保贷款等普惠金融领域贷款达到一定标准的金融机构实施定向降准政策。鼓励大型银行在沪分支机构按照总行的规划设立普惠金融事业部。推进落实有关提升小微企业、科创企业和“三农”不良贷款容忍度的监管要求，完善尽职免责相关制度，加大续贷支持力度。设计形成包括普惠金融可得情况、使用情况、服务质量的上海普惠金融统计指标体系和评估考核体系，统计、分析和反映上海市普惠金融发展状况。

---

① 《国务院办公厅关于做好优化营商环境改革举措复制推广借鉴工作的通知》（国办函〔2019〕89号）。

2.深入推进科技金融模式创新

深化投贷联动试点，支持商业银行与股权投资机构开展合作，推动试点银行设立投资功能子公司。引导银行业金融机构面向科创企业建立专营的组织架构、专业的经营管理团队、专用的风险管理制度和技术手段、专门的管理信息系统、专项的激励考核机制和专属的客户信贷审查标准。鼓励金融机构创新发展知识产权金融服务，优化知识产权质押融资流程，开展履约保证保险贷款等金融产品创新。

3.加强“三农”金融服务

完善上海市农业信贷担保体系，扩大担保资金扶持对象和业务范围。稳妥有序推进农村土地经营权抵押贷款试点，探索农村住房财产权抵押贷款。支持村镇银行发展壮大，完善“三农”金融服务的管理体制和运行机制。加大农村地区自助机具布放，便利信贷资金支取、归还及信息查询。

4.降低企业信贷成本费用

督促金融机构依法合规收费，清理规范企业融资中间环节费用。鼓励开发性、政策性银行以批发资金转贷形式与其他银行业机构合作，降低小微企业贷款成本。发挥再贷款作用，放大定向引导扶持效果，合理降低扩大就业重点项目、劳动密集型小微企业融资成本。完善自由贸易账户体系，鼓励金融机构和企业引入海外低成本资金。

5.提升中小微企业信贷力度

一是发挥上海中小微企业政策性融资担保基金作用。积极完善上海市政策性融资担保基金管理制度，通过适当放宽部分担保业务限制、调整优化担保基金运作规则，加强与融资担保公司的合作，增强担保业务灵活性，激发合作银行及融资担保公司的积极性。鼓励积极开展担保业务创新，制订完善再担保合作方案，进一步拓宽政策性担保范围，扩大融资担保规模。

二是用好上海市小微企业信贷风险补偿和信贷奖励政策。着力发挥财政资金的引导激励作用，实施科技型中小企业、小微企业信贷风险补偿和信贷奖励政策，引导商业银行不断创新金融产品和服务，提高科技型中小企业和小微企业的不良贷款容忍度，进一步加大信贷投放力度。

6.搭建多样化信贷服务平台

推动科技园区、众创空间等搭建各类科技融资服务平台，开展融资辅导与受理、政策宣传、协同推动金融创新等工作，促进产融有效对接。支持张江高新区管委会搭建张江示范区企业信用公共服务总平台，建立企业信用评价的“张江模型”，促进金融机构与企业间信息交流。

7.完善信贷信用信息监管

一是完善信用基础设施。加快推动人民银行金融信用信息基础数据库升级优化，拓展信息采集覆盖面和信用报告覆盖范围。利用国家和上海市现代服务业发展专项资金，支持人民银行征信中心二代征信系统项目建设。推动动产融资统一登记系统、应收账款融资服务平台建设，出台融资租赁业务登记查询办法。建设上海市新型金融业态监测分析平台，对新型金融机构进行动态监测分析。支持上海市公共信用信息服务平台不断完善功能，全面提升公共信息归集使用和服务功能，健全“1+16+N”信用平台框架体系。

二是推动信贷信息共享。推动各类信用信息平台和信用主体加强信息互动共享，便利金融机构创新信贷产品和服务。通过系统直接对接等方式，推动上海企业电力欠费、公积金缴存等非银行信息纳入金融信用信息基础数据库。继续推动小额贷款公司和融资担保公司与金融信用信息基础数据库对接。

（九）保护中小投资者：建立中小投资者保护舱，打造中小投资者保护“投服”模式

上海通过启用“中小投资者保护舱”，修改《上海市促进中小企业发展条例》（以下简称《条例》）建立中小企业政府性融资担保体系，完善“上海市企业服务云”和中证中小投资者服务中心等措施，为中小投资者提供更多专业、高效、便捷的司法服务，服务保障资本市场法治化营商环境建设。

1.上海金融法院启用“中小投资者保护舱”

上海金融法院是全国首家金融审判专门法院，也是全国集中管辖涉科创板

案件的专门法院。上海金融法院自主研发“中小投资者保护舱”，融合了金融法院各项诉讼机制创新成果，通过人脸识别、人机对话、语义理解等最新智能技术与诉讼服务需求的深度融合，为中小投资者在群体性证券纠纷的立案登记、咨询查询、多元调解、集体诉讼、申请执行等全流程的诉讼程序中，提供“无纸化、一站式、交互型”的诉讼服务，有效满足了中小投资者的多元化司法需求。

一是智能化核对投资者身份。投资者在舱内通过人脸识别唤醒保护舱的核心终端——虚拟法官“小金”。“小金”可通过后台的人证比对系统核实投资者的身份信息，并将身份信息与后台的证券账户信息、证券交易信息大数据进行快速匹配，实现诉讼主体资格的自动校验。

二是自动化生成立案信息。确认投资者属于适格原告后，系统自动生成立案信息，投资者只需在被告列表中点选并输入诉讼请求金额。

三是无纸化办理立案手续。在确认立案信息后，系统自动生成诉状，投资者只需完成电子签名后即完成立案登记。

四是全方位的诉讼服务。保护舱配置了群体性证券纠纷咨询、立案、代表人诉讼登记等知识图谱，“小金”可回答投资者的各类诉讼服务问题，并全程引导完成登记、立案、调解等工作。

五是一站式的多元解纷。保护舱通过提供示范判决案件情况浏览，引导投资者根据示范判决所确立的事实认定和法律适用标准委托第三方调解机构进行调解，并提供调解组织及调解员选定、预约诉讼调解等一站式的多元解纷服务。

六是便利化的代表人诉讼。投资者通过与“小金”的对话，即可完成代表人诉讼的登记、公示、分组、推举、投票等全部程序。

七是智能化的风险评估。利用智能大数据收集，通过智能语义转换，系统可以在后台实现投资者交易记录的自动查询和计算，从而实现投资者信息自动匹配的风险评估。

八是合理化的诉讼预期。投资者在确定诉讼请求后，“小金”根据是否已存在示范判决，计算示范判决确定的投资差额计算比例和系统性风险扣除比例，从而告知投资者可能获得的赔偿，并提示诉讼风险。同时为平行案件的当事人提供了合理的心理预期，有利于平行案件快速审理。

九是定制化的解纷方案。投资者可以通过自助设备，查询示范判决案例，系统可以根据案件信息情况为当事人量身定制调解、诉讼等不同的多元解纷方案。如案件已有生效示范判决的，系统则告知裁判结果，引导当事人选择调解并自动转入多元解纷软件系统，若当事人坚持起诉则自动转入诉讼服务系统。

2. 及时修改《条例》，建立中小企业政府性融资担保体系

明确要求依托“一网通办”打造上海市企业服务云平台，为中小企业提供管理咨询、市场拓展、科技创新、投资融资等专业服务；建立首接负责制，受理中小企业各类诉求，健全诉求分派、督办、反馈的闭环机制。《条例》中有不少缓解中小企业融资难、融资贵的举措，比如规定市、区人民政府应当建立中小企业政府性融资担保体系，为中小企业融资提供增信服务；对获得信贷、执行合同、办理破产、保护中小投资者等指标，实施加强信用信息共享、持续推进随机自动分案、设立企业破产管理人协会等对标改革举措。政府性融资担保机构担保放大倍数原则上不低于5倍，担保代偿率可以达到5%。《条例》明确：政府性融资担保机构发生的代偿损失，市、区财政部门应当及时核销，并按照规定补充资本金。有关单位和个人已经履行相关勤勉尽责、合规审查义务的，可以不追究单位和个人责任。《条例》贯彻落实全国两会精神，为中小企业融资提供增信服务，发挥法治优势支持中小企业发展，明确促进中小企业发展是上海市的长期发展战略，强化市、区人民政府和职能部门服务中小企业的具体责任，聚焦中小企业“融资难融资贵”问题加大支持力度，是稳就业保民生、稳住经济基本盘的重要法治保障。

3. 完善“上海市企业服务云”，提高市、区两级政府服务中小企业工作体系的有效性

上海市委市政府印发《关于全面提升民营经济活力大力促进民营经济健康发展的若干意见》。完善“上海市企业服务云”，按照“分口并线”原则，完善

“12345”市民服务热线、企业服务云“两位一体”的企业诉求收集和分派、研究、处理机制，确保企业诉求得到及时回应。及时梳理发布惠企政策清单，建立以事项分类为基础的惠企政策归类和发布、查询、受理机制。打造中小企业服务高地，进一步提高市、区两级政府服务中小企业工作体系的有效性，全面贯彻落实小微企业税收优惠政策。

4.完善中证中小投资者服务中心，建立健全中小投资者行权维权的新途径、新机制

随着全面注册制落地实施，资本市场步入全新发展阶段，投资者保护工作也面临新机遇、新要求。作为中国证监会直属的投资者保护专门机构，中证中小投资者服务中心（以下简称“投服中心”）从理念引导、宣传普及和投资者权益维护等方面着手，持续打造以投资者教育为基础，以持股行权、纠纷调解和维权诉讼为特色的“投服模式”。

一是在持股行权方面，投服中心通过参加股东大会，发送股东建议函、质询函，参加重大资产重组说明会、投资者说明会，现场查阅，公开发声，提起诉讼等形式行使股东权利。

二是开展纠纷调解工作。在证监会的统筹协调下，投服中心正在筹建全国性证券期货纠纷调解中心。普通调解成功率和投资者获赔金额均占全国50%以上，法院委托调解的案件与和解赔偿金占全国的90%。

（十）办理破产：加强破产工作联动机制，建立更加完善的市场主体退出机制，优化企业破产法治环境

1.设立上海破产法庭

上海破产法庭是上海法院的专门破产审判机构，于2019年2月1日正式成立。旨在完善破产审判机制，深化破产集中管辖试点改革，优化破产案件集中管辖机制，更好运用市场化、法治化手段积极稳妥地处置“僵尸企业”，有力提升上海破产审判的集约化、专业化水平。

2. 推进破产配套保障机制建设

2019年，上海研究推出《关于企业注销若干问题的会商纪要》，建立破产企业职工欠薪保障机制，以成立上海市破产管理人协会为契机，促进落实府院破产统一协调和破产费用保障机制。

3. 加强破产重整制度探索

坚持以市场化为导向，推进破产重整工作，引导当事人通过“债转股”和公开市场招募重整投资人等方式，整合利用各种资源，提高破产重整的成功率和债权回收率，让有营运价值的困境企业获得重整救济，充分发挥破产重整在配置市场资源中的程序价值。

4. 推进“执转破”工作

推动符合条件的执行不能案件及时转入破产程序。2021年1月到12月，上海破产法庭全年正式进入破产和公司强制清算程序的案件共计687件，同比上升29.7%；审结正式进入破产程序的破产案件共计323件，同比上升100.6%；其中，破产重整成功13件，破产清算转和解成功11件，破产清算299件[①]，推动一大批僵尸企业通过破产途径合法有序退出市场。

二、上海优化营商环境超越标准、主动扩围的成功做法

上海在优化营商环境中对标最高、最好、最优标准，创新先试、主动扩围的做法有很多，本书主要聚焦有政策法规依据、改革方向明确、做法较为科学、成效逐步显现的改革举措，涉及改革创新探索形成的有效模式、途径、规范和程序等，具体包括市场环境、政务服务、监管执法、区域创新、公共法律服务、法治保障六方面。

① 上海破产法庭：《年度回顾 | 上海破产法庭2021年度审理数据》，载《中国破产法论坛》微信公众号，2022年3月3日。

（一）市场环境：充分发挥市场在资源配置中的决定性作用，打造国际一流营商环境

1.制定《上海市优化营商环境条例》

为提升营商环境的法治化水平，上海市加强营商环境的系统化、规范化和制度化建设，获得世界银行报告的积极评价，具体内容如下：

一是强调以市场主体感受作为营商环境的首要评价标准。围绕市场主体从新设到注销的全生命周期，从开办企业手续流程、包容审慎监管、跨区迁移变更到注销；从市场准入、公平竞争、公共服务资源供给到涉企收费和减税降费；从中小企业扶持、政府履约、知识产权保护、口岸通关服务、人才服务到政企沟通机制、公共法律服务、行业协会商会、审批中介服务、司法鉴定、普惠金融等，对市场主体切身相关的政策环境、政务环境、市场环境、人才环境、法治环境等内容均进行明确规定。

二是充分而具体地体现上海特色做法。将上海市在自贸试验区探索、对标世界银行改革，深化政府“放管服”改革中先行突破、行之有效、广受好评的举措固化下来。比如，行政审批告知承诺、“好差评”制度、电子印章、“企业服务云”、惠企政策“一窗通办”“一网通办”“证照分离”、企业开办“一窗通”、工程建设项目“一站式”审批服务、综合性区域评估、不动产登记专窗办理、国际贸易单一窗口、“双告知、双反馈、双跟踪”“双随机、双评估、双公示”等。

三是鼓励改革探索和创新突破。鼓励各部门、各区在优化营商环境方面大胆创新突破，比如：园区“网格化服务”、公用企事业服务“全程代办”、优化营商环境法治保障共同体、促进长三角营商环境优化、“一业一证”改革等。

2.吸引外商投资

为吸引外资，贯彻《外商投资法》和《上海市人民代表大会常务委员会关于贯彻实施〈中华人民共和国外商投资法〉若干问题的决定》，2019年9月12日，上海市颁布了《关于本市进一步促进外商投资的若干意见》（以下简称《意

见》），针对进一步扩大对外开放、进一步吸引外商投资、进一步保护外商合法权益3个部分，制订了26条详细举措，主要内容如下：

一是全面实施准入前国民待遇加负面清单管理制度。加大对外商投资企业享有准入后国民待遇的保障力度。推进上海自贸试验区及临港新片区投资自由化便利化，进一步在电信、保险、证券、科研和技术服务、教育、卫生等重点领域加大对外开放力度，放宽注册资本、投资方式等限制。鼓励和支持外商投资新一代信息技术、智能制造装备、生物医药与高性能医疗器械、新能源与智能网联汽车、航空航天、海洋工程装备、高端能源装备、新材料、节能环保等战略性新兴产业和研发设计、总集成总承包、检验检测认证、供应链管理、电子商务等生产性服务业重点领域。放宽或取消金融机构外资股权比例等准入条件，争取金融业开放措施项目率先落地，深入推进外商投资股权投资企业试点。支持地区总部和研发中心等功能性机构率先实施上海市各项扩大开放试点措施，打造高水平总部经济平台，吸引全球优质企业总部落户。

二是建立全市统一的外商投资促进服务平台。依托"上海市企业服务云"，归集、汇总、发布外商投资相关法律法规、政策措施、行业动态、项目信息等。支持外商投资企业通过依法依规在主板、科创板、中小企业板上市，在新三板挂牌以及发行公司债券等方式拓展融资渠道。为外籍人才办理出入境和工作许可提供便利；优化提升外籍高层次人才服务水平，建立安居保障、子女入学和医疗保健服务通道。鼓励和支持外籍初创团队和外商投资企业来沪创办创新型企业和服务机构，支持外商投资企业高新技术成果转化与产业化，同等享受科技型中小企业技术创新资金、科技创新券，以及高新技术成果转化项目认定等科技创新政策。简化外商投资企业办事程序，建立市场轻微违法违规经营行为容错机制。

三是平等使用上海市支持企业发展的各项政策。保障外商投资企业依法平等获取人力资源、资金、土地使用权和自然资源等生产要素，公平参与市场竞争；依法保障外商投资企业在政府资金投向、土地供应、税收优惠、费用减免、资质许可、标准制定、项目申报、政府采购等方面的公平待遇。制订涉及外商投资的规范性文件，并听取外商投资企业、商协会的意见和建议；没有法律、行政法规依据的，不得减损外商投资企业的合法权益或者增加其义务，不得设置市场准入和退出条件，不得干预外商投资企业的正常生产经营活动。依法保护外国投资者的投资、收益和其他合法权益，外国投资者的出资、利润、资本收益、资产处置所得、知识产权许可使用费、依法获得的补偿或者赔偿、清算所得等，可以依法以人民币或者外汇自由汇入、汇出。健全外国投资者和外商投资企业知识产权保护体系，完善知识产权快速维权机制。鼓励并依法保障外国投资者和外商投资企业基于自愿原则和商业规则，与各类市场主体、科研主体开展技术合作。不得利用行政手段强制外国投资者和外商投资企业转让技术。切实履行向外国投资者、外商投资企业依法作出的政策承诺以及依法订立的各类合同，不得以政府换届、部门或者人员更替、政策调整等为由违约。建立健全外商投资企业投诉工作机制，及时回应和解决外商投资企业反映的各类诉求和问题。任何单位不得限制外商投资企业依法跨区域经营、搬迁、注销等行为。

2019年1月至8月，上海新设外资项目、合同外资金额和实到外资金额继续保持快速增长态势，同比分别增长了47.8%、9.6%和13.4%；新增跨国公司地区总部31家，亚太区总部18家，研发中心10家。截至8月底，上海累计吸收合同外资金额已突破5000亿美元大关，累计实际利用外资超过2500亿美元，稳居全国前列；共引进跨国公司地区总部701家，亚太区总部106家，研发中心451家，进一步巩固了内地跨国公司地区总部和外资研发中心数量最多的城市地位。[①]在当时国内外经济背景下，《意见》的出台，对支持外资企业更进一步融入中国市场，壮大我国上海市场、提升上海市场开放度有重要作用。

3.保护企业经营自主权

2018年7月12日，上海出台了《上海市检察机关服务保障优化营商环境的意见》，聚焦制度供给、权益保障、效率响应、宜居生活等优化营商环境四个衡量指数，将服务保障措施贯穿于检察工作的各个环节。制订了5个方面20项

---

① 薄小波：《前八个月上海吸引外资保持快速增长》，载《文汇报》2019年9月17日，第1版。

工作举措如下：

一是聚焦权益保障，坚持公正司法，营造创新创业的良好法治环境。平等保护各类市场主体，切实维护民营中小企业和外来投资者、中小投资者的合法权益，加大对非公有制经济市场主体、诚信经营市场主体的司法保护力度，统一诉讼标准和工作要求；保障企业家人身合法权益，对社会危险性不高的涉案企业重要岗位人员慎用逮捕强制措施，切实履行羁押必要性审查职责，依法保障涉案企业家在服刑期间的申诉权；依法保护企业家财产权，全面保护物权、债权、股权等各种类型的财产权，依法打击侵犯企业家财产权、创新权益及经营自主权等犯罪，健全和强化检察机关提前介入机制，依法监督妥善处置涉案财物，保障涉案企业家在服刑期间行使财产权等民事权利；加强知识产权司法保护，积极服务保障科技创新中心建设，依法惩治侵犯知识产权和制售假冒伪劣商品犯罪，加大对驰名商标、发明专利、涉外知识产权以及高端制造、智能制造、互联网产业等新兴领域知识产权保护力度，推动知识产权犯罪量刑标准规范化，完善知识产权刑事、民事、行政“三合一”办案模式，全面实施知识产权权利人权利义务告知制度。

二是聚焦宜居宜业，强化监督履职，维护安全有序的健康市场环境。防范化解重大经济风险，积极参与和主动服务保障打好“三大攻坚战”，依法惩治证券、保险、投资理财、税收等领域经济犯罪，在查办涉众型经济犯罪案件中及时化解风险，积极追赃挽损，完善与金融监管等部门合作机制，推动完善金融检察联席会议机制，健全金融检察白皮书工作机制；服务保障自贸试验区建设，以服务保障“一带一路”建设为重点，依法惩治危害跨境贸易、自贸试验区建设等犯罪，配合有关部门健全综合治理和监管措施，参与自贸试验区管理制度完善和风险防控，加强自贸试验区检察室建设；维护公平竞争的市场秩序，深入开展扫黑除恶专项斗争，依法惩治黑恶势力犯罪，坚决铲除经济领域黑恶势力滋生土壤，依法惩治严重扰乱市场秩序、采取不法手段破坏公平市场营商环境和严重损害投资者合法权益的犯罪；强化刑事诉讼监督，探索建立覆盖刑事诉讼全流程、全方位、多层次的新型刑事诉讼监督机制，深化运用调查核实权，加强对刑事立案、侦查、审判和执行活动的监督，依法监督纠正以刑事手段插手经济纠纷、选择性执法、滥用强制措施、查封扣押冻结财物不当、财产刑执行不当等问题；加强民事、行政检察，依法保障各类市场主体申请监督权，加强对涉企业民事、行政审判活动和执行活动的监督，加大对涉企业虚假诉讼、恶意诉讼监督力度，全面推进检察机关提起公益诉讼工作，积极探索在消费者权益保护、数据信息安全等领域发挥检察机关保护公益的职能作用；服务保障宜居环境建设，全面贯彻落实习近平总书记在全国生态环境保护大会上的重要讲话精神，深入推进破坏环境资源和危害食品药品安全专项立案监督活动，加大对破坏环境资源犯罪、危害食品药品安全犯罪打击力度，深化跨行政区划检察院改革试点，提高生态环境司法保护工作水平。

三是聚焦司法质效，规范司法行为，提供高效便捷的优质服务环境。改进办案方式方法，在依法打击经济犯罪中注意维护企业正常经营秩序和合法权益，完善案件繁简分流机制，提高办案效率，保护商业秘密等涉案信息，贯彻宽严相济刑事政策；完善权利救济机制，拓宽和畅通诉求表达渠道，打造全方位、多层次的企业诉求表达体系，及时甄别纠正社会反映强烈的产权纠纷申诉案件，依法办理涉企业国家赔偿案件，严格落实司法责任制；打造“互联网+”绿色检务通道，积极构建开放透明、亲民便民的“阳光司法”机制，采用信息化手段深化司法公开，建立“一站式”“全网通”的互联网服务平台，探索运用大数据、人工智能等现代科技手段，实现更智能、更精准、更贴心的检察公共服务，做到“让数据多跑路，百姓少跑腿”。

四是聚焦制度供给，深化改革创新，构建司法保障的坚实制度环境。准确把握法律政策界限，坚持罪刑法定原则，准确区分经济纠纷与经济犯罪、企业正当融资与非法集资等的界限，防止司法不当介入企业正常生产经营活动；深化司法体制综合配套改革，积极推进内设机构改革，加强新型专业化办案组织建设，建立健全检察官办公室工作机制，加快构建新型司法监管机制，积极探索运用认罪认罚从宽制度，加强“智慧检察院”建设；健全对市场主体司法保障工作机制，积极运用检察建议等方式帮助企业建章立制，深入了解各类市场主体和消费者法治需求，认真研究检察环节司法保障新举措，切实降低市场主体和消费者维权成本；推动完善法治化营商环境制度体系，进一步完善行政执法与刑事司法衔接工作机制，健全与行政执法部门、公安、法院信息共享、案情通报、案件移送制度，积极参与优化营商环境的地方性立法研究工作，深入推进行政规范性文件审查衔接工作；助力推进政府依法行政，完善行政执法与行政检察协作机制，深入探索行政执法、行政复议与行政检察信息共享平台等工作机制，支持、帮助政府监管部门堵漏建制，积极探索对涉及人身、财产权益的行政强制措施的检察监督，有效运用诉前程序和提起公益诉讼等方式推动行政机关依法履职。

五是聚焦素能提升，加强能力建设，打造专业拔尖的一流人才队伍。加强核心能力和核心团队建设，建立健全“一院一品”“一业一人”工作机制，对标国际一流营商环境法治需求，加强检察官核心能力建设，选拔、培养金融、知识产权等专业领域业务骨干和拔尖人才，打造具有较高知名度和权威性的办案核心团队；打造专家型人才队伍，加快建设一支具有国际视野、熟悉国际规则、善于办理疑难复杂案件的高素质检察官队伍，加强复合型人才引进培养，加强专业领域精细化办案和前瞻性研究，培养选树更多专业领域的领军人物。

4.取消和调整许可事项

上海为助力营商环境建设，在2018年到2020年持续取消、调整、下放几批行政审批等事项，以2018年为例，以沪府规〔2018〕1号决定的形式取消和调整87项行政审批事项，进一步降低企业制度性交易成本。主要涉及对行政审批中介服务事项的清理规范，共取消评估评审34项、优化简化5项。这些清理规范的事项，主要分为四类。

一是不再要求申请人提交相关资金证明、验资报告、健康证明等材料。

二是由申请人委托改为审批部门委托中介机构开展评估评审，如在许可特种设备制造单位资格时，改由审批部门委托有关机构开展特种设备生产实地条件鉴定评审。

三是由申请人必须委托中介机构提供材料，改为申请人既可自行编制也可委托中介机构编制，政府部门不得干预，如在申请固定资产投资项目节能审查时，申请人可按要求自行编制节能评估文件，也可委托有关机构编制。

四是申请人在申请补发遗失许可证时，不必再到指定媒体刊发遗失声明或作废证明等，如遗失注册测绘师注册证或执业印章申请补办的，不再要求申请人委托媒体刊登遗失声明。

通过清理规范这些事项，有效减少了烦扰企业和群众的各类评估、评审、证明等，可以为企业办事节省时间和费用，切实降低制度性交易成本，为各类市场主体减负担，为群众办事增便利。

5. 实行收费目录清单管理

持续对依法设立的政府性基金、涉企保证金、涉企行政事业性收费、政府定价的经营服务性收费实行目录清单管理，进一步健全主要由市场决定价格的机制。

一是公开政府定价调价有关文件和审批信息。在价格和行政事业性收费方面，及时公开政府定价、调价的有关文件和审批信息，公布上海市政府定价的经营服务性收费目录清单和上海市定价目录，先后编制并正式印发了《上海市年度行政事业性收费目录清单》《上海市政府定价的经营服务性收费目录清单》等，内容涵盖各项收费名称、收费标准、政策依据、批准文件、资金管理方式等。

二是实行收费基金目录清单“一张网”公开制度。在市财政局网站“专题—行政事业性收费和政府性基金目录清单”专栏动态公布行政事业性收费目录清单，公众和企业可以查询到具体收费事项，有效提升了收费规则的透明度。

三是公开与老百姓生活息息相关的价格信息。开设价格查询栏目，包括医（医疗项目）、食（水果、蔬菜、水产品、禽蛋、肉、食用油）、住（水、有线电视、气、电、房地产）、行（公交、高速、出租、油价）、学（学前、基础、中等、高等）、其他（证件申请、景区门票）6个分栏目，向市民提供查询服务。

6. 建立优化营商环境常态化建言机制

建立上海市优化营商环境社会咨询机制，设立“上海营商环境优化提升咨询会”，聘请行业协会、商会、招商服务部门、专业服务机构以及人大代表和政协委员等作为咨询顾问。注重发挥行业协会、企业家、专业人士的作用，按照行业或领域设立若干工作小组，通过多种渠道和方式广泛听取社会各界的意见建议，问需于民、问策于民，广集民智、广聚民力，提出政策完善、标准修订、流程再造等优化营商环境的工作方案和工作建议，不断增强改革的针对性和实效性。对标提升综合性的国际城市排名，加强与伦敦、纽约、东京、香港等国际城市的沟通交流。加强面向国内外知名律师事务所、会计师事务所、管理咨询公司、广告公司、金融服务公司的营商环境宣传推介，着力引进更多知名专业服务企业、国际企业总部和机构。加强教育、科技、文化国际合作交流机制建设，鼓励高等院校、科研院所开展国际教育、科技合作交流，开展多种形式的文化交流活动。

7.构建政府承诺与拖欠账款行为约束惩戒机制

探索建立拖欠账款行为约束惩戒机制，通过预算管理、绩效考核、审计监督等，防止和纠正拖欠市场主体账款的问题。在上海对1680家企业的调查中发现，有融资需求但最终获得贷款的企业不足10%，而大企业延迟支付中小企业款项较为普遍，其中有的资金占用甚至长达9个月以上，导致中小企业资金链愈加紧张。《上海市优化营商环境条例》明确要求，上海市各级政府及其有关部门、事业单位不得违反合同约定拖欠市场主体的货物、工程、服务等账款，也不得在约定付款方式之外变相延长付款期限。

（二）政务服务：全面推进“一网通办”建设，打造一流政务服务水平

1.深入推进“一网通办”

一是成立大数据中心，制定《全面推进“一网通办”加快建设智慧政府工作方案》，明确标准化规范化的办事事项和办事指南并全面公开，实行动态调整，对于未上网公布事项不得设置审批要求。加快政务服务的革命性流程再造，打造更为强大的“一网通办”平台功能。经过系统建设，截至2020年7月，“一网通办”总门户已有个人实名用户2922万人、法人用户208万个，接入事项

2341项，其中84.44%的事项实现全程网办“零跑动”、94.91%的事项实现“最多跑一次”，办事的企业和群众真正感受到一个“整体政府”。

二是整合优化部门审批事项业务流程，建立协同办理机制。从用户视角和需求出发，以减环节、减材料、减证明、减时间为目标，整合优化部门审批事项业务流程，推动形成协同通办的网上办理机制。加快推动“双减半”（审批办理时限、申请材料较上年平均减少一半）和“双100”（推进100件事业务流程优化再造、新增100项个人事项全市通办）改革，实行“两个免予提交”（在开展政务服务和实施监管执法场景中，通过告知承诺、电子证照应用、数据共享核验、行政协助等方式，实行“凡是上海市政府部门核发的材料，原则上一律免予提交；凡是能够提供电子证照的，原则上一律免予提交实体证照”，新增100项“零材料”事项），推进市区两级90%以上涉企审批事项只跑一次、一次办成，真正做到“让数据多跑路、让群众少跑腿”，推动“一网通办”从“侧重行政权力事项”向“行政权力和公共服务事项并重”转变，从“能办”向“好办”转变，切实提升群众和企业的获得感和满意度。

三是明确证明事项清单。进一步拓展“一网通办”服务功能，开通“在线开具证明”服务专栏，积极推进证明类材料在线申请、开具和应用工作。公安、教委、人社、卫健、税务、档案6家单位共计12类高频证明作为首批试点上线试运行，预计将有50类证明材料接入，可实现申请表单基础信息（例如自然人、法人基本信息等）预填，电子证照库已归集的证照材料（例如居民身份证、营业执照等）免交，推进证明开具“零”材料。通过系统自动比对或人工审核，完成电子证明材料在线开具，相关电子证明实时同步至“随申办”APP，申请人既可直接打印电子证明，也可通过“随申办”APP电子亮证使用，推进全程在线“零”跑动。

四是打造“上海市企业服务云”。“上海市企业服务云”是“一网通办”的重要组成部分，作为上海市优化营商环境的智能化、网络化载体和抓手，是一个面向全规模、全所有制、全生命周期企业，提供精准性、兜底式、全覆盖服务的电子政商综合服务平台。“上海市企业服务云”是电子政商综合服务平台，旨在解决诉求无处反映、政策获取渠道不畅、难以寻找有效专业服务问题。破解市场主体可能遇到的痛点难点堵点问题，打造企业全生命周期服务体系，实现包括一站式政策服务、一门式诉求服务、一网式专业服务、发展环境评估决策支撑系统在内的“三服务一评估支撑”功能。截至2020年6月底，上海市“企业服务云”平台总访问量累计达2736万人次；注册用户599907人，用户关联企业70028家；680家服务机构在平台开展服务，共完成各类企业服务订单381153个；累计发布政策5066项，“政策订阅”数量累计23367个。“上海市企业服务云”与“12345”服务热线建立了“分口并线、兜底处理”机制，协调解决企业诉求，实现全覆盖政策服务，归集上海市所有的企业扶持政策，编撰发布《上海市惠企政策清单》《上海市涉企公共服务清单》，把1950多项涉企扶持政策分为创业扶持、科技创新等9个大类，方便企业一键查询。

五是基本建成电子证照库。制定《上海市电子证照管理暂行办法》，规范电子证照管理。2019年，上海市电子印章公共服务平台正式上线，对各类法人电子印章和个人电子签名实行统一制作与管理，以满足企业、市民在网上办事时对电子文档可信签署的业务需求，并逐步实现签署文档在全市电子政务的互通互认。企业用户通过“法人一证通”数字证书、个人用户通过“一网通办”实名认证，即可登录上海市电子印章公共服务平台。在平台上，用户可对电子印章和电子签名进行包括申请、制作、备案、查询、变更、注销、冻结等在内的全生命周期的管理。

2. 不断提升政务服务质量

上海在电子政务领域起步较早，连续多年将“互联网+政务服务”列为重点工作持续推进，先后出台《全面推进政务公开工作的实施意见》《上海市落实〈国务院关于加快推进“互联网+政务服务”工作的指导意见〉工作方案》等，推动线上窗口与线下窗口同一事项同一标准，线上线下一体提升服务质量，全面贯彻落实国家和上海市出台的各项惠企政策。

一是全面推进政务公开与“互联网+政务服务”工作。2019年8月，成立政务公开与“互联网+政务服务”领导小组。同时，该项工作也已经纳入上海市管党政领导班子绩效考核体系。目前，上海市已基本形成了“一网（政务外网）、一云（电子政务云）、一窗（网上政务大厅）、三库（人口、法人、空间地理信息库）、N平台、多渠道”的支撑体系，“互联网+政务服务”工作总体水平居全国前列。作为上海网上政务服务“单一窗口”，网上政务大厅已基本实现网上政务大厅与区行政服务中心、街镇社区事务受理服务中心的三级联动，区级云与市级云对接，形成“1+16”市区两级云体系。

二是推动政务资源共享开放。目前累计向社会开放数据资源超过1200项，基本覆盖上海各市级部门的主要业务领域。通过建立各部门信息化项目验收和预算资金拨付联动机制，已基本建成上海市政务数据资源目录体系，现已实现编目1.7万条，数据项达26万项。建立了政务数据资源绩效评估体系，并将评估结果纳入市政府信息公开年度考核。

三是深入推行“告知承诺”制度。在过去的十多年中，先后对165项行政审批事项实施了告知承诺。近三年，每年通过告知承诺实现当场发证40万件至50万件。《上海市行政审批告知承诺管理办法》的出台，从深层次上进一步完善了告知承诺管理制度，明确：除一部分事项外，审批机关对审批条件难以事先核实、能够通过事中事后监管纠正且风险可控的行政审批事项可以实行告知承诺。将诚实信用原则引入行政关系，在行政机关与行政相对人双方承诺和信赖的基础上实施行政审批，推动了企业自主管理、自我约束意识的提升，增强了企业的法律意识和社会责任意识。在推进政府职能转变、强化企业主体责任，降低政府管理运行成本和企业商务成本，改善营商环境等方面，取得了良好的成效。

四是推进行政审批中介服务标准化建设。制定上海市《关于本市推进行政审批中介服务标准化建设若干意见》，旨在全国率先开展行政审批中介服务标准化建设，细化服务项目，优化服务流程，进一步规范中介服务行为，提高服务质量，切实增加行政审批中介服务的透明度和可预期性，继续推进行政审批中介服务评估评审改革，促进中介服务市场健康发展。

五是完善政企沟通机制。健全面向市场的政企沟通机制，提升惠企政策服务水平，为企业提供权威精准、便捷高效、通俗易懂的政策服务。设立“上海营商环境优化提升咨询会”，聘请市场机构作为营商环境建设咨询顾问，提高沟通和改革效率。加强组织领导，配齐配强工作力量，强化业务培训，提升履职能力，为深入推进改革提供坚强保证。深入调查研究，多渠道听取企业、群众的意见建议，及时发现问题、解决问题。加强面上工作指导，支持鼓励基层大胆探索创新，及时总结推广改革经验，积极营造良好改革氛围。

六是优化政务服务窗口服务。把政府服务窗口作为上海服务品牌的集中展示，制定体现新时代高质量发展要求的窗口工作规范和服务标准，打造高效便利的窗口服务体系。在区行政服务中心探索设立适当集中的分类综合窗口，条件成熟后，形成全市面上指导性意见。学习借鉴先进经济体窗口服务经验，开展国际交流和政务服务质量培训。

七是实行政务服务“好差评”制度。2019年7月，上海印发《建立“一网通办”政务服务“好差评”制度工作方案》，推行线上线下全覆盖。在线上通过“一网通办”总门户、“随申办”客户端，所有办理事项设置了“好差评”标识，在线下的1600多个实体窗口，在近2万个工位上印有“好差评”二维码，“好差评”制度分五级，其中1星（非常不满意）、2星（不满意）算“差评”，用户扫码就能评价，如果有具体服务事项发表意见也可以扫码填写。凡是1星和2星的差评，并有具体意见建议的，全部由上海市民服务热线派单给承办单位。对于实名“差评”，承办单位需按照时限要求，对接当事人并整改。“好差评”制度的特别之处在于，用户的评价结果是公开的，所有用户可以在网上直接看到，这就使此项“好差评”制度摆脱了单位“内部评价”的传统路径,用企业和群众的评价反馈机制倒逼政府部门提高服务质量。

3.完善信用信息共享制度

贯彻落实《国务院办公厅关于运用大数据加强对市场主体服务和监管的若干意见》（国办发〔2015〕51号），在全面推进行政许可和行政处罚等信息自行政决定作出之日起7个工作日内上网公示（以下简称“双公示”）的基础上，按照国家发展改革委《关于认真做好行政许可和行政处罚等信用信息公示工作的通知》（发改电〔2015〕557号）、《关于深入推进行政许可和行政处罚等信用信息公示工作的通知》（发改电〔2015〕687号）、《关于规范行政许可和行政处罚等信用信息数据标准的通知》（发改电〔2015〕806号）、《行政许可和行政处罚等信用信息公示数据标准（暂行）》和《上海市行政许可和行政处罚等信用信息公示工作总体方案》等文件的要求，规范完善"双公示"过程中的信用信息共享工作。

一是畅通"双公示"信用信息共享渠道。在"上海诚信网"开通"双公示"专栏，实现全市主动滚动列表式和查询式集中公示。与"信用中国"网对接公示，市信用平台负责将"双公示"信息推送至国家统一信用信息共享平台。

二是规范"双公示"信用信息归集方式。推动"双公示"信息在上海市法人库、市人口库、市信用平台以及市企业信用信息公示系统间的互通共享，消除"信息孤岛"，促进信用信息共享应用。上海市级政府部门充分发挥市法人库、市人口库作用，将"双公示"信息向两大基础数据库归集，市法人库、市人口库负责将信息同步推送至市信用平台。通过市法人库和市人口库未能归集的，向市信用平台提供。区县政府部门通过区县信用信息子平台，将信息及时向市信用平台归集。

三是动态更新及异议处理。对于行政许可、行政处罚决定依法被变更、撤销的，相关部门和单位需要对公示信息及时予以更新，并按照原信息归集途径，同步推送更新信息，包括市法人库、市人口库也要将动态更新信息向市信用平台及时同步推送。依照《上海市公共信用信息归集和使用管理办法》等相关规定，对公示的信用信息提出异议的，由相关部门、市信用中心等做好异议处理和信息标注等工作。

四是推动信用信息应用。强化信用信息归集和应用"建用并举"，支撑政府部门结合大数据，逐步构建以信用为核心的新型市场监管和服务机制，鼓励信用服务机构等社会主体整合挖掘信息资源价值，为全社会开展守信激励和失信惩戒提供有效信息支撑。

4.强化人才引进

上海着重完善人才发展体制机制，发布《中共上海市委上海市人民政府关于进一步深化人才发展体制机制改革加快推进具有全球影响力的科技创新中心建设的实施意见》(以下简称人才“30条”)。目前，在沪工作外国人才达到21.5万人，占全国的23.7%，位居全国首位，共有近500名包括两院院士、诺贝尔奖获得者、美国科学院院士、英国皇家学会会士等在内的顶级科学家。人才“30条”的具体举措有：

一是降低外国人永久居留证申办条件。在全国率先试点降低外国人永久居留证申办条件、放宽外籍人才就业年龄、简化入境和居留手续等集聚海外人才的政策组合拳。统计显示，仅2017年和2018年两年间，就有726名外籍高层次人才通过市场化认定申办了永久居留，6000人通过新政办理了5年期居留许可，505名外籍高校毕业生办理了加注“创业”“实习”签证和就业证件。

二是积极推进职称评审管评分离。试点将部分高级职称评审权由政府主管部门下放到用人单位和行业组织；将岗位聘任、考核评价、收入分配等管理权下放给用人主体。英语和计算机不再作为职称评审的前提条件，职称不再作为申报科研项目和人才计划的限制性条件，高校、科研所引进人才，也不需要再进行一系列烦琐的审批。

三是优化人才创新创业生态环境。坚持“不拼重金拼环境”，相继设立总规模50亿元的创业投资引导基金、总规模15亿元的天使投资引导资金、总规模50亿元大型政策性担保基金。我国首家“科技银行”——浦发硅谷银行新开6家科技支行、91家科技特色支行。在新政策的推动下，企业办证时间从22个工作日缩短至4.6个工作日。出台人才安居、应届大学毕业生落户、超级博士后资助、技能人才队伍建设、人才分类评价、杰出人才奖励等方面的针对性政策，大力营造众人青睐的创新创业生态系统。

四是完善知识产权保护环境。着力加强知识产权保护，提高专利、商标注册等知识产权审查质量和效率，将商标注册审查周期压缩至6个月、高价值专利审查周期压减10%以上。上海知识产权交易中心建立知识产权侵权查处快速反应、维权援助、调解机制，完善知识产权融资服务。强化知识产权执法力量，加大知识产权执法力度，显著提高商标、版权、专利等知识产权侵权行为违法成本。加强对中小微企业知识产权海外维权的援助，强化上海国际贸易知识产权海外维权服务基地功能，开展涉知识产权国际贸易纠纷产业影响评估和企业应对服务。推进知识产权民事、行政、刑事案件审判“三合一”机制改革，加强知识产权保护行刑衔接。

（三）监管执法：积极推进包容审慎监管，进一步优化新兴行业发展环境

在事中事后监管中，形成监管事项目录清单，明确监管责任，积极推动“包容审慎”监管方式，完善“失信惩戒”制度，优化行政执法工作，支持新兴业态发展。

1.建立健全市场主体轻微违法违规经营行为包容审慎监管制度

上海先后共出台3份市场主体轻微违法违规行为免罚清单，覆盖了市场监管、文化市场、生态环境、消防4个执法领域，涉及广告、合同、食品安全、产品质量、消防、艺术品经营、娱乐场所、出版、旅游、大气污染、固体废物污染等20余个类别，共计61项免罚事项。适用“免罚清单”的企业中，有的是小微企业，轻微违法行为免罚减轻了他们的负担；有的是上市公司，因轻微违法行为免罚，避免了因一时无心之失而进行负面信息披露，不仅保护了其商誉，也避免了因此可能产生的后续连锁性不良反应。2019年3月至2020年4月底，上海市行政执法单位共适用“免罚清单”作出不予处罚决定907个，900余家市场主体因此受益。其中，市场监管领域实施时间较长，案件量最多。截至2020年5月5日，市场监管部门按照免罚清单的规定，对872家市场主体实施了免罚，其中广告类占比最大，达到797件。在广告违法案件中，绝对化用语广告违法

案件最多，占9成以上。[①]

2.全面梳理形成监管事项目录清单

上海市级各有关部门在国务院各部门监管事项目录清单基础上，结合地方性法规和政府规章等确定的监管事项，按照“谁审批、谁监管，谁主管、谁监管”的原则，全面梳理本条线监管职能范围内的监管事项，完善覆盖市、区两级的监管事项目录清单，厘清监管责任、明确监管措施、统一监管标准，并将清单纳入“互联网+监管”系统动态管理，推动监管工作标准化、规范化、精细化。监管事项目录清单纳入上海市“互联网+监管”系统，实行动态管理，并统一对外发布。

3.完善“失信惩戒”制度

上海市市场监管、农委、文旅、人社和交通等部门进一步规范和完善了严重失信主体名单的制度管理。

一是实施信用惩戒有效通知告知制度。市场监管局针对列入严重违法失信名单缺乏有效通知的问题，通过列入前发布提示公告、信息提示和电话催告等方式指导即将被列入严重违法失信名单的企业纠正违法行为。市人社局对用人单位列入拖欠工资“黑名单”将进行提前书面告知，听取其陈述和申辩意见，核准无误后作出列入决定。

二是适度提高纳入失信信息平台门槛。自然人单次罚没金额低于300元、法人和非法人组织单次罚没金额低于3000元的案件信息，不纳入城管执法失信信息采集范围。根据违法行为性质、情节、社会危害程度等，划分一般、严重、极严重三个失信等级，规范失信主体信用修复方法。完善案件信息异议处理程序，保障市场主体合法权益，增强市场主体诚实守信意识。

三是探索细分失信行为等级，区别惩戒失信行为主体。在实践中，有的单位结合自身行业领域特点和应用场景需求，就关注的相关联的信用信息进行分

---

① 《提升精细化管理　上海多领域“免罚清单”助力优化营商环境》，载中国新闻网，https://baijiahao.baidu.com/s?id=1666019979154840355&wfr=spider&for=pc，最后访问日期2020年9月1日。

类应用。比如，在申领新能源汽车牌照和购车补贴时，申请人须信用状况良好，不存在各类税费欠缴以及乘坐公共交通工具时逃票、酒驾、不履行生效判决、从事非法客运信息等失信行为信息。

四是探索引入信用修复机制。目前，全市共受理修复申请1257项，并对符合条件的869项依法依规给予修复。

4.优化行政执法

上海市城市管理行政执法局印发《关于优化营商环境的指导意见》，进一步优化行政执法工作，指出：

一是支持新消费业态发展。推进夜市经济发展，配合属地政府和相关管理部门科学设置夜市，指导夜市落实管理主体、实施商户自治。支持特色小店开展“外摆位”经营，对外摆时间、摆放范围等实施精细化管理。指导督促商户落实市容环境卫生责任制，做好生活垃圾分类、餐厨垃圾和废弃油脂收运处置等工作。

二是实施“轻微免罚”制度。聚焦市容环境卫生、文明施工、房产市场管理等领域，发布免罚事项清单，对市场主体发生的情节轻微、纠正及时、没有造成危害后果等违法行为，不予行政处罚。推进柔性执法，在行政执法中推广运用说服教育、劝导示范、行政指导等非强制性手段。

三是规范“双随机、一公开”监管。建设城管执法对象监管系统，实行分级分类精准监管。完善随机抽查事项清单，建立对象库、人员库“两库”，规范随机抽查程序，合理设定检查频率，主动向社会公开抽查事项、计划和结果，接受社会监督，确保检查公开透明。开展跨部门联合随机抽查，实现“进一次门、查多项事”，提升执法检查效能。

四是推行“非现场”执法。聚焦破坏街面环境、生态环境、人居环境等领域多发常见、可直接判断的违法行为，制定“非现场”执法事项清单。明确电子证据采集规则，通过共享和自建数据库开展信息比对，精准锁定执法对象，实现证据采集智能化。实施程序类执法文书电子送达，提高执法效率，实现执法流程标准化，减少对市场主体正常生产经营的影响。

五是实行罚款网上缴纳。推动“智慧城管”对接政务服务“一网通办”公共支付平台，增设城管执法“网上办案系统”行政处罚线上履行服务，开通支付宝、微信、银联等罚款缴纳渠道，实现罚款缴纳高效、便捷、安全。

（四）区域创新：聚焦国家战略和上海科创中心建设，营造良好的创新生态环境

聚焦协同创新，推动形成开放、融合的创新新格局，在临港新片区、长三角一体化示范区、浦东新区改革开放再出发、上海科技创新中心建设等国家战略和上海中心工作中，努力营造良好的创新生态环境。

1.推动临港新片区高质量发展

加大向临港新片区放权力度，赋予更大的改革自主权，率先深化“放管服”改革创新。

一是完善建设项目一体化审批服务工作体系，探索一批事项快速办理和远程办理。

二是依托一体化信息管理服务平台，推进各类数据互联互通共享，打造全面风险管理和重点领域监管结合、全生命周期实时风险监测与动态预警结合、联防联控协同联动的风险防控体系。

2.推动长三角一体化示范区绿色创新发展

一是打造全国首个政务服务一体化旗舰店，所有办事服务大厅开设线下“一体化示范区”专窗，实现线下就近办理。

二是推进企业经营许可、资质认定标准统一，推行区县权限事项备案互认、省市级权限承诺互认制度，实行证书互认、承诺备案、属地管理、延后换证。探索长三角一体化示范区内企业名称使用“一体化示范区”字样，允许企业自主选择“上海”“江苏”“浙江”作为企业名称行政区划使用。

3.推动浦东新区改革开放再出发

一是上海市委、市政府出台《关于支持浦东新区改革开放再出发实现新时代高质量发展的若干意见》，在深化改革、扩大开放、创新发展、产业升级、

城市功能5个重点领域，提出了20条任务、50项改革举措，向浦东新区下放一批市级经济管理权限。

二是上海市人民代表大会常务委员会出台《关于促进和保障浦东新区改革开放再出发实现新时代高质量发展的决定》，为浦东新区大胆试、大胆闯提供政策保障。

三是向浦东新区下放一批市级行政审批事项，支持浦东新区深入推进“一业一证”改革试点，将一个行业经营涉及的多张许可证，整合为一张“行业综合许可证”，并试点人工智能辅助系统进行材料审核。目前，已在便利店、体育健身场馆等43个行业试点，总体实现审批时限压减近90%，申请材料压减近70%，填表要素压减超60%。

四是探索行业综合监管改革，对行业管理涉及多个监管部门的实施监管流程再造，统筹建立职责明确、分工协作的综合监管制度，实现部门协同无缝隙、风险防范无死角。推进信用监管、风险监管、分类监管、动态监管，建设智能化监管应用场景。

4.推动上海科技创新中心建设

一是加大向张江科学城等科技创新中心承载区的放权力度，实现“张江事、张江办”。

二是通过“一网通办”、依法委托或者在张江科学城开设服务窗口等方式，为各类创新主体提供高效便捷的政务服务。

三是支持在张江科学城开展公共服务类建设项目和相关重大建设项目的投资审批改革创新，针对大科学设施等重大建设项目，开展多评合一、告知承诺等改革，探索“一会三函”平行审批。

（五）公共法律服务：搭建公共法律服务平台，为企业提供更加优质、规范的服务

上海市坚持全市上下联动，大力推进公共法律服务体系建设，先后制定印发了《关于建立司法行政综合法律服务窗口的指导意见》《关于深化本市司法行

政12348公共法律服务平台建设总体方案》《上海市公共法律服务平台建设实施方案》，明确任务书、时间表、路线图。16个区也第一时间开展了公共法律服务中心的建设，公共法律服务的便捷性、可及性不断提高，企业在公共法律服务方面的获得感不断增强。具体的体系建设要点如下：

1.搭建“四纵三横”普惠型公共法律服务网络，提高服务便捷性、可及性

大力推进服务点的全覆盖、服务链的全贯通。在纵向上，建立以市公共法律服务中心为龙头，区公共法律服务中心为枢纽，街镇公共法律服务工作站以及村（居）公共法律服务工作室为延伸的四级平台。在横向上，坚持以网络服务为主、电话服务为辅、窗口服务为支撑的建设思路，着力搭建资源高度融合且集线下（实体窗口）、线中（电话热线）、线上（智能网络）于一体的公共法律服务网络体系。将线下、线中、线上三个平台通过技术手段互联互通，形成“三位一体”的整体架构模式，即共用一个管理系统、一个数据库、一支公共法律服务志愿者队伍。

2.建立统一标准，推动公共法律服务规范化、标准化

坚持树立和运用“标准化+”理念，将标准化贯彻到平台建设的视觉系统、场所建设、服务标准等各方面。按照“四个统一”的要求，即实体窗口服务功能的统一，市、区、街镇三级信息网络管理系统的统一，线上服务与整合的队伍资源和12348平台功能运用的统一，视觉识别和标识标牌的统一，不断规范建设标准。另外，引入模块化、标准化管理手段，实现资源调动的快捷顺畅，已形成科学系统的民事法律援助、公证、司法鉴定临床法医等服务标准，让服务更加优质、规范。

3.优化整合各类资源，实现公共法律服务综合性、一站式

充分发挥职能优势，对跨部门、跨行业的法律服务资源进行配置、激活和有机融合，取得“1+1>2”的效果。目前，已经整合律师、公证、司法鉴定、人民调解、司法考试、基层法律服务、社区矫正、行政审批等多种群众日常所需的法律资源，在平台上统一提供法律服务，组建了由16个区司法局和市律师协会、市公证协会、市司法鉴定协会、市人民调解协会共同参与的21支志愿者队伍，共有1000多名法律服务志愿者，基本实现司法行政公共法律服务事项的全面覆盖。

4.搭建公共法律服务平台

公共法律服务平台是公共法律服务体系建设的重要载体，是推进公共法律服务体系建设的一项基础性工作，目前已初步形成实体、网络、热线平台一体架构。

一是“1+16”市、区两级公共法律服务线下实体平台窗口初步构建。市公共法律服务中心共设立10个办事窗口、6间法律服务咨询室，提供标准化、综合性、一站式的司法行政公共法律服务。16个区的线下实体公共法律服务中心，基本涵盖了行政审批及辅助服务、法律援助、法治宣传教育、人民调解以及以提供法律咨询为主要内容的公共法律服务。

二是“12348上海法网”正式上线。“12348上海法网”包括网站、APP和微信公众号，使用同一个名称，方便群众检索，同时还开通了“上海市司法局”微信号，同步提供各类服务。目前，网络平台上有四大板块：“普法学法”板块，打造集法律服务小常识、便民信息、法宣活动等于一体的百姓学法平台；“法治地图”板块，整合法律服务资源，法律服务机构和人员全部上网，供群众一键查找，解决群众寻找可靠法律服务的问题；“法律咨询”板块，打造多渠道、一站式咨询模块，律师、公证、司法鉴定、人民调解、法律援助、社区矫正六种事项均提供在线实时咨询，此外还有留言咨询、智能咨询等多种功能，满足不同群众、不同事项对咨询方式的不同需求；“法律服务”板块，提供法律援助在线预申请、预约线下律师、部分公证的在线办理、部分司法鉴定事项和人民调解的在线预约等法律服务。

三是12348公共法律服务热线平台完成扩容升级。将12348法律援助咨询热线升级改造为面向社会公众提供公共法律服务的12348公共法律服务热线，目前已开通法律咨询、行政审批办理及司法考试咨询、公证咨询、狱务公开、戒毒所务公开共五项服务。

（六）法治保障：推动多方协作，建立健全法治保障体系

在优化营商环境中，上海注重发挥法治固根本、稳预期、利长远的保障作用，推动多方协作，建立健全法治保障体系。

1.建立优化营商环境法治保障共同体

2019年4月，上海正式发布《关于建立上海市优化营商环境法治保障共同体的意见》及《上海市优化营商环境法治保障共同体实施细则》，发起建立上海市优化营商环境法治保障共同体，旨在推动各方形成合力，聚焦政策制度，强化系统研究，增进政府和市场的有效沟通，切实提升企业和群众的获得感、满意度。共同体的具体做法如下：

一是坚持以问题为导向，吸引各方共同参与，努力构建及时发现问题、深入剖析问题、有效解决问题的运作模式。

二是主要采用联席会议工作机制，聚焦营商环境优化过程中的制度瓶颈和体制机制问题，围绕重点任务，推动共同体成员单位协同开展问题研究、政策制定、宣传培训、评估优化等工作。

三是推动人大常委会机关、相关政府部门、司法机关和知名法学院校、研究机构、学会协会以及仲裁机构、律师事务所等构建优化营商环境法治保障共同体，就优化营商环境涉及的立法修法修规等重大问题开展深化研究、政策研究、宣传培训、评估优化等工作。

四是进一步推动制度设计、完善地方性法规体系、强化行政执法监督、发挥司法保障职能、优化纠纷化解机制、加强制度宣传解读。

2.强化司法保障

上海紧紧围绕营造法治化营商环境目标，充分发挥司法职能作用，从制度机制建设、知识产权保护、金融领域司法保障等方面着手，依法保障各类市场主体的合法权益，着力维护公平竞争的市场环境、加强产权司法保护、弘扬契约精神，保持上海“合同执行”的强项优势，进一步加强破产审判工作，补齐市场主体救治和退出机制的短板。

一是夯实优化营商环境的制度基础。2018年，上海发布《关于贯彻落实〈上海市着力优化营商环境加快构建开放型经济新体制行动方案〉的实施方案》及《重点任务分解表》，从加强产权司法保护、维护市场交易秩序、完善市场主体救治和退出机制等方面提出工作举措，细化分解为33项工作任务。

二是加强产权司法保护，包括加大产权保护力度，提高产权保护法治化水平；坚持平等保护原则，营造公平竞争、充满活力的市场环境；加强中小股东权利保护，维护上海市场健康有序运行。

三是加快服务开放型经济新体制建设，包括完善涉自贸区案件审判体制机制，为司法服务保障营商环境建设积累经验；依法公正审理涉外民商事和海事海商案件，为扩大开放营造良好法治环境；加强与商事制度改革相关案件审判，推动形成更加开放、公平、便利的投资环境。

四是加强破产审判，建立破产案件财产处置联动机制，上海市高级人民法院会同市规划资源、公安等有关部门统一破产企业土地、房产、车辆等处置规则，提高破产财产处置效率。

五是建立市场主体退出机制。建设注销企业网上服务平台，实现市场监管、税务、商务、海关等部门数据信息的互通共享、同步推送、并联办理、销项管理。强化企业全生命周期管理，通过流程再造，使企业注销事项更为便利、规范、透明。进一步完善简易注销程序，全面梳理企业注销事项的材料、环节要求并一次告知。通过办理进展情况线上“进度条”和线下短信提醒的方式，实现企业注销服务清单式指引。

六是破解企业破产“立案难”，探索破产处置快车道，进一步完善破产管理人制度，深化破产案件集中管辖试点工作。

七是完善纠纷解决机制。上海法院以在线调解平台为支撑，与诉讼服务平台、12368平台、律师服务平台深度融合。在线调解平台包含了裁判规则引导、类案推送预判、在线调解、在线司法确认等功能，现有各类在线调解员121名。平台对接了音字转换系统，在线调解视频音频可以实时转化为文字，调解内容可以自动同步保存，调解协议自动生成。上海法院还依托司法大数据库，建立了道路交通案件大数据和知识产权民事侵权案件大数据专项分析平台，通过分析发现矛盾化解规律。

八是组织一支法律功底深厚、外语能力较强、熟悉国际规则的商事办案队伍，为营商环境的司法服务、保障和未来的可持续、高质量发展奠定了坚实的人才基础。

3. 建立营商环境投诉维权机制

一是修订《上海市市场监督管理投诉举报处理程序规定》。

二是立足大市场监管格局，调查评估现有投诉举报处理机制运行情况，整合不同部门规章的规定，做好法律法规衔接，探索制定全市统一、高效、便捷的投诉举报处理程序，着力提高市场监管部门行政效率，规范行政行为，切实保护消费者和举报人的合法权益，规范市场主体行为，促进公平交易和公平竞争。

三是提升大数据和信息化技术的运用能力，充分借助信息化、信用治理等手段，统筹“12345 市民服务热线”等平台，进一步提升消费者的满意度。

4. 加强营商环境政策宣传和形象推广

一是就上海营商环境建设工作加强与世界银行的专题沟通。

二是开展面向中小企业的政策宣传推广工作，精准推送政策，提高政策可及性和覆盖面。

三是开展优化营商环境案例评选及典型案例宣传，发布上海营商环境白皮书。

四是加强与具有国际影响的城市排名指标编制机构的沟通交流，主动学习借鉴国际先进的营商环境建设经验，介绍上海营商环境的特色和优势。

五是结合上海营商环境改革重要节点，由各部门、各区开展系列宣传活动，强化宣传效果。

5. 组织开展全市营商环境考核评估

上海积极结合世界银行营商环境评价对标改革和国家营商环境评价，兼顾指标水平评价和工作绩效评价、政策落实和工作创新，研究形成上海营商环境评估指标体系。委托社会第三方机构，对全市各区和重点园区组织开展营商环境评估，并纳入全市绩效考核体系。

三、国外优化营商环境的成功经验

（一）新加坡

从2006年起，新加坡连续十年位居全球营商环境前列，其主要有以下做法。

一是为企业开办提供三个便利。注册程序简便：只需登录新加坡会计与企业管制局的商业文件系统，便能在线完成公司及海外分支机构的注册登记。商用设施便利：企业办公选址不论处于任何地带、任何区域环境，都具备完善的基础配套设施。招募员工容易：新加坡是知识智力型人才富集地，不仅拥有强大的本地人才招聘队伍，还大力引进国际精英人才。

二是系统、科学且针对性强的税收政策。新加坡签署了50个避免双重课税协定、30项投资保证协议，使在新加坡进行跨国业务的总公司享有税收优惠。针对批准的国际航运企业计划与全国商人计划，赋予10%或5%优惠税率的资格收入。

三是发达的投融资服务。新加坡的融资租赁市场非常成熟，可根据不同类型的贸易企业提供多样的融资模式，对于投资海外的公司，提供“保险+贷款”的融资模式。

四是构建多边贸易体系。新加坡与美国、日本、澳大利亚、新西兰等主要经济体国家签署了自由贸易协定，还签署了36项投资担保协议，主要是保护本国企业在国外投资的非商业性风险。同时，与50多个国家签署的避免双重征税协议确保了对在新加坡成立的所有企业进行公平征税。

五是健全、完备的商业（务）法规体系。新加坡在知识产权保护、人才引进、工资福利待遇、移民、电子商务等方面拥有法规体系；有健全、公正的司法审判体系以及援助企业解决纠纷的有效渠道。具有完备的知识产权保护法律体系，主要有《专利法案》《商标法案》《注册商标设计法》和《版权法》等，为企业提供强有力的知识产权保护。

（二）丹麦

自2013年以来，在世界银行营商环境报告中，丹麦均居欧洲前列，其主要有以下做法。

一是简政增效。丹麦政府一方面采取免除注册企业管理层自然人居民的要求，缩减企业注册时间至24小时；另一方面扩大公共投资，投入33亿克朗用于提高水电气等公共事业效率。同时，鼓励私人企业参与竞争。这些措施使丹麦国内经济2017年、2018年分别增长1.5%、1.8%，通胀水平、国家债务水平和失业率也均持续低位。另外，丹麦在国际上是屈指可数的长期保持3A信用评级的国家之一，这为外国公司到丹麦投资创业提供了良好的信用条件。

二是就业保障政策。丹麦通过建立灵活的雇佣解雇政策、失业安置政策和劳动力市场政策来保障企业的稳定运行。

三是大力支持“双创”发展。丹麦政府研发支出占GDP比重达3.03%，位居欧盟第三，其主要支持医药业及“高效、清洁、可持续”的新能源发展，如利用风力、秸秆和垃圾发电等。同时，吸引科技产业国际巨头Facebook和苹果公司落户建立大型数据中心。

四、国内优化营商环境的成功经验

（一）香港

自2008年以来，世界银行营商环境报告中，我国香港营商环境排名也较靠前，其主要做法如下。

一是坚持奉行“市场主导、政府促进”的原则。香港以发展和推动经济为基调，维持“大市场、小政府”，提供广阔、公平、公开的平台，让市场充分发挥作用。

二是成立专门机构，促进企业发展。香港早在1996年就推行方便营商计划；1997年成立专门永久机构工商服务业推广处；2006年又成立方便营商咨询委员会（方咨会），其辖下设立10个涵盖不同行业的营商联络小组。还专门成立中小企业资讯中心，支持企业创新发展。同时，联合半官方机构和民间组织成立投资推广署及在世界主要商业城市设立30多个香港经济贸易办事处，共同促进外来投资。政府一直扮演着“超级联系人”的角色，致力于将外资引进来，助力内资走出去。

三是简单稳定、统一快捷的税收特点。香港企业平均每年需缴税三次，耗费总时间为80个小时，企业所得税缴纳在港盈利的16.5%，有关离岸收入、股息、利息、资本性收益等无须缴税，不设增值税、营业税等。

四是发达的投融资服务。香港作为世界金融中心城市之一，拥有各类融资渠道和工具，具有很高的融资自由度，对借贷没有额度限制，拥有全球最开放的债券市场。

五是国际化的市场执行标准与惯例。香港拥有在国际集成框架上进行测试、检验并认证的运营体系。以认证为例，香港早在2015年就在有关质量管理体系（OMS）认证、环境管理体系（EMS）认证以及产品认证方面，成为太平洋认可合作组织（PAC）国际认可论坛（IAF）的多边互认安排（MLA）的签署成员。从2015年6月起，香港认可处也成为太平洋认可合作组织温室气体审定和核查的多边互认安排的签署成员。在2017年至2019年间，香港认可处成功将其太平洋认可合作组织的多边互认安排扩展至能源管理体系（EnMS）认证、食物安全管理体系（FSMS）认证、职业健康安全体系（OHSMS）认证等。①

六是完善的公共法律服务。香港是亚洲的国际法律服务枢纽，职业律师超过12000名。截至2022年5月底，香港共有939家本地律师事务所，另有83家外地律师事务所在港设有办事处，其中超过半数是全球百大律师事务所。外地律师在香港法律服务市场占有重要位置。截至2022年5月底，已有36家外地注册律师行（包括内地律师行）与本地律师行在香港设有联营律师事务所。与此

① 《香港认可处里程碑》，载香港特别行政区政府创新科技署官网：https://www.itc.gov.hk/gb/quality/hkas/about/milestones.html，最后访问日期2022年4月16日。

同时，超过半数注册外地律师受聘于本地律师事务所。这使香港成为向内地和外国企业提供国际法律及仲裁服务的立项平台，并成为香港优化营商环境的重要驱动力。①

（二）北京

一是持续深化商事制度改革。继续抓住企业开办、变更、注销等关键环节深化改革。优化完善“e窗通”平台，实现企业法人后续在“e窗通”平台可办理税务、社保、公积金等事项。将企业注销系统与“e窗通”平台合并，扩大部门数据共享范围，实现企业开办、注销“一网通办”。推行企业变更“网上办、容缺办、承诺办”，加大宣传培训力度，提高企业变更登记“全程网办”使用率；完善企业登记容缺受理机制，扩大容缺受理范围；在丰台区推行企业变更承诺受理。在海淀区推进区块链技术试点，实现企业注册地址、经营范围自动核验，提高开办效率。继续推进“证照分离”改革，将工业产品生产许可证种类再压减一半以上。

二是深化工程建设项目审批制度改革。以“三精简”（精简环节、精简时间、精简成本）为重点，推进工程建设项目审批全流程、全覆盖改革。成立市级改革小组，深入分析研究上海市工程建设项目审批制度存在的问题和改革方向，加快推进以企业投资项目承诺制为核心的工程建设项目审批流程改革，进一步完善简易低风险项目审批流程和“一站通”系统。积极推进“一张蓝图、一个系统、一个窗口”建设，对标国际前沿，积极推进“多规合一”的“一张蓝图”各部门共享共用，为投资主体提供查询渠道；建立以投资项目在线审批监管平台为主体的“统一申报、并联审批、一网通办”审批体系；进一步完善建筑许可综合窗口建设。完善工程安全质量风险矩阵体系，出台基于各类风险等级的管控制度，根据风险等级确定检查频次和检查内容。

---

① 《香港法律服务业概况》，载香港贸易发展局官网：https://research.hktdc.com/sc/article/MzEzODc5NTk5，最后访问日期2022年5月13日。

三是优化市政设施接入服务。继续完善“三零”（零上门、零审批、零投资）服务，优化审批流程，提高市政设施接入效率和可靠性。出台市政设施接入并联审批办法，推动规划自然资源、住房和城乡建设、公安交通管理、园林绿化等部门并联审批，简化材料、信息共享。逐步扩大用水用气“三零”服务覆盖范围和受益群体，通过线上申请、主动上门、全程代理等方式，实现小微用气工程“一次不用跑”、其他用气工程“最多跑一次”。大力推行“掌上办”，通过微信小程序、支付宝、百度、北京通等多种途径，实现水、电、气、热、通信掌上办理报装、查询、缴费等业务，不断提升便利化水平。将电力报装系统与上海市政务服务资源共享平台对接，建立数据和证照共享机制，压缩办理时间。配合国家相关部门推动修订相关法规规章，建立对供电企业中断供电惩罚机制，促进企业进一步提高供电可靠性。

四是推动不动产登记智能办理。以不动产登记为样板，继续推动新技术场景应用，实现政府信息互联共享。全面推进“一网通办”，探索企业不动产登记、变更、法院查封等全业务类型网上申请和网上缴税。开展不动产登记电子证照试点工作。推动不动产登记系统与水、电、气、有线电视等公用服务信息系统对接，实现同步过户。建立不动产“掌上”登记中心，利用大数据、人脸识别、在线支付等技术手段，实现24小时申请不打烊。推广应用区块链技术，实现户籍人口、营业执照、权籍测绘、司法判决等信息共享应用，推动不动产登记“一证办理”“全城通办”“智能秒批”试点工作。

五是持续提升贸易便利化水平。进一步压缩跨境贸易时间和成本，持续优化通关服务。积极争取国家“两步申报”改革试点政策在京实施，推行以概要申报、完整申报为主的进口货物申报模式，企业仅凭提单概要即可申报提货，后续补充完整信息，进一步提升通关效率。建设“单一窗口”2.0版，建设物流信息综合公共服务平台，推行“多网合一”。推进空港贸易进口提前申报改革措施落实，完善提前申报容错机制，鼓励更多企业开展提前申报业务，进一步压缩通关时间。持续推进多元化税收担保方式改革，扩大关税保证保险试点范围，提升汇总征税率和自报自缴比例，巩固完善免担保放行模式，引导和帮助企业更好地利用改革政策。

六是进一步改善融资和税收环境。着力解决民营、小微企业融资难、融资贵、融资慢问题。推动小微企业综合金融服务平台建设，运用金融科技建立小微企业金融信用信息档案，构建以企业金融信用为核心的信息服务体系。设立企业续贷受理中心，建立绿色通道，为民营企业提供首贷咨询、续贷受理审批及其他投融资服务。将不动产登记服务延伸到银行网点，设立银行“不动产综合服务点”，在办理贷款的同时可以直接办理不动产抵押登记申请，2019年底共设立200家服务点，实现各区、主要银行全覆盖。进一步压减纳税时间，提高企业纳税便利度。更新发布第二批办税事项“最多跑一次”“一次不用跑”以及“全城通办”清单。积极配合税务总局推行城镇土地使用税和房产税合并申报，减少纳税次数。

七是加强营商环境法治保障。推动《北京市促进科技成果转化条例》《北京市优化营商环境条例》等相关制定工作。推动将全市所有破产案件纳入北京市破产法庭审理，实现办理破产规范化，提升破产重整成功率。推广法院传票、证据材料等电子送达方式，完善和规范企业送达地址信息库，旨在覆盖全市。

八是深化招标投标领域改革。加强政府采购全流程管理、全过程监督，推动招投标全程电子化。按照世界银行营商环境评价方法学，在已有招投标管理办法基础上，制定公路养护工程管理办法，实现全流程采购管理。对接各区政府采购管理系统，推进市、区两级系统数据共享。将交通、勘察设计等领域招投标纳入北京市公共资源交易系统，实现国家要求的全流程电子化，做到各级各行业全覆盖。统一北京市公共资源交易服务平台与各分平台公共入口和数字认证服务，实现“一证通办”。

九是加强知识产权创造和保护。强化企业知识产权保护，进一步提高企业专利申请数量和质量。研究制定北京市知识产权资助金管理办法，推进中小企业知识产权集聚发展示范区建设，构建具有首都特色的知识产权公共服务体系，开展专利创造培训和服务，推进建立“知识产权管家”制度，为中小微企业提供定制化知识产权工作方案。继续在中关村探索开展专利权质押融资保险促进工作，加快其在国家自主创新示范区的应用实施。

十是大幅提升政务服务水平。继续推进“一网、一窗、一门、一次”改革，打破数据壁垒，规范服务标准，提高窗口服务效率和水平。加快政务服务数据共享，推动市、区两级政务服务平台对接，推动统一身份认证；开展政务服务领域智能场景应用试点；全面推进各区各部门政务服务领域电子印章应用；加速落实指尖行动计划，推广应用政务服务APP、自助一体机、各类小程序，丰富企业群众办事渠道；推进京津冀“一网通办”试点工作。大力推行“马上办、就近办、一次办、跨区可办”，市、区两级各600项高频政务服务事项实现“一次不用跑”或“最多跑一次”，平均跑动次数压缩到0.3次。推进“四减一增”改革，实现各区各部门材料精简比例达到60%，将行政许可事项承诺时限压缩至法定时限的45%以内。推动政务服务标准化建设，完成市、区、街道（乡镇）、社区（村）四级政务服务事项标准化工作。科学细化量化审批服务标准，推进同一事项无差别受理、同标准办理，推动更多事项实现“就近能办、跨区可办、全城通办”，制定各区、各部门3.0版政务服务事项办事指南。

十一是实施公平审慎的市场监管。整合监管资源，提高监管效能，加强信用体系建设。加快综合执法体制改革，统筹配置市场监管、生态环境保护、文化市场、交通运输、农业等领域的行政执法职能和执法资源。推动跨部门跨区域联合监管、联合奖惩，加快建设市场监管部门“双随机”工作平台，在市场监管部门内部完成全流程整合，在市场监管领域实现相关部门“双随机、一公开”全覆盖。建立完善14类重点人群信用档案，建立企业信用风险分类指数，探索开展差异化监管和包容审慎监管。进一步完善黑名单退出机制，制定北京市失信记录信用修复政策。加快制定全市统一的信用信息采集和分类管理标准，完善公共信用信息平台功能，将“互联网+监管”系统与“双随机、一公开”系统、“市场监管风险洞察平台”及“信用北京”等对接，实现数据汇聚、智能分析、精准监测、联合惩戒。

十二是营造包容普惠的创新环境。重点围绕科技创新、人才流动、就业服务、市场开放、公共服务等领域，出台一批落实国家“放管服”改革任务的政策。以推进新一轮服务业扩大开放综合试点为契机，不断提升教育、文化旅游、医疗卫生、养老等方面的国际化水平。实行境外投资备案改革，探索推行“一表填报、信息共享、并联审批”的管理模式，为企业“走出去”提供便利。简化医疗市场准入程序，将诊所设立由审批制改为备案制，降低社会办医制度成本，调动社会办医积极性。

（三）深圳

一是打造国际一流投资环境。放宽外商准入限制。除法律已明确的限制性规定外，将自贸试验区外商投资负面清单管理模式推广至全市。凡外商投资负面清单以外的外商投资项目，切实做到法律上平等、政策上一致，实行国民待遇。落实国家外商投资企业设立及变更备案管理暂行办法，设立及变更备案事项一律自受理之日起3个工作日内办理完毕。加大利用外资财政奖励力度，符合省财政奖励条件的，市财政予以1∶1资金配套；外资跨国公司总部或地区总部对市级财政年度贡献首次超过1亿元的，市财政按其当年对市级财政贡献量的30%给予一次性奖励，最高奖励1亿元。放宽港澳专业人士执业许可。拥有港澳执业资格的金融、会计、规划、设计、建筑、医疗等港澳籍专业人士，经批准后可在全市执业。深化自贸区商事改革，在前海蛇口自贸片区试点简化跨境商事法律文书流转程序，利用电子文书进行商事登记，推动深港两地跨境商事登记全程电子化。在全市推广前海蛇口自贸片区跨境电子支票、跨境电子缴费等业务。

二是突出深港金融合作。丰富前海金融开放创新政策体系，争取出台前海深化深港金融合作政策，推进前海金融新一轮开放创新。探索符合条件的港资主体在前海发起或参与设立法人银行机构、非银行金融机构，探索放宽在前海设立港资保险公司条件。推动跨境人民币业务创新发展。探索在前海开展跨境人民币信贷资产转让业务。探索证券期货经营机构在前海开展跨境经纪、跨境资产管理业务，争取开展前海证券期货经营机构参与境外证券期货和衍生品交易试点。

三是推进国际贸易便利化改革。申报建设高水平自由贸易港。依托海关特殊监管区域等，推动深港共建高水平自由贸易港。实施“一线全面开放、二线安全监管”制度。降低外资企业负担。制定实施深圳口岸收费目录清单。取消外资企业舱单服务费。落实出口退税企业信用管理办法，探索“互联网+出口退税”方式，提高出口退税效率。服务企业开拓国际市场。为深圳中欧班列提供适当的财政支持。大力发展“走出去”公共服务平台，利用多双边工商合作机制项下重大经贸活动、国际智库论坛、研讨会等平台，加快构建“一带一路”城市合作伙伴网络，为企业提供出口和境外投资的信息、法律、风险防范、技术支撑等服务。

四是推进通关监管改革。全面落实通关一体化改革。加快建成国际贸易“单一窗口”国家标准版。推进“互联网+”口岸服务。全面推广报关报检“并联”模式，实现企业“一点报关/报检，全域验放”。压缩进出口货物通关时间三分之一以上。推进跨部门一次性联合检查，实施无纸化审批、联网核放、联合登临检查、车辆及邮轮“一站式”便利通关等措施。推动粤港澳检验检测认证认可机构深度合作、结果互认。推进深港口岸合作和保税监管改革。开展中转集拼业务监管改革，拓展特殊监管区域保税仓储功能，支持设立全球集拼分拨中心，推动深圳港国际海运中心建设。加强深港两地海关合作，深化完善“一单两报、绿色关锁”模式。试点“供应链协同出口”改革，依托前海湾保税港区发展国际理货服务。推广“保税展示+跨境电商”、“保税+实体新零售”、保税延展等模式。打造国际一流智慧口岸。在全国率先建设出入境智慧卫生检疫系统、动植检智能查验系统、数字化智慧实验室平台。高标准建设、改造新老口岸，建设新版车辆“快捷通”系统、新一代智能化旅客自助通关系统，加强海港码头基础通信网络等系统建设。

五是优化产业空间资源配置。实施工业用地保护制度，科学划定全市工业区块线，探索对线内工业用地实施立法保护，除因公共利益需要外，原则上不得调整土地用途。加大“工改工”政策支持力度。鼓励未完善征转地补偿手续、符合规划的产业用地加快入市。鼓励工业“上楼”，提高产业用地容积率。以先租后让方式供应的工业用地，租赁期满达到合同约定条件的，同等条件下原租赁企业优先受让。支持多家总部企业组成联合体联合竞投、联合建设总部大楼。鼓励建设高标准厂房，允许以幢、层等固定界限为基本单元分割登记和转让。开展旧工业区转型升级和综合整治专项行动。行政引导与市场机制相结合，鼓励采取异地置换、产权入股等手段，促进老旧工业区连片升级、功能优化。支持辖区政府建设保障性产业用房，在重点工业园区周边增加产业配套设施的供给，规范园区管理制度。

六是全方位降低企业运营成本。降低用地用房成本。在符合规划及不改变用途的情况下，经批准利用已建成工业园区内剩余用地增加自用生产性工业厂房及相应辅助设施的，不计收地价。开展房屋租赁管理政策法规制定，明确租赁当事人权利义务，实施分级分类价格管理，按片区对厂房、写字楼、出租屋的租金进行引导，促进租赁房屋租期和租金稳定，必要时进行租金管制。降低用工成本，坚持收入水平增长与劳动生产率提高相适应，合理调控最低工资标准。适当降低社会保险费率。完善欠薪保障制度，暂停征收欠薪保障费。降低用电成本，落实输配电价改革措施，合理调降广东电网趸售深圳电量和电价。降低企业物流运输成本，逐步取消连接市内各区间的高速公路收费。降低企业税费负担，降低城镇土地使用税、车船税的适用税额标准，降低符合条件企业购销合同印花税核定征收标准。积极落实房产税、城镇土地使用税困难性减免优惠政策。对符合政策的纳税人实行即报即享、应享尽享。探索更多与国际接轨的税收管理与服务方式，简并纳税申报期限，对房产税、城镇土地使用税申报实行一年一报，对商事登记制度改革后的新办企业货物劳务税及附加推行有税申报。深化“互联网+税务”服务，推进国税、地税业务网上通办。严格实施涉企收费目录清单管理，开展涉企经营服务性收费专项清理行动，对越权收费、超标准收费、自设收费、重复收费的项目实行行政追责和经济处罚。全面完成市直部门行政职权中介服务事项清理，开展中介服务去行政化工作。

七是缓解“融资难、融资贵”。扩大企业债券融资规模，支持符合条件的企业申报发行城市停车场、地下综合管廊、战略性新兴产业、“双创”孵化、配电网建设、社会领域产业等国家重点支持的专项债券。扩大中小微企业贷款风险补偿，简化办理手续，对银行向上海市中小微企业、中小微企业主发放的首笔贷款和信用贷款（限于企业经营用途），按照坏账损失补偿50%，最高限额200万元。鼓励发展动产融资，对向中小微企业开展应收账款和存货抵押质押融资的银行实施风险补偿，在限额内按照坏账损失补偿20%。加大对符合条件的融资担保公司代偿损失的补偿力度。完善天使投资人鼓励政策，设立天使投资引导基金，引导鼓励社会资本对初创企业的投入。推广创业创新金融平台应用，提高中小微企业融资效率。鼓励银行开展特许经营权、政府采购订单、收费权、知识产权新型融资方式。

八是提供更全面的创新支持。加大创新创业奖励力度，符合条件的重大招商引资项目投资单位、特殊人才，可直接取得小汽车指标。支持以市场化方式探索设立100亿元中试创新基金，加大中试环节支持力度，支持中试基地、中试生产线建设，加快推进创新科研成果转化应用和产业化。实施技术改造倍增计划，落实技术改造投资资助“零门槛”申报，支持开展“机器换人”、建设数字化智能化工厂、工业互联网改造，对经市政府确定的重大工业项目和技改项目给予同步奖补。引导企业加大以智能制造、绿色制造、服务制造、时尚制造、安全制造为导向的技术改造。实施创新验证计划，支持高等院校、科研机构等设立“创新验证中心”，联合专业机构打造市场化、专业化的科技成果转移转化平台，提供创业孵化、投融资管理全流程服务。率先构建新产品地方标准、认证体系，加速科技成果转化和市场化进程。加强深港创新合作，推动建立深港科技设施共享机制，支持深港高等院校、科研机构间的合作，规划建设更多深港青年创新创业基地。

九是打造信用建设示范城市。制定统一信用数据目录、标准和格式规范，打破信用信息壁垒。率先建立覆盖全社会的征信系统，归集包括但不限于公检法、安全生产、社保、交通违法、税务、水电气、租房等各类涉及法人和自然人的信用信息。健全信用信息运用机制，利用大数据对企业进行信用画像，推进智慧信用监管。市直有关部门制定信用信息应用清单，在个人积分入户、保障房申请以及公共资源交易、产业扶持资金申请、工程招投标等领域，查询和使用相关主体的公共信用信息。完善信用信息安全保护机制。

十是构建绿色金融体系。争创国家绿色金融改革创新试验区，鼓励社会资本设立各类绿色产业基金，试点在环境高风险领域建立环境污染强制责任保险制度。制定促进绿色生产和消费的政策措施，建立市场化、多元化生态补偿机制，全面推进公共机构带头绿色消费，引导居民践行绿色生活方式和消费模式，构建绿色技术创新体系，大力推动绿色低碳产业发展。实施最严厉的环保监管制度，试点流域内工业污染第三方治理。推行控制污染物排放许可制，实施排污许可“一证式”管理。创新环境监管执法，充分发挥环保警察的作用，探索建立环保法庭。

十一是全面提升城市国际化品质。制定实施国际化社区发展规划，加快旧城、旧村改造，规划建设若干国际化示范社区，建立适应国际人才需求的公共服务体系。塑造城市国际化风貌，打造优美的城市景观，促进建筑物、街道立面、天际线更加协调。营造国际化语言环境，提高市民尤其是公共服务行业国际交流能力，促进公共服务体系的多语化建设。加强政府部门网站多语版建设，为在深外籍人士提供更便捷的网上政务服务。深入实施市民文明素养提升计划，践行社会主义核心价值观和深圳城市精神。建立企业家荣誉制度。企业家是推动经济发展的主体和动力，要强化服务企业家意识，建立党政领导和部门与企业家常态化联系沟通机制，构建“亲”“清”新型政商关系。

十二是实施最严格的知识产权保护措施。率先实施惩罚性赔偿制度。加快知识产权保护政策法规制定，在提高知识产权损害赔偿标准、加大惩罚性赔偿力度、合理分配举证责任等方面先行先试。实施侵犯知识产权行政处罚案件信息公开，将故意侵犯知识产权行为纳入企业和个人信用记录。强化知识产权司法保护主导作用，健全行政执法与刑事司法衔接机制，在全市范围规范侵犯知识产权等涉嫌犯罪案件的移送规则、证据标准等。实施知识产权重大工程项目，加强与国家知识产权局合作，建设中国（深圳）知识产权保护中心，为重点产业提供知识产权快速受理、授权、确权和维权服务。加快深圳知识产权法庭的建设与发展。建设南方知识产权运营中心，设立重点产业知识产权运营基金，建立国家知识产权培训基地。建立知识产权质押融资扶持及风险补偿机制。强化知识产权托管、众筹工作力度。争取放宽对专利代理机构股东和合伙人的条件限制。实施知识产权质量提升工程。加大对国际标准必要专利、核心技术专利和特色文化创意知识产权的奖励，为高价值核心专利维护提供资助。加强知识产权维权援助服务。建立海外知识产权维权援助机制，为知识产权海外维权提供信息、法律和资金等支持。

十三是建立更加规范的涉企执法制度。加强营商环境改革专项法规制定。建立完善的财产权保护机制。落实国家产权保护法规和政策，率先建立定期专项检查制度，强化责任追究。制定涉案财产处置细则，明确区分个人财产和企业法人财产、涉案人员个人财产和家庭成员财产、合法财产和违法所得等标准和规范。全力推进“平安深圳”建设，开展涉企违法犯罪活动专项整治行动。严格规范涉企行政执法行为，分类制定实施行政裁量权基准制度，规范裁量范围、种类、幅度，并通过门户网站等向社会公开。在涉企执法部门实现“双随机、一公开”监管全覆盖，建立执法行为事中事后监督问责机制。行政执法过程全面配置使用执法记录仪，实现执法环节全程可追溯。坚决依法查处滥用行政权力干涉企业正常经营的行为。全面落实行政复议登记立案制度，拓宽行政复议受理渠道，依法维护企业正当权益。健全企业破产程序，制定执行转破产工作细则，探索建立简易破产程序。完善破产管理人制度，引导具有工程技术、科学知识、企业管理经验等的非中介人员参与管理，推动成立破产管理人协会。

十四是营造更具吸引力的人才发展环境。加大保障性安居工程筹集建设力度，扩大人才住房和保障性住房供给。探索人才住房先租后买、以租抵购制度，建立人才住房封闭流转机制和全市统一的住房租赁服务和监管平台。在深圳合法工作或者创业的，具有世界知名大学学士及以上学位的留学归国人才、外籍人才、港澳台专业人才及其配偶、子女，可在人才住房、医疗教育、社会保险、创新创业支持等方面，按有关规定享受市民待遇。率先落实国家人才签证政策，扩大外籍人才签证发放范围，包括国际企业家、专门人才和高技能人才等；对符合条件的外籍人才，签发长期多次往返签证，凭该签证办理工作许可和工作类居留证件。符合条件的来深创业的外籍华人可直接申请5年有效的居留许可。经认定的外籍高层次人才及其配偶和未成年子女、创新创业团队外籍成员、企业选聘的外籍技术人才、符合学历要求或工作居住年限要求的外籍华人等，可直接申请在华永久居留。[①]

五、上海市优化营商环境建设存在的不足及改进建议

上海市在优化营商环境中虽然采取了许多改革举措，也取得了明显成效，但是，对照世界银行营商环境评价标准，还是存在一些不足与短板。针对这些不足与短板，本书分别从国家层面和上海市层面提出了相应的建议。

（一）开办企业

1. 存在的问题

对标开办企业领先城市新加坡、香港、上海市的差异主要体现在制度层面。

一是办事环节方面。香港和新加坡由企业有权签字人签字代表企业，企业印章不是经营必需的事项，因此不存在刻制印章环节。同时，香港和新加坡没有发票，因此也不存在申领发票环节。

二是办事时间方面。在我国，办理执照属于行政许可行为，登记机关附有审查义务，因此，进一步简化材料、提升效率存在一定难度。

2. 改进建议

一是尽快在国家层面明确企业电子印章的主管部门并制定相应的管理办法，大力推广电子印章在电子政务和商务领域的应用。同时，对实物印章在各领域

① 《深圳市人民政府印发关于加大营商环境改革力度若干措施的通知》（深府〔2018〕1号）。

的使用（尤其是政务领域）不再做强制性要求，进一步强化有权签字人签字的法律效力。

二是依据我国国情，综合考虑便利市场准入与后续社会管理成本之间的关系，从顶层制度设计上，对企业注册进行准确的定位，明确形式审查的具体要求和标准，在法院与各政府部门之间形成共识。

三是加强对提交虚假材料、冒用他人身份等行为及具体人员的惩戒。

（二）办理施工许可

1. 存在的问题

在世界银行发布的《2020年营商环境报告》中，上海在施工许可环节存在的问题主要是企业与外部人员之间有18个互动环节、完成一项手续需要125.5个自然日，由此带来的包含官方费用及法律所要求的法律或专业人士的服务费用为2.3%。这些数据反映出上海在施工许可方面环节复杂、时间冗长、成本较高。

2. 改进建议

一是依托市政府“一网通办”下的上海市工程建设项目审批管理系统，针对低风险产业类项目，实行一站式申请并办理施工许可。

二是根据项目风险等级的不同分类制定差异化的改革举措，针对低风险产业项目（世界银行测评主要样本范围）进一步加大改革力度，逐步扩大政策受益面，通过强化建设单位主体责任的形式进一步简化审批流程，降低办理成本，最大限度减少中介服务事项。

三是在一站式综合竣工验收及不动产登记方面，取消消防部门验收，企业自行组织自验。针对低风险产业类项目，企业自验合格后在线一次向审批审查中心提出验收申请，由审批审查中心牵头组织相关部门实施综合验收，验收通过后当场在线核发竣工规划资源验收合格证、质量监督报告、综合验收合格通知书和不动产权证书。

（三）获得电力

1. 存在的问题

近三年上海市获得电力指标的改革，主要是在现行法律法规框架下开展的，从环节、时间、费用、供电可靠性及透明度方面均推出相应举措。存在的问题主要表现在以下几个方面。

一是电子合同相关法律法规不明确。2021年在与世界银行的视频磋商会议上，北京与上海在电子合同签订方面存在差异，这引起了世界银行专家的兴趣。在经过世界银行专家的一系列询问后可以得知，世界银行专家比较赞同上海市的“确认按钮”式合同签订方式，但是上海市没有针对“确认按钮”式合同签订模式具有法律效力的明确依据，这可能引起世界银行专家的疑问。

二是占掘路审批程序及时间需进一步压缩。现有法律法规对于规划、掘路、占路、绿化搬迁等各项环节的行政审批要求，使“政府审批全并行操作，简化事先审批”在实施上存在压缩极限问题。此外，现有法律法规对于部分行政审批有现场勘查的要求，使全流程线上办理无法实现。以上两项问题导致占掘路审批时限和流程难以进一步压缩简化。2021年的改革中更出现了部分准备充分的案例使用告知承诺制度反而比直接审批麻烦的情况。

2. 改进建议

一是修订法规，将政府事前审批改为事中事后监管。允许减少审批或对相关审批事项进行预授权，允许实行备案制，和当前环境与时俱进。

二是建章立制，通过《上海市优化营商环境条例》固化改革效果。学习借鉴《北京市优化营商环境条例》中的优势项，进一步完善上海市“获得电力”评价指标相关法律法规，并明确电子合同“确认按钮”式签订方式具备法律效力的依据。

三是制度创新，将改革从局部深化到全面。将改革经验从低压非居推广到高压，并实现系统优化；在自贸区临港核心区试行电力接入免费政策，并把电力接入前置到土地开发环节，实现电网服务一步到位。

（四）财产登记

1.存在的问题

近几年的财产登记指标改革，主要是在现行法律框架下开展的，从环节、时间、费用、土地管理质量指数方面均推出相应举措。存在的问题主要表现在以下几个方面。

一是现行法律法规与考评标准不一致。在土地管理质量指数的信息透明度方面，世界银行考评标准是，是否任何人在没有任何限制的情况下可以获得土地所有权信息。土地所有权信息包括土地所有者的姓名和产权负担、应缴费用或其影响财产的特权。而现行查询规定，只有权利人和利害关系人可以查询不动产权利人名称。虽然上海的改革措施，公开了非居住房屋法人、非法人组织的权利人名称，但是否满足世界银行考评要求还存在疑问。

二是传统操作方式与考评标准不一致。另一个信息透明度指标衡量，是经济体对负责不动产登记的机构所提供的服务是否建立了专门而独立的投诉机制。其中“专门”是指处理投诉的人必须是：（1）专门处理土地相关投诉的；（2）具备为解决投诉需采取行动的权力。“独立”是指处理投诉的人员必须符合以下一条：（1）属于土地登记机构，但是不处理与交易相关的土地登记业务，并必须向（除登记外的）其他部门或人员报告；（2）完全来自其他部门或机构。而在我国，各城市均设立了“12345”市民热线，这种独立于职能部门但综合类的投诉机制已经被社会所认可，但并不满足世界银行考评要求。

三是市场行为导向与改革目标不一致。财产登记指标不仅衡量财产转让中法律规定的程序，还衡量这一过程中最常用的做法。因此，按照方法论，律师尽职调查环节也被认定为其中一项，这与改革目标取消律师尽职调查环节相悖。即便上海推出举措争取降低该环节产生的时间和费用，但经与律师团体沟通调研，律师尽职调查是一种有偿咨询服务，耗费时间和产生费用完全是律师和委托人的市场行为，不能简单以行政行为干涉。

四是行政管理手段与改革目标不一致。精简环节、压缩时间是财产登记指标的改革目标，但涉及世界银行考评关注的工厂、仓库类不动产在二级市场流转前，常常会因某些行政管理的要求，在符合产业规划定位或原出让权利人同意后才能进行流转。而诸如园区管委会等部门又缺乏有效的管理手段，一味将不动产登记作为把关的最后屏障，造成私营业主在办理转移登记前需要到相应的管理部门出具同意转让的文件，在无形中增加了行政相对人的办事成本。

2. 改进建议

一方面要将已经出台的各项改革举措落地落实，另一方面要建立健全上海市不动产登记法律制度。结合《民法典》实施，进一步完善《上海市不动产登记若干规定》，从法律层面建立健全符合上海实际的不动产登记制度体系，将优化营商环境、提高登记服务水平等条款写入法规，使其成为新一轮不动产统一登记背景下指导上海不动产登记各项业务开展的指导性文件，为优化财产登记营商环境提供坚实的法治保障。

（五）跨境贸易

1. 存在的问题

一是监管部门对外资公司章程的相关要求不尽合理。有外企反映，在《外商投资法》生效后的过渡期内，监管要求不尽合理。例如，公司章程可依法规定“本章程自公司成立日起生效”，而监管部门要求改为“本章程自签字日起生效”。还有外商独资企业反映，该企业股东会的某些职权如“决定公司的经营方针和投资计划”“审议批准公司的年度财务预算方案决算方案”等，应当可以通过章程约定由董事会行使，以解决一些实践中的操作需求，但有些监管部门对此类条款不予认可。

二是跨境并购业务办理流程内外资不一致。有企业反映，《外商投资法》《外商投资法实施条例》都规定了内外资一致原则，但有关部门办理跨境并购业务的相关流程并未做到内外资一致，即仍要求先办理工商变更登记，同步办理商务部门备案，最后走付款流程；而境内企业的股权转让或增资的流程可以先付款再办理工商变更登记。如此操作延迟了资金到位的时间，且要求先办理工商变更登记再付款，对外商投资企业较为不利。

三是外资主体身份确认要求较高。有外商投资企业反映，登记机关通常要求外国公司的董事长签字，而对总经理或副总经理级别的签字均不接受，也暂不接受外商投资企业的投资方采用电子签名系统签署的文件，导致交易和登记程序的拖延。

2. 改进建议

一是充分尊重外商投资企业意思自治。相关部门应在符合我国外商投资法律法规和交易安全的前提下，充分尊重外商投资企业意思自治，在办理外商投资企业设立、变更、注销等手续以及审核公司章程时避免提出一些机械的要求。

二是跨境并购业务办理落实内外资一致原则。相关监管部门应落实内外资一致原则，更新跨境并购业务的办理流程，持续构建内外资一致的行政审批制度，提高办理行政许可事项的效率和透明度，不断健全内外资一致的事中事后监管体系。

三是多途径解决外国主体身份确认难题。市场监管部门应将公司登记文书制作成统一、规范的中英文双语范本，方便外国主体参照；在外国主体签发的授权书经过公证、认证的前提下，允许有合法授权的代理人代为签署公司登记申请书等文件；外商投资企业申请变更登记，在完成企业及其股东身份认证、电子签名数据采集后，认可各相关主体使用电子签名签署的文件的法律效力。

（六）纳税

1. 存在的问题

目前，上海中小企业的发展仍面临一些问题。从税负方面来看，主要表现为，相对于其经营的规模和营收水平，存在税收项目多、税费负担较重的情况。仅就税收项目来讲，我国中小企业所涉及的税种包括企业所得税、增值税、营业税、土地使用税、房产税、城建税等。从税收征管方面来看，中小企业往往在内部管理的完善程度及税收合规性管理的精细度方面和大型企业存在一定差距。而由于这些差距的存在，税收征管问题往往会间接加重企业的税收负担。在上海，除了税收因素的影响，受资源环境约束进一步趋紧、商务成本持续攀升等因素影响，上海中小企业将比外省市中小企业率先面临转型和结构调整的巨大压力。

2. 改进建议

一是进一步优化税收结构。考虑到中小企业由于自身规模和成本限制，按一般纳税人进行管理可能导致税负增加，因此可以通过提高服务业的增值税一般纳税人的认定门槛使更多符合条件的中小企业可以享受3%的低税率。进一步完善增值税发票管理机制，使中小企业中的一般纳税人可以更好地实现进项抵扣。同时，发展代开票服务和机制，降低代开票的成本，使小规模纳税人可以通过开票方式将税负在上下游间合理分配，从而使降低中小企业税负的政策起到实效。充分利用税制改革的契机，减少非税征收对中小企业的影响，通过税制改革降低中小企业的非税行政征收的成本压力。

二是进一步改善和规范征收管理。建立严格的监管程序，避免因为各地税务机关不规范的行政行为对中小企业造成负担。通过常规性的税负调查及时分析了解并合理控制中小企业税收负担。研究和分析建立针对中小企业的税收纠纷简易沟通和解决机制的可能，例如，在上海税务局内部设立中小企业税收服务处，负责调研和解决中小企业税收问题；充分利用税收管理制度和税务中介的工作，促进和提升中小企业的税务合规程度，通过简化税务行政审批程序而加强后置管理的方式来降低中小企业的税收合规成本。同时，将税收信息管理体系与企业社会信用体系合理对接，一方面加强中小企业的合规性管理，另一方面建立和完善中小企业信用制度从而通过提高信息的透明度协助解决融资难问题。在征管领域制定对中小企业的特殊扶持政策，例如，在增值税管理中，对中小企业增值税发票的开具和进项抵扣设定有利条件：在未取得增值税专用发票时，允许中小运输企业按特定比例抵扣路桥费和燃油费；通过延缓纳税或者降低预缴要求的方式降低中小企业的资金压力和税收合规上的资金成本，将增值税缴纳企业有条件地调整为6个月；考虑将出口退税与其他融资相结合以降低中小企业在出口业务上的资金成本等。

三是改善宏观环境。利用税收政策鼓励并促进为中小企业服务的中介机构、研发组织发展。从人才培养角度为中小企业利用人才创造更为有利的条件，例如，通过规定免税补贴的方式降低中小企业核心人才的个人所得税税负等。

（七）执行合同

1. 存在的问题

根据世界银行发布的《2020年营商环境报告》，上海“执行合同”整体排全球第3位，其中司法程序质量指数（16.5）位列全球第一，“成本”指标（15.1%）处于世界领先水平，但“时间”指标（485天）相对落后，在排名前十的经济体中耗时最长，与全球最佳经济体（新加坡，164天）相比差距明显。

一是审判质效有待进一步提升，如民商事送达程序有待进一步优化，司法委托鉴定等程序管控和案件审限管理需要加强，延期开庭规则需要更好落实，网上立案、电子送达、随机分案、律师服务等工作需要巩固提升等。

二是案件执行天数需要进一步压缩。

三是网络司法拍卖工作有待进一步加强，动产委托拍卖处置效率需要进一步提升。

2. 改进建议

一是立法机关修改《公司法》或者《民事诉讼法》等相关法律，明确规定法人、其他组织的工商登记地址为其法定送达地址，实际地址变更的，应当自行办理变更登记，因未及时变更导致送达不能的，由其自行承担不利的法律后果。

二是商请相关行政主管部门，研究完善司法委托鉴定（含评估、审计审价等）相关制度，强化对司法鉴定机构接受委托、执业规范、收费等方面的管理，促进司法鉴定机构积极配合司法机关查明争议事实、压缩办理时限、提高工作效率，促进复杂案件及时审结。

（八）获得信贷

1. 存在的问题

世界银行评价小组对上海市的信用信息系统建设和信用信息公共享的评价较好，但仍存在需要完善的方面。比如在保护担保贷款人和借款人合法权利方面，根据现有规定，担保贷款人需参照多部法律设定担保并对担保物有具体化要求限制，有时还会遇到无法从全国统一动产担保登记平台获得信息，在破产程序中又不能对担保无解冻的情况，在这方面对担保贷款人即企业债权人保护不够充分，从而影响企业获得信贷。在对破产债权人的保护方面，上海的破产程序效率与领先水平仍有差距，债权人参与有限且破产回收率较低，使破产债权人不能收回大部分资本、合法权益受损。

2. 改进建议

一是建立起统一化、声明制和电子化的登记系统。

二是完善建立便捷、高效的担保权益实现程序。浮动抵押制度的建立初衷是使企业可以最大限度地将资产用于融资增信，增强其融资能力，因此采用此种制度的国家（如英国）对于可设定浮动抵押的资产类型通常不设限制。而我国却将浮动抵押的抵押物类型限制于有形动产的范围，排除权利凭证和无形财产，这无疑限制了企业的融资能力。要求破产重整程序开始后，担保权益的实现自动中止是合理的。但如果担保物对于企业破产重整期间的运营并无意义，那么“自动中止”也就没有存在的理由了，应该像世界银行在指标11项中建议的那样，允许担保权人申请排除适用。遗憾的是，我国的《企业破产法》并未规定此种排除适用情形。此外，我国对于“自动中止”并未设置时间限制，理论上需要贯穿整个破产重整程序直至法院裁定终结。

（九）保护中小投资者

1. 存在的问题

在世界银行《2020年营商环境报告》中，“保护投资者”指标由八组指数组成，上海在该方面失分主要有以下几个方面的原因：

一是董事责任。主要在于世界银行认为根据我国法律，股东无法对其他董事追究责任；股东成功索赔后，实施关联交易的董事不需要偿还该交易的利润，并且不会取消董事资格；股东成功索赔后，法院不能判定该交易无效。

二是诉讼便利。主要在于世界银行认为根据我国的法律，原告不能从被告和证人处获得相关证据材料和有关法律文件；原告只有获胜才可以向公司追讨法律费用。

三是股东治理。主要在于世界银行认为根据我国的法律，上市公司股东不具有新股优先购买权；CEO可以兼任董事长；股东无法提前21日收到股东大会通知。

2.改进建议

一是进一步强化控股股东的责任。在《公司法》中明确，关联交易损害公司利益的，控股股东必须在其获益范围内承担损害赔偿责任。即使关联交易履行了合法程序，只要给公司造成了损失，控股股东也应在获益范围内赔偿。

二是进一步细化董事的勤勉义务。明确董事、监事、高级管理人员因疏忽大意给公司造成损失的，应当承担赔偿责任。

三是进一步规范公司治理。在《公司法》中明确股东会或者股东大会、董事会的议决事项显失公平、损害股东利益的，赋予股东请求法院予以撤销的权利。上述修法建议，有的通过法律的简易修改即可实现，有的涉及整体性的制度安排，能否取得国家有关部门的认可继而在法律中予以体现，仍需做大量的研究和沟通工作。

（十）办理破产

1.存在的问题

办理破产相关体制机制有待进一步健全，如持续发挥破产“府院联动”机制效能，加强破产重整、简易破产案件快速审理机制实践探索，不断提高破产审判人员和破产管理人员专业化能力等。

2. 改进建议

为积极推动办理破产顶层设计，补齐我国市场主体退出和救治机制短板，建议如下。

一是立法机关应尽快启动《企业破产法》的系统修订工作。重点研究建立重整识别和预重整机制，改变目前世界银行测评中中国办理破产的"时间"由重整和清算两阶段组成（1.7年）的结果，大幅压缩世界银行假设案例的办理时间；修改《企业破产法》第八十二条关于各类债权人都参加重整计划表决的规定，明确仅权利受到影响或者改变的债权人参加重整计划表决；探索建立促进利害关系人及时启动破产程序的激励、惩戒机制，从根源上改变目前破产案件绝大多数为"无产可破"案件的现状，有效提升中国办理破产的回收率。研究通过修改破产法或者出台司法解释的形式，明确担保债权完全覆盖债权人全部财产价值的，可以通过实现担保债权程序实现债权，改善世界银行"办理破产"的"结果"指标。

二是探索有利于激励重整的税制安排。建议参考借鉴国际通行做法，探索出台有利于破产重整的税收激励机制，推动更多有营运价值的困境企业通过成功重整获得新生。

三是进一步完善破产管理人制度。修订完善破产管理人指定规则，赋予债权人对于破产管理人的选择权，确保管理人的能力素质与困境企业的经营管理需要相匹配。优化破产管理人队伍结构，吸收更多具有专业技术知识、企业经营管理能力的人员充实到破产管理人队伍中，发挥专业人才在企业病因诊断、资源整合、促进重整等方面的重要作用。建立健全对破产管理人市场和执业行为的行政监管和问责机制。

第二部分

区域报告

第二章　上海市黄浦区优化营商环境法治保障研究

习近平总书记指出，法治是最好的营商环境。营商环境包括公平竞争的市场环境、高效廉洁的政务环境、开放包容的人文环境和公正透明的法律政策环境四个维度。法治环境不仅是构成营商环境的重要内容之一，也是政务环境、市场环境、人文环境的有力支撑，通过立法、执法、司法、守法等各环节，不断提升营商环境的公开透明度、稳定可预期性、维护公平竞争秩序。2020年7月31日，上海市黄浦区荣获全国法治政府建设示范区荣誉称号，这既是对黄浦区法治建设工作的肯定，也进一步为黄浦区法治化营商环境的建设明确了方向。根据《上海市司法局推进法治化营商环境建设工作方案》要求，区委依法治区办、区司法局组成专题调研组，就本区优化营商环境法治保障开展专题调研。本次调研通过问卷调查、专题访谈、会议座谈等形式，最终形成调研报告。

一、黄浦区优化营商环境法治保障的创新举措

（一）强化营商环境法治保障顶层设计

以顶层设计引领营商环境法治化实践，能够立足于法律优先和法律保留原则，确保改革始终在法治框架中运行，能够发挥法治政府建设对于营商环境改善和优化的决定性作用。目前，我国已经建立起以国务院《优化营商环境条例》为核心、中央各类政策文件为补充、地方优化营商环境政策法规制度为支干的优化营商环境法治体系，切实发挥了法治固根本、稳预期、利长远的保障

作用。自2012年起，黄浦区开始了依法治区顶层设计，先后印发了《中共黄浦区委关于深入推进依法治区加快建设法治黄浦的实施意见》《黄浦区依法治区"十三五"专项规划》和《黄浦区"全面推进依法治区、建设法治黄浦"第二轮三年行动计划（2016—2018）》，明确了法治政府建设目标方向、基本原则、主要任务和保障措施，并在全市首创集行政权力、责任、服务、效能于一体的"四张清单"管理模式。2019年以来，黄浦区结合实际情况和现阶段突出问题，对上位法的内容进行细化和优化。2019年成立黄浦区委全面依法治区委员会，区委书记、区长分别担任委员会主任、副主任，为推进法治政府建设加强组织领导。通过每年年初制定《黄浦区2019年度法治政府建设主要任务及职责分工》，从深化政府自身建设、打造最优营商环境、城市法治化管理等方面排定年度重点工作项目，实现目标具体化、任务项目化、项目责任化、责任落地化。如：2019年排定依法治区项目42个，其中重点项目13个；2020年排定依法治区项目25个，其中重点项目14个。①

（二）开展规范性文件公平竞争审查

建立和维护公平竞争的市场环境是现代市场经济条件下政府的基本职能之一，是在"使市场在资源配置中起决定性作用"的基础上"更好发挥政府作用"的一个重要方面。黄浦区建立了由区市场监管局牵头，会同区发改委、区财政局、区商务委、区金融办等部门组成的黄浦区公平竞争审查联席会议，并下发了《关于进一步做好黄浦区公平竞争审查工作和清理现行排除限制竞争政策措施的通知》，对全区公开的存量政策进行系统性核查。通过公平竞争审查，黄浦区有效规范了区政府及相关部门对市场的干预行为，有利于从源头上打破行政垄断，处理好政府与市场的关系，建设统一开放、竞争有序的市场体系，为打造市场化、法治化、国际化的营商环境提供更有力的制度保障。

---

① 《黄浦区2019年度法治政府建设主要任务及职责分工》。

（三）规范执行轻微违法违规行为免罚清单

作为行政机关依法拥有的裁量权之一，免罚清单的核心是对行政处罚裁量中“不予处罚情形”的具体化、明确化。免罚清单作为被写入《上海市优化营商环境条例》中的制度性举措，对提升企业守法合规意识、提高行政执法效能，在监管领域形成良性互动具有积极意义。2019年3月，上海市出台了全国范围内首份省级跨领域轻微违法行为免罚清单——《市场轻微违法违规经营行为免罚清单》。随后，针对文化市场、生态环境、城市管理等领域分别出台了相关轻微违法违规行为免罚清单。据统计，截至2020年10月，黄浦区适用免罚清单的案件共计43件，占行政处罚案件总数的3.7%，未出现相关的行政诉讼或行政复议案件。①

（四）率先实行“多证合一”，助力企业“加速度”

高效便民的政务服务是政府从管理型向服务型转变的重要体现。加快转变政府职能，理顺政府与市场的关系，需要全面提升政务服务便利水平。2019年5月，黄浦区通过设立开办企业“一窗通”服务专区，以“流程最简、时限最短、服务最优”为目标在全市率先推出包括企业营业执照、税务发票、CA证书、税控设备、公章在内的“五合一开办企业大礼包”。目前全区15个部门150项审批服务事项已纳入“无差别受理”综合窗口，实现了“前台综合受理、后台分类审批、统一窗口出件”的服务模式。截至2020年10月，黄浦“智能店小二”升级至4.0版，近3000个事项可“一机办理”。

（五）成立全市首个商圈巡回审判（调解）工作站

多元化纠纷解决制度旨在从法律机制的末端保护市场主体的合法权益，有效并及时化解各类纠纷，营造和谐稳定的市场环境。2019年11月，黄浦区人民

① 《黄浦区2020年法治政府建设情况报告》。

法院、区市场监管局、区消保委联合设立了南京路东路巡回审判（调解）工作站，成为全市首个具有巡回审判职能的工作站。截至2020年10月，开展驻点办公30次，调解消费争议200余件。[①]南京路东路巡回审判（调解）工作站以“三调合一”作为工作机制，整合市场监管部门的行政调解、消保委的行业调解，以及法院的司法调解，实现小额纠纷的一站式解决。对一部分争议较大、无法达成调解、符合法院受理范围的纠纷，先行归纳争议焦点，指导消费者起诉立案，并纳入快速审理通道。

（六）社会信用体系建设助力打造高水平营商环境

信用是城市发展的推动力，也是促进社会资源优化配置的有效手段。加快建设社会信用体系，能够为市场主体营造可预期和高效的营商环境。黄浦区社会信用体系建设联席会议办公室连续两年在本市范围内发布首个区域社会信用体系建设白皮书，通过系统介绍黄浦区社会信用体系建设工作现状，为政府部门创新监管模式提供决策参考，为社会公众了解黄浦区信用体系建设概况提供有效途径。《黄浦区社会信用体系建设白皮书》的发布，不仅为推动公众积极参与信用体系共建提供了可读性较强的读本，也为黄浦区不断加强信用载体建设、构建以信用为基础的新型监管模式提供了持续发力的重要一环。

二、黄浦区优化营商环境法治保障存在的问题

（一）政策措施制定过程中内资民企参与度偏低

《国务院办公厅关于聚焦企业关切进一步推动优化营商环境政策落实的通知》对各级政府及部门贯彻落实企业家参与涉企政策制定机制作出了具体的要求，且《上海市行政规范性文件管理规定》第十六条第一款也要求“起草涉及企业权利义务的规范性文件，应当充分听取相关企业和行业协会商会的意见”。

① 《黄浦区2020年法治政府建设情况报告》。

民营经济作为上海经济社会发展的重要主体，已经成为促进经济增长的重要引擎。然而，在法治参与方面，民营企业参与政策制定渠道不畅等问题仍然存在。根据问卷统计结果，民营企业参与政府行政规范性文件、相关政策、重大行政决策（合称“政策措施”）的比例较低。法治参与中，由于民营企业在政策制定方面的参与度不高、意见表达能力不足、行业话语分量不够，导致其在政策环境中处于更加不利的市场竞争地位。

（二）法律法规政策宣传有待加强

根据2017年中共中央办公厅、国务院办公厅印发的《关于实行国家机关“谁执法谁普法”普法责任制的意见》的相关规定，及司法行政系统带头落实“谁服务谁普法”的工作要求，黄浦区营商环境相关法律法规政策宣传还存在以下几方面的问题：一是宣传覆盖面不广，参与问卷填写的民营企业普遍认为黄浦区对于法律法规以及政策措施的宣传覆盖面还有待扩大。特别是涉及疫情防控、减税降费政策和财政法规政策等专业性、时效性强的政策，普遍存在知晓度低的情况。二是新媒体宣传效能发挥不佳，有的外资企业代表认为最新政策网络更新不够及时、新媒体宣传不够应景。三是新政策解读不够，如由于市场主体未能准确理解轻微违法免罚制度的适用条件，首次出现轻微违法行为适用免罚政策后未能及时进行整改，导致再次被查处，在此种情况下，该企业仍要求再次适用免罚制度。

（三）商标保护力度有待进一步加强

上海拥有180家“中华老字号”企业，有96家注册在黄浦区，占全市一半以上，其中不乏第一百货、第一食品、和平饭店、老凤祥、杏花楼、恒源祥等耳熟能详的经典品牌。近年来，黄浦区虽然通过打击侵权假冒活动、加大商标品牌培育指导力度、加大专项资金扶持力度等措施，提高了老字号企业的整体质量水平和核心竞争力，但在调研过程中，调研组发现市场主体在权利保护方面还存在维权周期长、成本高、赔偿低等难题。老字号企业知识产权纠纷集中在老字号品牌被盗用、仿制、冒用等问题上，如对老字号进行商标或域名抢注、对老字号相同或近似商标做近似性商标使用；由于历史原因，同源经营者共同使用引发的老字号权利归属纠纷；涉及老字号所有人与使用人之间的权属纠纷、商业秘密纠纷等。外资企业的商标保护也在一定程度上遇到了由于缺乏细化规定而导致的保护力度不足、执行情况不乐观的问题。

（四）公共法律服务水平需优化提升

公共法律服务制度旨在从法律机制的末端保障市场主体的合法权益，对优化营商环境法治保障效果落地有着重大意义。司法部制定的《公共法律服务事项清单》明确提出了法治文化设施、法治文化作品、法治宣传教育活动、法律咨询服务等16项公共法律服务事项。从调查问卷和企业访谈看，大部分企业对黄浦区的公共法律服务表示满意，但是也提出了一些需要改进的问题，如法律政策咨询服务需提高专业性、便利性；人民调解、律师调解需提高专业性、权威性；民营企业对公司律师需求迫切等。

（五）企业行政许可便捷度尚有提升空间

优化营商环境需深化“放管服”改革打造服务型政府，政府应坚持简政放权，压缩行政自由裁量权，约束行政权的行使，避免出现上放下增、明放暗留、变相审批等情形。审批事项取消或者权力下放后，政府应通过强化事中事后监管，提升监管效能。调研中，多数企业认为黄浦区行政审批整体满意度较高，一网通办落实到位。但部分企业反映行政许可方面仍然存在一些难题，如金融、教育、医疗等的企业开设、变更、注销等不仅需要市场监督管理局的审批，还需要相关部门的行政许可或者批复，程序繁多。又如，企业注销提交材料超出法律规定，个别企业反映，市场监管部门要求办理注销登记必须有全体股东签字的承诺书或提交司法裁判文书，但是有的企业股东拒不出席股东会，也不签署股东会决议或者承诺书，这样就会导致在已经取得公司三分之二以上表决权的股东同意解散公司，符合法定注销条件的情况下，也无法办理注销登记。

（六）企业破产办理过程中管理人履职面临障碍

破产制度作为企业终止的一个重要方式，是世界银行营商环境评估的重要指标。该制度的设立和执行，能充分体现一个经济体在企业“灭亡”过程中的营商环境状况。破产制度对公平清理债权债务，保护债权人和债务人的合法权益有重大意义。破产企业管理人能够合法合理行使职责是充分发挥破产作用的重要保障。破产企业银行账户管理便利性需进一步提高，有的银行仅同意管理人可以查询破产企业、管理人的余额信息，对余额信息之外的征信报告、账户流水明细等信息不同意查询，没有严格执行上海市高级人民法院、中国人民银行上海分行制定的《关于合作推进企业重整 优化营商环境的会商纪要》规定，缩小了查询范围；如果管理人不掌握破产企业的公章、财务章、营业执照正副本或财务印鉴章，银行则不同意管理人撤销破产企业的银行账户，如果撤销，须管理人出具情况说明并承担相应责任。破产管理人履行职责存在障碍。有的不动产查询部门不同意管理人查询破产企业的不动产信息；有的市场监管部门不接受管理人对破产企业的工商注销手续，也不接受强制清算不能企业的工商注销手续，如需办理，则要求管理人出具承担责任的承诺书。

（七）部分政府采购、招投标及少数领域仍存在不公平竞争的现象

公平有序的市场竞争是良好营商环境的重要体现，同时也是维护良好营商环境的重要基础。近年来国家通过开展公平竞争审查等多种方式积极促进市场公平竞争，取得了非常显著的成效，但部分企业反映在政府采购、招投标以及少数领域还存在一些不符合公平竞争的情形。如部分政府采购中仍然存在隐形门槛；部分招投标过程中对国企、民企差别对待；部分领域外地企业入沪经营存在隐形壁垒等。

（八）部分行政部门的监管和执法的合理性仍有待提升

公开透明、科学规范、包容合理的监管执法是良好营商环境的重要体现。

企业是政府部门行政监管和行政执法的主要对象，政府部门的监管和执法对企业的经营产生直接影响。调研中，企业对黄浦区政府部门监管和执法的整体满意度较高，满意率达77%。但在企业座谈中，也有企业反映个别政府部门的监管和执法还存在一些不合理的方面。如执法部门执法自由裁量权过大；就同一问题反复执法；个别政府部门对企业数据报送要求的合理性有待提升。

（九）争议解决和纠纷化解

在日益频繁的商业往来中，企业在经营的过程中不可避免地会遇到各类纠纷和争议，通过高效的争议解决机制和途径，快速化解企业纠纷，也是营造良好营商环境法治保障的重要组成部分。本次调研就商业纠纷解决的费用、周期、常用方式等问题对企业、律师、部分政府部门进行了调查，主要问题有：司法途径解决争议耗时较长；案件执行力度有待提升；行政复议工作面临案多人少、监督手段缺乏等困境。

（十）企业税务办理

近年来国家通过一系列税务改革，尤其是国家税务总局推行“互联网+税务”行动计划以来，电子税务局、网上电子申报等信息化平台和网络的使用，使得企业在税务事务办理方面的便捷程度有了很大的提升。在本次问卷调查中，有86%的被调查企业认为近两年来企业的纳税便利度有明显提高，但是对企业税务办理还需要进一步加强指导；企业办税便利度还需要进一步提高。

三、黄浦区优化营商环境法治保障的建议和对策

（一）扩大法治参与

探索民营企业行政立法联系点制度。提高政策制定程序民主化、增强公众参与有效性，是提高政策制定水平的重要途径，也是维护营商环境法治化建设

系统性工程的核心要素。保障企业在制度建设中的知情权、参与权、表达权和监督权，在制定与企业生产经营活动密切相关的行政法规、规章、行政规范性文件过程中充分听取企业意见，是推进科学立法、民主立法、依法立法，加快建设法治政府，进一步优化营商环境的重要工作。创新意见反馈机制，进一步细化、优化听取意见和采纳意见的程序、方式和反馈机制做出，如灵活运用听证会、座谈会、论证会、问卷调查、书面发函、实地走访、引入第三方评估等方式，说明制度设计的背景、目的、适用范围以及对相关人员或群体可能产生的影响等，引导企业围绕主要问题和不同意见，进行充分有效的讨论。对收集到的意见进行逐条研究，充分吸收采纳合理意见，统一研究重大意见，并对决定不采纳的意见列明理由，以适当方式进行沟通。

（二）创新传播沟通方式

深入解读新政策，提高理解准确性。正如法国启蒙思想家卢梭所说，一切法律之中最重要的法律既不是铭刻在大理石上，也不是铭刻在铜表上，而是铭刻在公民们的内心里。因此，加强宣传、提高社会公众对优化营商环境各项政策措施的认知度是改善制度运行效果的第一步。加强线上线下互动，创新沟通方式。根据《国务院办公厅关于推进政务新媒体健康有序发展的意见》（国办发〔2018〕123号）“鼓励采用微联动、微直播、随手拍等多种形式，引导公众依法有序参与公共管理、公共服务，共创社会治理新模式”的要求，黄浦区可以积极适应网络新媒体平台的新变化，探索法进公共空间传播方式，如法进商务楼宇、法进商圈、法进园区等，提高营商环境改革政策所针对的市场主体、市场从业人员的覆盖面和可及性。结合全市营商环境改革重要时间节点，开展面向特定主体（如中小企业）的政策宣传推广工作，精准推送重点政策、案例解读、典型事迹等，开展形式多样、生动活泼的常态化系列宣传活动。将营商环境普法宣传与收集市场评价结合起来，形成政策推广与政策完善的良性互动。

（三）强化知识产权保护

老字号品牌与商标权协同保护。当前，我国尚无对老字号进行保护的专门法律法规。在2020年全国“两会”上，全国人大代表、黄浦区委书记专门提交了一份加强老字号法律保护顶层设计的建议，建议通过加快启动《老字号保护和促进法》的立法调研工作，将老字号权纳入知识产权统一保护范围，明确赋予老字号独立的法律地位。探索重点商标保护，及时将享有较高知名度、具有较大市场影响力、容易被侵权假冒、确需加强保护的注册商标纳入重点商标保护名录，加大商标行政保护力度，持续营造尊重知识产权的营商环境。在区级层面开展重点商标名录管理和重点保护工作的试点和探索，一方面符合黄浦区打造上海品牌优势、推动商标品牌战略实施的要求，另一方面也能够为传统老字号注入时代活力，为外资品牌顺利投资提供专业保障和有效支撑。

（四）推进民营企业公司律师制度

根据上海市《关于在本市民营企业开展公司律师试点工作方案》的要求，结合黄浦区在金融、航运、国际贸易及涉外等领域的发展需求，对民营企业申请作为公司律师试点单位的条件、遴选和聘任律师人员的标准进行深入研究和细化探索，形成民营企业公司律师向重点领域拓展的新机制，充分发挥公司律师作为法治队伍重要力量的作用。

（五）多角度提升行政许可效能

完善行政许可告知制度。对于个别告知事项不够明确或暂未明确材料类型的事项，建议告知详细的审批条件和所需资料（原件或复印件等）。禁止在法定条件之外擅自增设门槛。行政许可法及相关法律法规对行政许可实施程序、期限、所提交资料等有明确规定的，应当依照规定执行。如果相关兜底性条款中规定的是“法律法规另有规定的除外”，则没有相应立法权的任何行政机关均不得制定超出该规定的法律法规。

（六）建立联动机制，提升破产审理速率

协调各相关部门保障破产管理人依法履职。建议人民法院、银行、公安、房地产管理部门等共同制定相关规定，加强部门之间的工作沟通与协调。借鉴浙江先进经验，由发改委牵头建立“府院联动”机制，加快建设破产企业信息集成平台，缩减破产管理人尽职调查时间和成本，实现与工商、税务、人社、金融机构实时信息沟通，共同保障破产管理人依法履职。探索破产案件快速审理模式，加快破产案件审判进度。拓展云、网、端的破产信息公示渠道，完善全国企业破产重整案件信息网功能，建立破产信息APP，降低破产企业的通知和公示成本。

（七）重点关注政府采购、招投标等领域不符合市场公平竞争要求的现象

完善相关标准设置。在制定政府采购投标条件标准时，应充分考虑中小企业的特点，尽可能避免对未来中标主体的特定化、指向化倾向，摒除大型企业优先的原则，客观公正地评价投标竞争主体的产品或服务，以营造公平竞争的招标投标环境，支持符合条件的中小企业平等进入政府采购市场。相关主管部门应平等对待国有企业和民营企业，为民营企业畅通参加公共采购招投标的途径。落实开放政策，打破地方保护主义。进一步加强对招投标全过程的监管，适当扩大可参与投标的企业范围，避免出现仅本地、政府系统名单内的企业才能参加招投标的情况。加强公平竞争审查。在开展公平竞争审查的过程中，要把市场准入、招商引资、招标投标、政府采购、资质标准等涉及市场主体经济活动的规章、规范性文件和其他政策措施列为重点审查范围。经审查认为具有排除、限制竞争效果且无法适用例外的，应当不予出台或者调整至符合相关要求后出台，如属于存量规章或规范性文件的应进行论证，若确实违反公平竞争审查四个方面十八条标准的，应当及时清理。

（八）大力提升行政监管和执法合理性

在制度层面制定明确、具有可操作性的行政处罚自由裁量权行使规则。针对市场监管领域的自由裁量权过大问题，2020年1月16日，上海市市场监督管理局颁布了《上海市市场监督管理行政处罚裁量基准适用规定》和《上海市市场监督管理行政处罚裁量基准（试行）》，对于规范市场监管部门的行政处罚自由裁量权的行使具有重要意义。大力倡导说理式行政处罚，加强对行政处罚自由裁量权行使的管控。在行政处罚案件办理的过程中，对于法定幅度范围内的从轻、一般、从重处罚，以及在法定幅度范围之外的减轻、不予处罚，案件承办人应在处罚决定书中对自由裁量权的行使说明理由，对于减轻和不予处罚，还应辅以相应证据材料。加强对企业经营的行政指导。对于企业经营中一些常见的、避免难度大的违法风险点，监管部门在日常监管、巡查中应加强指导，帮助企业提高风险预防的能力，找到问题的解决方法；对于合理性有待完善的行业标准和指标项目，一方面站在行业监管者的角度向上级反映和汇报，另一方面站在企业经营者的角度，在监管执法中合理安排抽查项目，酌情考量风险性、危害程度、企业违法的主观故意等因素。

（九）提升企业税务办理便捷度

推广线上平台，拓展电子政务。对于非必须现场办理的事务，税务机关可以通过电子税务局把要求以邮件的方式发送给企业，企业整理好后以快递的方式邮寄给税务机关；对于小规模纳税人，税务部门可以在控制开票额度范围内，尝试允许小规模纳税人自开发票，以避免企业为了取票而多次往返税务机关。

党的十九大强调要激发和保护企业家精神，鼓励更多社会主体投身创新创业，因为企业和企业家对营商环境的感知最为敏锐，这就对为营商环境提供法治化保障提出了更高的要求。为营商环境提供法治化保障，重在强调动态意义上营商环境的“法治化”程度，旨在将法治精神、法治思维和法治行为方式嵌入“营商环境”之中，以契约自由、诚实守信、自愿平等和公平竞争为价值导向，实现政府与市场关系法定化、公权力依法运行和市场主体权利与义务对等。营商环境法治化不仅是社会主义市场经济的内在要求，也是实现依法治国基本方略的重要组成部分。

“法治是最好的营商环境。”法治保障对于营商环境的改善和优化发挥着重要作用。总的来说，作为全国法治政府建设示范区，上海市黄浦区通过强化营商环境法治保障顶层设计、开展规范性文件公平竞争审查、规范执行轻微违法违规行为免罚清单、率先成立商圈巡回审判（调解）工作站等具体措施，为优化营商环境法治保障提供创新举措。但同时部分政策措施在制定过程中还存在内资民企参与度偏低、法律法规政策宣传有待加强、商标保护和公共法律服务水平需优化等不足。因此，为推动加强优化营商环境的法治保障，还需进一步解决本区优化营商环境法治保障专题调研中发现的问题。

第三章　上海市闵行区浦江镇优化营商环境法治保障研究

将优化营商环境全面纳入法治化轨道，夯实完善优化营商环境的法治基础，切实发挥法治在优化营商环境中固根本、稳预期、利长远的作用，及时解决在优化营商环境过程中遇到的与法治相关的实际问题与困难，是作为落实优化营商环境各项举措的最基层政府正在面临的挑战。本书以上海市闵行区浦江镇为调研对象，围绕该镇营商环境法治保障中存在的问题，尝试性地提出了5个推进基层优化营商环境法治保障的路径。

一、上海市闵行区浦江镇营商环境法治保障的基本情况

（一）浦江镇在地经营企业基本情况

浦江镇辖区内共有中小型企业约8000家。其中，纳税企业4200家左右，在地经营中小微企业3966家，占比90%以上，涉及18个行业门类，数量靠前的主要是批发零售、制造业、科学研究和技术服务业、租赁和商务服务业、信息传输、软件和信息技术服务业等。2019年，辖区内新开办企业448家，其中外资企业21家。2019年上半年税收约28.0627亿元（不含免抵调）。[①]

（二）浦江镇在地经营企业对营商环境法治保障整体评价

从调研情况来看，辖区企业对浦江镇近两年来的营商环境法治保障整体情况较为满意。调查问卷数据显示：82.34%的中小企业认为，浦江镇营商环境法

① 数据来源：浦江镇政府2019年统计数据。

治保障处于不断提升改进的状态，整体趋势向好。

在对企业全生命周期的法治保障中，从企业开办、不动产登记、申请信贷，到知识产权保护、企业破产关闭，企业最为满意的是企业开办环节。

调研中，新开办企业认为，无论是办理效率、办理成本还是办理的便捷程度都有明显改善。在本市推进“一网通办”之前，公司查名需要3个至5个工作日，工商材料受理需要5个工作日，领到营业执照至少8个至10个工作日，后续办理申请法人一证通、发票、刻章、开户等一系列手续，至少还需要一个半月的时间，企业才能营业。而且在此期间，新开办企业的申请人起码需要往返跑3次至4次。但是，在上海市推行“一网通办”后，浦江镇申办新企业的申请人只需要通过服务平台一次填写、一次提交数据，而由于相关各部门实行数据同步采集、业务同步办理、结果实时共享的并联办理流程，2个至3个工作日之后，申办人就可以领到营业执照、一整套章、数字证书、发票、税控盘等，并且就业参保登记按需与企业登记同步办结，大大提升了企业开办的效率。新开办企业反映，在开办过程中，不但节省了时间、少跑路而且全程免费，感受度非常好，既方便简单，又快捷省力。

（三）浦江镇在地经营企业反映的主要问题

在现有的政策法律制度框架体系下，在地经营中小企业反映的有关优化营商环境法治保障中存在的主要问题，可以归纳概括为4大难题、1个不甚满意，具体情况如下。

1.对“融资难”的问题反映最为强烈

信贷申请是否便捷，是世界银行营商环境评价指标之一，也是考察一个国家支持中小企业发展、保护中小企业权益的指标。调研中，中小企业普遍反映：融资难、融资贵是制约中小企业成立及发展的主要问题之一。

目前，中小企业融资的途径主要有两个：一是银行贷款，二是民间借款。对于中小企业来说，银行贷款难，主要原因在于银行贷款条件的制度设计更有利于大企业。因为银行主要通过客户评级、业务流程等过程决定是否放贷。从客户评级角度看，大企业、国有企业、行业龙头企业、政府项目、垄断企业和资源型企业都被列为总行级的战略客户和重点客户，在贷款上都被优先考虑和关照。虽然并不存在歧视中小企业的贷款条款，但统一的评级标准或有限的分级标准，也就成了中小企业难以逾越的融资门槛。包括在申请贷款过程中，要求提供房产、生产线等作为担保，对中小企业来说，是非常困难的。调查问卷显示：90%的中小企业认为，企业贷款困难，首先在于资产担保困难，其次是贷款利息高。而园区平台认为，中小企业向银行贷款，要求园区平台承担5%的担保责任，对其而言也是非常大的压力。

由于银行贷款难，中小企业在遇到资金问题时，只能采用民间借贷的方式。但是，民间借贷目前很不规范，企业不但要承担高额利息的压力，还要面临借方无视合同要求提前还贷的风险，中小企业常常会遇到“过桥资金根本过不了桥”的问题。

2.对“人才引进难”的问题最为无奈

调研中，有企业反映招人难，留人更难，特别是对于专业技术型人才的招和留。从中小企业自身的特点来讲，在薪酬、人力资源管理、引进人才个人发展前景等方面，本来就存在先天优势不足的问题，而上海人才引进落户门槛高、人才补贴政策缺乏竞争力、外地员工子女就近读书难、自学成才技术人员资格无法认定等本市及全国政策层面的问题，更是成为民营企业、中小型科创企业在招聘高端人才、留住高端人才方面，无法通过自身解决的难题。

3.对知识产权“纠纷解决难”如何破解较为关注

调研中，科学研究和技术服务企业认为，企业间的竞争更多是先进技术的对抗、知识产权的较量。只有保证知识产权创造、运用、保护、管理、服务等各个战略、实施环节的高效和有序开展，才能确保改善投资和市场环境，营造稳定公平透明、可预期的营商环境。但是，目前企业无论是在自主创新、专利产品的市场转化方面，还是在对知识产权的保护方面，都存在问题。调查问卷数据显示：超过80%的企业认为，知识产权保护对企业来说非常重要。但是，知识产权侵权成本低，知识产权纠纷举证、取证要求较高。在业务研发过程中，中小企业由于知识产权保护意识的欠缺，很容易出现侵权与被侵权的情况，而对于中小企业来说，长期聘请知识产权方面的律师也不太现实。

4.对破解企业“经营成本降低难”的问题最为期待

在过去的几年中，围绕“降成本”这一任务，政府打出一系列组合拳，上海市也出台了很多减税降费措施。但是，在调研中，超过90%的中小企业还是反映经营成本依然较高。

究其原因，一是税费负担依然较重，增值税降低并没有让企业得到更多的实惠，上游企业通过降低采购价格，压缩了减税带来的利润空间；二是企业用人成本越来越高，政府从保护劳动者权益的角度，对薪酬、社会保障等方面的要求越来越高，企业负担较重。调查问卷数据显示：超过90%的企业认为，企业用人最大的困难就是成本太高。

5.对相关优惠政策落地实施效果不甚满意

为应对世界银行营商环境评价，上海市政府及其委办局出台了很多优化营商环境的举措。在调研中，企业普遍反映，除因全市强力推动“一网通办”，新办企业对企业开办环节的知悉程度、感受程度、认同程度较高外，对其他很多举措，包括不动产登记、税费优惠政策等，落地实施传递到企业，尤其是中小企业，感受不明显，在落地实施过程中，仍存在打折扣的问题。

究其原因，一是优惠政策政出多门，分散公开，企业查找政策信息如海底捞针，增加了了解政策、申请资金和政策优惠的难度，如果委托中介机构，会增加成本，无形中又加重了中小企业的资金负担。二是有的政府及其部门存在“重开发、重制定、轻推广、轻宣传”的现象，对于优惠政策不精准、实施细则不明确的地方，相关部门缺少系统的解读和说明，存在“一刀切”现象。三是窗口办事人员业务水平参差不齐，有的基层政府工作人员服务意识不强，不熟悉不了解相关政策，既存在不同的办事人员对同一事项答复不一致的问题，又存在具体办事人员只会“认真地说不知道”的问题。四是对于新业态和新模式的审批与监管，落后于市场发展与变化的需求，又故步自封，墨守成规，灵活解决问题的能力与担当不够。五是个别执法部门执法的规范性不够，在不提前告知的情况下，会以消防、环保等理由对企业采取限电、停产、断网等措施。

二、浦江镇政府层面优化营商环境法治保障的必要性

打造良好的营商环境，是建设现代化经济体系、促进高质量发展的重要基础。镇政府作为落实优化营商环境各项举措的最基层政府，在推动营商环境优化的过程中肩负重要职责，而在此过程中之所以强调法治保障，主要是基于认识上三个方面的不足。

（一）对投资者内在需求的变化认识不足

改革开放初期，基层政府都有招商引资的任务。那时候的招商引资主要是通过优惠让利的政策，凭借廉价土地和劳动力的优势，甚至部分基层政府还会以赋予超过一定投资额的投资者部分“照顾”的方式来吸引投资部分。但是，改革开放40多年的历程，让许多投资者的投资理念与观念发生了很大的变化，他们不再紧盯短期的蝇头小利，而是更在乎企业的长远利益、稳定利益。因此，投资者，尤其是国外投资者更在意投资政策的稳定性、法律制度对其的权利保障以及企业在政府部门办事的高效与便捷。而一些基层领导干部对这种变化认识不足，对于优化营商环境的认识，还停留在改革开放初期给予照顾的层面。

（二）对“法治是最好的营商环境”认识不足

虽然习近平总书记多次强调“法治是最好的营商环境”，但在实践中，一些基层领导干部对法治在优化营商环境、推动区域经济发展方面的重要性和意义认识不足。世界城市的法治化治理经验亦表明，法治成为衡量一个地区营商环境好坏的关键指标。其主要原因在于：法治有稳预期、利长远的作用。在世界银行营商环境的10项一级评价指标中，直接反映法治保障程度的指标有4项，分别是获得信贷、保护少数投资者、合同执行、破产办理，反映市场监管过程的复杂程度、效率及税费支出的指标有6项，分别是开办企业、办理施工许可、

获得电力、产权登记、纳税、跨境贸易。而与市场监管有关的6项指标，实际上均涉及政府法治建设的问题。在改革开放40年后，土地和劳动力都不再廉价，尤其在作为国际大都市的上海，投资内在需求发生了很大的变化，在吸引投资方面，必须依靠软环境、软实力和公平高效的法律制度环境，通过降低制度成本，减环节、压时间、降费用。因为对于企业而言，各级政府的种种优惠补贴，固然能够惠及一时，但真正起决定作用的，却是公平高效的制度环境。基于投资者内在需求的变化，基层政府及其领导干部也需要转变观念，树立“法治是最好的营商环境”的观念。

（三）对执行层面可能给营商环境造成的实际影响认识不足

在世界全球化步伐不断加快的时代，人才、技术、资金的流动已基本遵循向法治良好区域集中的规律，即谁拥有良好的法治，谁就拥有了世界顶尖的技术、卓越的人才以及充裕的资金，谁的生产力就能得到良好发展。法治良好，不仅指立法制度设计的良好，也包括法律制度执行情况的良好。

优化营商环境落实到镇级层面，主要是相关政策及法律制度的执行。这种执行，体现在领导干部对优化营商环境相关政策及法律制度的理解上、具体行政管理部门对相关政策及法律制度的解读上以及具体执法人员、服务窗口具体工作人员对相关政策及法律制度的掌握上。调研中，投资者反映最怕“三拍”干部，即拍脑袋决策、拍胸脯保证和拍屁股走人。因为“三拍”干部在没有真正理解优化营商环境的相关政策及法律制度的情况下，其一言一行中所体现出来的法治思维、法治方式的缺乏，可能会成为影响投资者是否在该地投资的重要考量因素。而具体执法人员、服务窗口具体工作人员由于直接与企业打交道，其在个案处理中所展现的法治意识、专业意识、服务意识，对优化营商环境相关政策及法律制度落地实施的效果也将有直接影响，甚至直接影响企业对一个区域营商环境法治保障的评判。因为国家层面制定的政策再给力，大多针对的是一些普遍性问题，而企业在实际运营中遇到的问题却是千差万别的。在调研中，有不少企业抱怨“现在门好进了，脸好看了，但事情还是不好办”。这是因为作为执行层面的相关行政管理部门及其具体办事人员在法律制度执行对营商环境的影响上认识不足，工作中不善于发现、提炼企业遇到的个性问题并交由相关行政管理部门作出更契合实际的解读，而是在遇到问题时“认真地说不知道”，拖着不办造成不良后果。

三、优化营商环境法治保障的实现路径

优化营商环境的法治保障，是要将平等保护贯彻到立法、执法、司法、普法、守法等各个环节，依法平等保护各类市场主体的合法权益。一个国家营商环境法治化的实现，并非一朝一夕之功，而需要大量的制度供给和行动实践。对于镇级层面来讲，推动营商环境优化的法治保障，主要在于行动实践。

在调研中，经营地在浦江镇的经营企业最大的希望是目前影响营商环境优化的问题在不久的将来都能够逐步得到妥善的解决，从而能够更安心地在浦江发展、在上海发展。在地经营企业提出的问题、愿景及期待，的确需要从立法、执法、司法、普法、守法等不同层面，通过不同的路径予以解决和实现。

（一）及时反映问题，提请本市乃至国家层面统一解决

对标世界银行标准、对标最高水平、打造国际化营商环境，是国家层面对优化营商环境的统一要求。在全国上下共同推进优化营商环境的过程中，镇政府层面在推进营商环境法治化中需要发挥的作用必定与国家或者市区层面有所不同。

在本次调研中，在地经营企业提出的营商环境中存在的问题，多数并不局限于浦江镇，而是营商环境法治保障中普遍存在的共性问题，即有的属于法律制度层面的问题，如银行贷款难、企业经营成本降低难；有的属于司法层面的问题，如知识产权纠纷解决难；有的属于政策层面的问题，如人才引进难。对于这些立法、司法以及全市统一的政策性问题，在镇政府层面可以通过人大代表建议、政协委员提案、市区两级有关营商环境的座谈会以及专报、调研

报告等途径、方式予以反映。

（二）提高服务意识，将服务真正落到实处

在推进优化营商环境法治保障的过程中，囿于立法权限、决策权限，浦江镇层面的主要作用是执行，把国家及上海市出台的各类相关政策及法律制度有效地执行到位、落到实处。而相关政策及法律制度的有效落地，需要落到投资者、落到市场主体的“心坎”上，落到投资者、市场主体的所需之处，这就需要镇政府及其工作人员真正提高服务意识。

通过优质服务，真正为营商环境的优化做好“乘法”，就不能将“店小二式服务”“保姆式服务”的承诺停留在口号上，而是需要镇政府以在地经营企业的需求为导向，真正将服务落到实处，做到“有求必应、有事必帮、有忧必排、有难必解”，提供企业所需、有效的法治保障。结合调研中在地经营企业反映的主要问题，建议做好如下四项工作。

一是做好有关优化营商环境政策及法律制度整理与汇编工作，在镇政府网站建立统一平台，开设专栏予以公开，以供企业查询和对接。同时，建立动态调整机制，明确在相关政策及法律制度作出调整后，由哪个部门、按照什么流程、在几个工作日内予以调整更新，从而解决企业如大海捞针般查找相关规定的问题。

二是做好政策及法律制度的解读工作。对于政策及法律制度中较为原则、实践中企业提出疑问比较多的规定，组织相关部门进行解读，细化具体情形，达到既方便企业查询对照，又方便服务窗口具体工作人员在遇到实际问题时可予以解答的效果，从而解决服务窗口人员“认真地说不知道”的问题。

三是建立常态化的沟通机制。在优化营商环境法治保障的过程中，浦江镇层面虽然主要是贯彻执行国家及上海市出台的各类相关政策及法律制度，但也有结合本镇实际制定出台具有本镇特点特色的政策与举措的空间。为避免制定出台的涉及企业切身利益的政策举措“隔靴搔痒”，不解决实际问题，应当建立有效的政企沟通机制和反馈机制，让企业能够更多地参与进来，通过多种渠

道和途径吸纳企业的各种意见，拆掉政府与企业之间的“玻璃门”“旋转门”。

四是做好公共法律服务工作。继续推进公共法律服务进企业，鼓励公共法律服务机构与企业结对，引导具有全行业龙头示范作用的优秀法律服务机构为中小企业提供涉及知识产权、税费缴纳、人才政策等各个领域的指导，提供便捷、高效、精准的服务，从而逐步提高中小企业的法治意识。对于中小企业经营中遇到的合法合规性问题，可以通过搭建平台，聘请某个律所或某位律师为数家中小企业提供服务，为企业节省经营成本。

以优质的服务，实打实地解决企业面临的一些难题，兑现政策承诺，促进精准施策的同时，也要注重防止一些貌似提供服务，实则违背法治精神的“扰企”行为。比如，不能以服务企业为名，滥用行政权力，对企业运营发展指手画脚，干扰企业正常的生产经营活动；在不断向企业传递党委、政府“亲商、重商、爱商、护商”的理念以及“全面精准”服务宗旨的过程中，要考虑企业生产和发展的客观规律和实际需要，要控制好组织召开座谈会、上门开展服务活动的频率，不能使企业困于高频次开会和无意义的重复宣讲活动之中，要防止“过分服务”给企业造成不必要的负担，真正把“无事不扰，有求必应”的理念贯穿于服务之中，以解决企业反映的一些政策到了基层就减弱、变形的问题。

（三）推进包容审慎的监管模式

在提升为企业服务意识的同时，镇级层面还必须承担起相应的依法监管责任。不讲监管只讲服务，也无法营造出公平有序的市场竞争环境。

在推进优化营商环境的法治保障中，倡导推进包容审慎的监管模式。包容审慎监管，是当前为适应新兴经济发展而提出的一种监管方式，即严守安全底线，对谋财害命、坑蒙拐骗、假冒伪劣、侵犯知识产权等行为，不管是传统业态还是新业态都要采取严厉的监管措施，在坚决依法打击的基础上，对于那些未知大于已知的新业态采取包容态度，只要它不触碰安全底线，就应给它一个“观察期”，不能一上来就“管死”。

由于包容审慎的监管模式既要求必须守住安全底线，又要求对新业态包容，因此，对于基层监管者来说责任比过去更重了，也更需要他们的智慧，平衡好“放”与“管”以及“管好”与“管死”之间的关系。

在推进包容审慎的监管模式过程中，要走出长期以来困扰我国市场监管的“一放就乱，一管就死”的“怪圈”，应当注意以下三个问题。

一是要坚持问题导向，及时准确作出是否属于新业态的判断。市场模式的创新远远快于政府监管体系的改革。对于在监管过程中遇到的新业态以及未知大于已知的新情况，基层监管者往往是最早也是最直接的接触者。对新业态的包容审慎，需要基层监管者有及时发现、辨识，并作出判断的能力。因为只有作出准确的判断，才可能将遇到的新问题、新情况，及时提交镇政府研究解决，镇政府无法解决的，逐级上报，请上级政府部门研究审慎处理，而不是在基层监管中，一遇到以往没有遇到的新情况、新情形，就“一棍子打死”“一禁了之”。

二是要明确包容审慎不是迁就不管，更不是放任不管。由于新产业新业态一般存在法律缺位的问题，对于尚不明晰的新产业新模式采取包容审慎态度，在营造更加宽松便捷的市场准入和准营环境的同时，也要为新产业新业态设置风险控制的红线，在红线内部可以让市场主体去尝试、去试点，产生问题后再解决问题，防止新生事物被扼杀在萌芽状态。但是，对于那些在政府包容审慎监管下从事违法违规行为的企业，在事中事后监管中一经发现，就要坚持严格规范执法，不包庇，不纵容。

三是要落实好上海市有关轻微免罚等改革举措。无论是对新业态，还是传统业态，在监管过程中发现问题，重在解决问题，而不是不分情形简单粗暴地一罚了之。对及时纠正且无危害后果的轻微违法以批评教育为主，可免予罚款处罚。

（四）做好普法宣传，提升对相关政策及法律制度的知晓度

对于为推进营商环境优化出台的相关政策及法律制度规定，要让企业有真切的感受，需要以接地气的方式予以解读，进行普法宣传培训，以解决企业提出的“重开发、轻推广”“重制订、轻宣传”而导致的政策实施效果不佳问题。

在普法宣传中，需要做好如下两项工作。

一是强化“谁执法谁普法”“谁服务谁普法”普法责任制。执法部门、服务部门对本部门的执法依据、服务依据最为清楚。由执法、服务人员在具体执法案件和服务事项中结合个案宣传解读相关政策及法律制度规定，更有针对性，解读宣传的效果也会更好。

二是充分利用新媒体、互联网等渠道加强相关政策及法律制度的宣传。用企业家听得懂、简明扼要的语言，宣传好政策的核心要点，给政策“划重点”，让企业家用最短的时间获取最有效的政策信息，打通政策服务的“最后一公里”。

（五）树立诚信政府形象，让投资者安心发展

在推进优化营商环境法治保障的过程中，政府要带头讲诚信，树立诚信政府的良好形象，让企业安心留下，安心发展。

一是兑现政策承诺。运用法治思维、法治精神、法治方式，让企业能够体会到政策的稳定性和可预期性，避免出现企业担心的“三拍”干部，主动维护政府诚信。

二是避免政策执行中的扭曲化现象。比如，在教育、医疗等问题上，避免以行政手段为企业家提供近乎“特权”的“优惠措施”，这种以行政权力滥用社会公共资源为部分企业“站台”的做法，实际上是突破法治保障本意的，有违法治所追求的公平正义原则，不利于政府诚信的建立。

三是建立安商稳商的激励机制。针对一线执法人员、窗口服务人员反映的与新业态有关的新情况和新问题，经研究拟出台相关安商稳商政策的，要对相关人员予以奖励。对于符合国务院《优化营商环境条例》中规定的不履行优化营商环境职责的相关人员，要依规免责。

第三部分

专题调研

第四章　市场准入负面清单的治理实践与改革路径研究

一、市场准入负面清单的基本内涵、价值意义与潜在风险

（一）市场准入的概念界定及理论依据

市场准入是政府制定的一种法则。这一法则对市场主体与交易对象的市场准入方式进行约束和规范，其终极目的是保持一个良性的市场经营环境。其中，法则约束对象中的市场主体包括市场上各种自然人，法人，非法人主体；交易对象包括市场上出现的各类商品和服务。市场准入法则以一系列规则与条件为内容，包括市场主体资格认证应具备的实体条件、企业取得主体资格的程序条件等。市场准入规则还是政府履行经济服务职能的一种制度安排，可以在某种程度上限制经营者的权利范围与行为能力，以达到优化市场资源配置的目的。

市场准入的构成实际上是一个多层次的体系，主要包括一般的市场主体准入时的市场主体登记制度、特定的某一国内市场主体进入特定市场时的各种审批核准制度或其他办法、境外主体进入国内市场时的法定条件和程序。本书认为，市场准入负面清单制度所讨论的市场准入的概念，并非工商登记制度，也不是涉外情形下的市场准入，而是特定的某一国内市场主体进入特定市场领域时所进行的限制或禁止的有关办法，如各种审批核准制度或其他办法。

市场失灵的存在是市场准入设立的理论依据。因为市场失灵会造成市场无序竞争并带来多种潜在市场风险，主要表现为恶性竞争、危害公共利益、干扰国民经济等。当这些风险出现的时候就必须由政府这只“看得见的手”进行市

场干预，从而避免或减少“市场失灵”，因此需要政府设定特定的市场准入条件。同时，对政府公权力的合理制约与规范也是市场准入规则得以产生的理论基础，因为在市场准入管理制度的制定过程中要避免或者减少不必要的政府干预，这就要求政府正确发挥作用，不能任意为之。所以，市场准入管理制度必须同时具有弥补市场不足和规范政府权力两方面的功能，它既是中国市场准入管理制度赖以存在的根本理论基础，更是我国建立市场准入制度所应坚持的基本原则，也是我们为之奋斗的方向。

具体而言，首先，市场行为所产生的综合效果关系到国民经济能否平稳发展。市场均衡的实现往往是通过多个市场主体自发的、分散的决策形成的，属于事后调整范围，这就使得它具有一定盲目性，所以在金融等敏感领域中，没有市场准入管理制度的把关，国民经济很容易出现波动，甚至会对国家的经济安全构成威胁。即使大家都做出了理性选择，但综合效果仍可能会造成集体的非理性行为，如在开发与利用各种自然资源时，若没有市场准入制度进行约束，就会造成自然资源过度利用与浪费。

其次，市场行为会存在负外部性。市场机制本身在客观上就存在着外在效应并且无法通过调整市场机制自身来削弱或消除，如工厂所排放污染物给附近居民或企业带来的不利影响。市场准入管理制度在政府矫正市场机制缺陷中使用频率最高，如通过制定高标准环保门槛，对公共安全、他人利益有重大影响的产业，如爆炸物品、化学危险品等，实行严格准入管理。

再次，市场在维护公共利益方面具有天然缺陷。市场主体通常以追求利润为目标，很难自发地通过市场机制实现维护公共利益的目的。为了获得更高的效率与更公平的分配，全球绝大部分国家选择通过市场准入管理来维护公共利益，例如对城市电力，供水供气进行准入管制。

最后，市场交易中存在信息不对称现象。现实经济条件下，生产者、交换者与消费者之间各方面的信息都不全面，如消费者不能了解所购买产品的质量好坏，价格合理与否等。所以，从维护交易秩序与市场安全角度出发，同时为更好防范与杜绝欺诈行为的发生，需要通过市场准入管理制度来对投资者开展必要的审查。

（二）负面清单的概念界定及理论基础

在汉语中，“清”为“明晰、准确”，“单”则为“按某种顺序陈列的相关条目”。广义上，一切以特定形式明确呈列的条目，都可称为“清单”，如规章、法律。如此而言，“清单”来源已久、源远流长。早在公元前18世纪，古巴比伦王朝的《汉谟拉比法典》就以“清单”形式，列明282条对刑事、民事、贸易、婚姻等制度作出详细规定的条律。重视编制立法是中华法系的传统，《周礼》是最早的编制立法。[①]可见，“清单”作为国家治理的工具在全球都不陌生，它甚至从人类文明伊始就伴随着其演进。

在我国国家治理迈向现代化的进程中，“权力清单、责任清单、负面清单”同时被中央政府提出，一场“清单革命”浪潮被掀起。实施权力清单能够破解政府职能越位、缺位和错位等难题，并通过“清单革命”推动政府“自我革命”进程。同时为了落实政府责任，激活市场和社会的活力，责任清单和负面清单应运而出，并同权力清单一起构成中国国家治理的三张清单。三张清单已逐步成为当下明确政府、市场和社会之间关系，实现国家治理“善治”与“现代化”的重要制度设计。

这一围绕清单这一核心工具展开的治理探索就是清单治理。由于清单自身的“整合信息，便于获取信息，增强人对复杂事物认识与管理”特征，公共领域清单治理有如下优势：首先，有利于权力运行流程的优化与公开，办事程序的简化，促进政府权力的规范化、程序化、责任化；其次，厘清政府权力边界，向公众讲清政府各项权力的依据、过程和期限，避免因信息不对称而导致权力异化，降低交易成本；最后，把错综复杂的治理手段、措施和规则整合到清单中，使治理效果更具有整体性。

负面清单作为一种市场准入规则，最开始只适用于外商投资领域，属于外

① 郝铁川：《中华法系的创造性转化》，载《东方法学》2022年第1期。

商准入五种规则中的一种。联合国将外资市场准入规则划分为五类，并对这五类外资准入规则的具体含义进行解释。第一类是投资控制模式，意思是协议中的东道国对外商的投资行为进行完全的严格把控；第二类是正面清单模式，即用清单方式说明允许他国投资的开放领域及行业；第三类是区域性最惠国待遇模式，含义是所有签订区域发展协议内的国家之间，实行完全的市场准入规则；第四类是互惠国国民待遇模式，代表在互惠国之间按照所签订的协议内容，采取较为宽松的市场准入方式，国与国间的对外投资主体均可享受对方国民待遇；第五类就是负面清单制度，与正面清单模式相同，二者均用清单形式呈现，不过负面清单上所列内容均为禁止他国投资的领域和产业。当然，现实投资市场并非只存在这五种模式，准入规则会随着经济形态增加而改变，本书主要研究负面清单制度这种市场准入规则。

负面清单通常以一个或多个列表的形式作为国家之间签署的协议的附件出现，反向表明对外资开放的范围和方式，可以被视为准入前国民待遇的例外，也可以说是投资领域的“黑名单”。国民待遇在不同领域有不同的含义。在国际投资法中，是指一国给予外国投资主体与境内投资主体同等的法律地位和待遇标准。联合国按照外资享受国民待遇时间的不同，将国民待遇又分为了两类。第一类是准入前国民待遇（或称为准入阶段），即东道国从外国企业准备投资时就开始提供国民待遇，无需等到外国企业正式运营后才启动；第二类是准入后国民待遇，即外国企业完成投资并正式进入运营期后，东道国才开始提供国民待遇。这两类国民待遇看似只有时间先后的差别，但对于一国的引资政策来讲吸引力度就相去甚远。因此，为了吸引更多的外资，促进经济发展，不少政府开始采取负面清单加准入前国民待遇的模式，即投资者在准备投资时，就在各方面都获得了优惠条件。

随着我国经济体制的不断优化和经济的不断发展，对“负面清单”这一实体的定义，无论是在理论上还是实际应用上都得到了适当的拓展与提升。目前，中国已经在自贸区对外商投资负面清单制度进行了试点，并伴随着自贸区范围的扩大，其制度的实施领域也越来越广。除此之外，还率先在四个省份试点对内外资同样适用的负面清单，这表明我国正在积极地对负面清单的适用规则和配套制度进行探索。在国际上，负面清单一般是针对外商投资准入的一种管理模式。我国将负面清单概念进行了引申和扩充，决定对外资和外资均实行负面清单管理模式。以我国的实际状况为基础，本文所探讨的负面清单并不只是外资的负面清单，也包含内资负面清单。所以，对其配套制度的研究也可以应用于各种负面清单制度。

负面清单作为在我国新出现的市场准入形式，本书认为作为市场准入规则的负面清单制度具有以下特点：事实的穷尽性，以简单的“非此即彼”方式穷尽了所有情形，相对而言更加明确；待遇的公平性，对治理客体而言，意味着在清单以外治理客体享有充分的自由权限，更加公平；列单的明确性，不同于正面清单在逐一列清所有情形时，可能出现的冗长和操作困难，负面清单模式更可能以简洁明了的方式列单。

如果说清单来源已久、源远流长，那么负面清单，特别是市场准入负面清单的实施，则是清单治理在现代社会的一次重大模式改良。市场准入负面清单制度是指国务院以清单方式明确列出在中华人民共和国境内禁止和限制投资经营的行业、领域、业务等，并由各级政府依法采取相应管理措施的一系列制度安排。这意味着，在我国市场准入领域实现了从正面清单治理到负面清单治理的转变，这对于解决目前我国市场准入管理存在的一些问题至关重要。其一，依据散。有关市场准入的限制、禁止依据散乱，既有依据法律设立的审批事项，又有大批“非行政许可审批事项”，甚至有一些是根据“现实需要”所作。这就会衍生出新的审批条件和方式，如“审批”“营业执照”“许可”“准许”“特许”“批准”“鉴定”“备案”等见诸各种法律文件，条目庞杂、分散。其二，措施乱。市场准入管理相关规定分散在不同的法律、行政法规等规范中，企业准入前要在各类法律法规《产业结构调整指导目录》《政府核准的投资项目目录》《限制用地项目目录》《禁止用地项目目录》《禁止进口货物目录》《禁止出口货物目录》等清单、目录中，核查是否触及相关禁止或限制界限，而且各处规定还可能存在相互矛盾、不统一的现象，市场主体缺乏明确的“交通灯”、无所适从。其三，准入差别大。市场准入缺乏统一标准，对于某些管理“盲区”，地方政府有权自行抉择。而这很容易催生出当地的保护主义，形成违背市场经济公平竞争原则的“隐性壁垒”。市场准入限制的不统一和不公平，会阻碍经济要素的自由流动，使得资源分配效率低下。其四，监管松。政府仍以事前审批为切入点，在具体事务的审批上花费大量精力。企业想要获得市场准入资格，有时甚至要通过数百项的政府事前审批，审批时间长、审批环节多，同一项目还会出现多头审批和重复审批的现象。这使得政府“重心过度前移”，对事中事后的监管、服务重视不够，进而导致管理“松懈”。

基于以上不足，市场准入负面清单制度这一清单治理的改良、创新应运而生，被我国政府作为创新政府管理模式、促进政府职能转变、推进经济体制改革的重要手段。

（三）市场准入负面清单的概念界定及理论基础

市场准入负面清单是一张汇集了我国有关市场准入的所有禁止或限制事项的汇总清单，它清楚地列举了我国禁止投资经营或者限制投资经营的各个行业、领域、业务等。在市场准入负面清单制度下，政府部门和市场主体按照清单的指示，可以进行相应的准入，而清单之外的各种市场主体都可以依法平等地进入。市场准入负面清单具体包含了两大类项：一种是禁止类事项，指的是国家明令禁止市场主体进入的行业、领域、业务等，比如“禁止销售境外密码产品”“禁止新建低于30万吨/年的煤矿，低于90万吨/年的煤与瓦斯突出矿井”等。另一种是限制类事项，指的是那些被政府明确规定必须符合一定的条件或程序才能进入的行业、领域、业务，比如：“麻醉药品和精神药品经营”“设立专门从事放射性固体废物贮存、处置的单位”“枪支制造、配售特别许可及配置民用枪支”“从国外引进水生野生动物”等。而市场准入负面清单制度是以“市场准入负面清单”管理模式为核心构建起来的一系列制度总称，是各级政府按照法律规定，实施相应管理措施进行的一系列制度安排。

新公共管理理论、公共利益理论、行政学理论为市场准入负面清单的制度构建提供了理论支撑。

新公共管理理论的基本理念是将竞争机制引入到政府的行政管理之中，通过借鉴企业的管理方式从而对政府职能进行革新。本书通过对相关理论的学习，整理了可以用于市场准入制度下监管机制研究的一些理论支撑，主要包括以下几方面。第一，各国应该把重点放在“掌好舵”上，而非“划好桨”上，即政府的职责是作出正确的决定，而不是过度干预微观经济。政府应具备顶层设计思维和战略思维，用制度对行为进行规范，用政策来吸引投资人和优质的资源，而政府自身则应保持较大的灵活性来应对不断变化的环境。即政府工作也要找到关键，抓住重点，专注于制度服务工作，不必任何事都亲力亲为，并且这也是无法做到的。当政府把核心工作处理好后，其他事情也就自然达到理想效果。第二，政府应该采取多种方式引入竞争机制，提高对政策成本的重视程度，并制定出一套有效绩效评价体系，在衡量各部门业绩时更加注重成果，而不是项目投入的多少。新公共管理理论致力于对政府体系中的多种效率低下现象进行改革。该理论认为，政府这个机构也需要通过竞争来激发其活力，从而更好更快地提升其行政效率和服务水平。为此，有必要建立绩效评价体系，对政府的绩效进行评估，并重视政策的执行效果。

公共利益理论旨在解决市场的资源配置效率和市场失灵问题。公共利益理论是由美国经济学家施蒂格勒在20世纪70年代提出的，指出了政府介入经济进行管理监督的原因和对于“公共利益”的衡量原则。公共利益理论的发展经过了两个阶段，第一阶段更为重视生产者本身的利益，第二阶段则开始重视消费者的利益。首先，该理论认为政府对微观经济主体进行干预的出发点和原因是维护社会公众利益的目的。因为市场经济本身具有缺陷，会存在外部性效应、垄断现象、不完全竞争以及信息不对称等情况，而这些情况会降低社会整体的福利水平，损害公共利益。所以，要想维护和增加公共利益，政府需要通过制定规则和加入监督管理的方式对经济行为进行调控。其次，公共利益的衡量原则也能用来检测政府监督管理方式的干预度，确保监督管理是维护和增加公共利益而不会适得其反。主要包括四个原则：第一，比例原则，即监管的措施能够达到政府想要达到的目标，对个人或组织的权益造成最小的损害，并确保不得已造成的损害要小于所追求的公共利益；第二，利益衡量原则，也就是在侵害财产人的利益后要保证产生比原来更高的公益价值；第三，公平补偿原则；第四，正当法律程序原则。

行政学理论为我国政府职能转型提供了基本的方向。在行政学方面，政府如何高质量、高效率地进行公共行政管理是学者们关注的重点，在这一背景下，关于市场准入负面清单制度的研究也应运而生。要提高政府的行政效率，必须准确定位政府的职能。此外，在生产力得到了巨大发展的今天，社会的需求也开始出现了多样化的发展态势。因此，在这种情况下，政府提供的单一服务已经不能满足社会需求，政府应试图从某些特定的公共服务提供领域中退出，将重心转移到公共服务的政策制定和过程监管上。在此进程中，必须充分认识到市场的重要性，充分利用市场的效能，实现公共服务的市场化。

在市场准入领域方面，由于市场是没有边界的，且市场形势瞬息万变，如果仅仅依靠政府对市场信息的全面掌握来进行准入审批，将会导致行政效率的降低，也会对公众的资源造成巨大消耗。此外，大量的市场准入项目还会扩大政府的自由裁量余地，从而很容易导致权力寻租和腐败的滋生。在这种情况下，政府职能应当由事前审批向事中、事后的监管和服务方面的转变。实施市场准入负面清单制度，能够极大缩小政府的市场准入审批的范围，从而有效地提升政府的办事效能。传统的政府管理方式也将出现重大的改变，会由传统的市场管理者向市场服务者和监管者的角色转换。

（四）市场准入负面清单的价值意义

市场准入负面清单制度的价值意义主要体现在以下几个方面。

第一，解决市场运行透明度低的问题。在一些投资经营领域，由于相关法律法规不完善、准入管理不透明，在招标、采购、项目审批等环节，可能会存在寻租现象。通过实行市场准入负面清单制度，明确政府与市场的边界，赋予市场主体更多的主动权，有助于发挥市场的决定性作用和提高政府行政效率。

除清单事项政府禁止市场主体进入或者限制条件进入外，清单以外各类市场主体都可以依法平等进入。市场准入负面清单制度降低了行政成本，限制了权力可自由裁量的空间，把以前由政府管理的事务交给市场自主决策，有利于各类市场主体放开手脚，释放市场最大潜力，发挥资源配置的决定性作用。同时，通过“清单”的形式，厘清政府和市场之间的界限，使得政府不再进行很多无谓的具体审批，而只需要审批少数几个清单事项，从而把政府从繁琐的具体审批中解脱出来，把“看得见的手”由微观转向宏观服务，转向法治营商环境的建设，维护公平竞争的市场秩序，从本质上推动政府职能的转变。

第二，克服准入管理程序繁琐的难题。长期以来，造成市场准入过程繁琐的一个主要因素，就是缺少一套可依据的统一制度。以正面清单为主要形式的管理方式，赋予了不同部门或各级政府过大的自由裁量权，导致管理主体太多。因此，同一个市场主体就同一事项，需要通过多个审批主体的许可，这些内容既复杂又交叉重叠。以市场准入负面清单衔接整合各类市场准入办法，实现了市场准入的综合管理。通过清单将分散于行政审批事项清单、《产业结构调整指导目录》《政府核准的投资项目目录》以及现行法律法规中的市场准入禁止和限制事项，统一综合到市场准入负面清单之中，为市场主体更加清晰地点亮了“交通灯”。此外，市场准入负面清单明确地列举了有关市场准入的禁止和限制事项，并给出了相应的管理方法，这有助于缩小政府的寻租空间。另外，对清单事项的职责划分，也为政府职责划定了更加清晰的界限。

第三，克服竞争缺乏公平性的问题。为了维护当地企业的利益，有些地方政府制定的技术、卫生、检验检疫标准都会对当地企业有利，甚至滥用行政权对外地企业和产品设置各种准入障碍，如多重检验、超严执法等。对内外资实行统一的负面清单制度，有利于加快国内外要素流动，有利于建立新的开放型经济体制。一方面，实施全国统一的市场准入负面清单，为全国各地的市场准入提供了一个统一标准，这将有利于建设国内大市场，从而能够让国内要素有序自由流动。另一方面，实行市场准入负面清单和外商投资负面清单制度，对获得准入前国民待遇的境外投资者和境内投资者一视同仁，加速了市场体系与国际通用规则的对接，推动了国际要素的有序自由流动，这对充分利用国内国际两个市场、两种资源，构建更高水平的开放型经济新体制具有积极意义。

第四，克服准入门槛过高的问题。在统一实施市场准入负面清单制的背景下，市场主体的地位更加平等，准入待遇更加公平。在审批管理体制之下，政府对市场主体的市场准入，主要依靠的是审批，例如分为鼓励、限制、禁止三类，对市场主体的投资行为，采取有差异的指导政策，这就造成了对各个市场主体的待遇并不平等，且存在着很大的差异。在市场准入负面清单管理的模式下，所有的市场主体都可以享受到平等的市场准入地位，在某些领域降低或消除了民营企业在进入市场时所面对的许多限制，遵循“法无禁止即可为”的原则，实现各类主体之间的待遇公平、地位平等。

（五）市场准入负面清单的潜在风险

实行市场准入负面清单制度固然有其显著增益，但与此同时也要看到其潜在的风险。建立市场准入管理制度，目的在于克服“市场失灵”，但是，制度设计不合理时，会对市场秩序产生破坏，从而导致效率低下。“市场失灵”的出现为建立市场准入管理制度的必然性奠定了基础，而“政府失灵”存在的可能性又为建立市场准入管理制度的合理性提出了要求。我国在制定市场准入制度的时候，要达到利用政府介入来弥补市场调控上的缺陷的目的，同时，也要充分地尊重市场规律，始终坚持市场在资源配置中起决定性的作用，此外，还要防止政府的过度介入，从而达到市场调控与政府干预之间的最优结合。

1.政府失职的风险。实施市场准入负面清单之后，因为绝大多数前置审批将被取消，所以除了负面清单以外的事项，各类市场主体均可依法平等地进入市场。这表明政府的工作重心由目前的事前审批转移到事中和事后监管，这对政府能力水平提出了很大的考验。

然而，目前政府的监管方式主要存在以下问题：一是传统监管方式所依赖的手段发生重大变化。以前，政府的监管主要依靠批准、年检方式，如今政府审批权被废除，政府管理部门也就丧失了监管的手段。监管变得更加困难，对政府提出了更高的要求。二是与现有的法律体系不配套。近几年，我国出台了一系列关于市场监管的法律、规章和制度，但是这些与负面清单制度不相符，甚至出现冲突。诸多法律规范没有能够形成层次分明、相互补充、内容全面法律体系，其中某些监管法律之间还存在着内容冲突和矛盾的情况。在某些重要领域，比如行业协会监管，还存在着没有相应规范的盲区。三是市场主体激增，加大了政府监管的困难。由于市场主体的资质和经营方式各有不同，因此，监管工作的强度、难度和复杂性也会随之增大。这使得以“审批”代替“监管”的传统模式很难与之相匹配。四是急需统一各种监管力量。由于监管力量过于分散，很难产生有效的协同作用，而且监管权也被分配到了不同的监管部门，且各个部门之间的交流和联系机制也不畅通，这就造成了监管的效率很低。目前基层监管的力量也还需要进一步增强，有些地区在取消和下放审批权力之后，基层监管工作变得更加繁重了，但是人员、资金等方面却没有跟上，监管的难度也就随之增大。且某些地区目前的信息化水平和信息化建设还不够完善，不能满足监管工作的需要。此外，监管机构之间，监管机构与监管对象之间，监管机构与公众之间，也还没有建立起有效的联系。

2.来自市场的风险。对许多市场领域准入的突然放开，某些领域中的市场主体可能对此作出过度的回应，这可能会给非法经营的市场主体留下体制上的空子。一方面，新产品、新技术、新业态不断涌现，市场形势千变万化。其中，有不少可能会影响重大公共利益的产品、技术或业态，市场准入负面清单的动态调整不可能完全跟上市场变化的形势。这就产生了这样一种可能：某些具有发生重大关乎公共利益危害潜力的行业、领域、业务在清单之外。因为政府不再对其进行事前审批，所以有些不符合准入条件的市场主体就会进入这些产业进行生产经营，这将造成很大的社会风险。另一方面，在宽松的市场准入环境下，也不排除有一些市场主体，在自身资质比较差的情况下，进入一个需要本身要求较高的市场领域，但为了与竞争相抗衡，那些在遵守规则的情况下并没有获得足够利润的企业，可能会出现违法的行为，为此铤而走险。

3.社会应对的风险。在实施负面清单制度的同时，社会应对中存在着主动与被动两类风险。主动风险是指人们对市场准入的负面清单制度产生的怀疑，尤其是对于政府在准入端突然放开大量市场领域的担忧，在极端情形下可能上升为群体性事件。因为市场准入负面清单制度给予了各类市场主体清单之外的所有主体都可以依法平等进入市场的权利，所以在没有足够的信息的情况下，很有可能会导致不具备资质的主体也进入其中，并对公共利益造成损害，进而加剧社会矛盾。尤其是对生态环境和居民生活具有重大影响的行业，比如一般化学品生产、畜禽养殖场、高噪声娱乐场所等，或将放开准入前限制的领域，很容易引发社会的应对风险。被动风险是指在市场准入负面清单制度下，依赖于社会对市场主体的监管，而社会监管能力可能还无法与监管需求相匹配，从而造成社会监管的缺位，由此产生社会应对的被动风险。

二、我国市场准入负面清单的治理实践

伴随着我国社会主义市场经济制度的不断完善，我国市场准入管理制度改革亦逐步深化，从计划性管理转向尊重市场规律、减少政府对市场直接干预的模式。

（一）我国市场准入管理方式的改革历程、制度特征及其困境

1.我国市场准入管理方式的改革历程

改革开放至今，我国的市场准入管理制度改革大致经历了四个阶段。

（1）20世纪70年代末到80年代后期：计划经济向市场经济的过渡

在这一期间，我国逐渐减少了指令性计划的范围，让个体工商户可以在合法的条件下从事工业、手工业、交通运输业等产业，并根据所有制的不同对工商企业进行注册，因此，市场主体也就从原来的只限于国家和集体所有制企业，扩大到个体工商企业。但应注意到，在此期间并没有将工商企业的民事主体地

位予以明确，而仅仅将其进行营业登记而已。

（2）20世纪80年代后期到90年代中期：社会主义市场经济体制确立

这一时期是我国市场准入管理制度的转型摸索阶段。1988年，国务院颁布《关于投资管理体制的近期改革方案》，系统地提出了投资体制改革的基本任务和改革措施。随后，《中外合作经营企业法》《企业法人登记管理条例》《私营企业暂行条例》相继颁布，我国企业准入登记从营业登记向企业法人登记转变。1992年，以党的十四大提出建立社会主义市场经济体制为开端，原有计划经济体制下的严格管控型的市场准入管理模式开始被打破。1993年，《公司法》实施，与市场经济要求相适应的市场准入制度开始形成。

（3）20世纪90年代中期到2012年：市场准入管理制度进一步完善

这一时期，为适应加入WTO和与国际标准接轨的要求，我国制定了大量法律法规，并废止了一些制约市场发展的政策法规，开始逐步统一市场准入标准。2004年7月，《国务院关于投资体制改革的决定》印发，提出了深化投资体制改革的指导思想、目标和具体措施，重新明确了审批、备案、核准三种主要投资管理方式的使用范围。之后经过10年多的努力，我国“市场引导投资、企业自主决策、银行独立审贷、融资方式多样、中介服务规范、宏观调控有效”的新型投资管理体制初步建立起来，并在实践中不断完善。

（4）2013年至今：新一轮市场准入管理制度改革全面展开

2013年，党的十八届三中全会为深入推进市场准入管理制度改革勾画了新的蓝图，明确了新的任务，审议通过的《中共中央关于全面深化改革若干重大问题的决定》（以下简称《决定》）提出要紧紧围绕使市场在资源配置中起决定性作用深化经济体制改革，大幅减少政府对资源的直接配置；要“深化投资体制改革，确立企业投资主体地位”，“实行统一的市场准入制度，在制定负面清单基础上，各类市场主体可依法平等进入清单之外领域。探索对外商投资实行准入前国民待遇加负面清单的管理模式”。由此，通过制定负面清单改革市场准入管理制度的思路得以明确。

表 4.1　审批制、核准制、备案制的比较

	审批制	核准制	备案制
适用范围	只适用于政府投资项目	适用于企业不使用政府资金投资建设的重大项目和限制类项目，《政府核准的投资项目目录》（以下简称《目录》）由国务院投资主管部门会同有关部门研究提出，报国务院批准后实施	企业不使用政府性资金投资建设《目录》以外的项目，除国家法律法规和国务院专门规定禁止投资的项目以外，实行备案管理
制度内容	政府投资项目的决策，原则上要坚持咨询评估论证、项目公示、项目评价、投资责任追究等制度，必要情况下还要引入专家评议制度和听证制度	政府对企业提交的项目申请报告，主要从维护经济安全、合理开发利用资源、保护生态环境、优化重大布局、保障公共利益、防止出现垄断等方面进行核准	主要包括是否符合国家法律法规、产业政策、行业准入标准
程序环节	对采用直接投资和资本金注入方式的政府投资，一般有项目建议书、可行性研究报告和初步设计三道审批程序环节；对于投资补助、贷款贴息的项目一般只审查项目的资金申请报告	企业投资建设实行核准制的项目，仅需向政府提交项目申请报告，不再经过批准项目建议书、可行性研究报告和开工报告的程序	
管理主体	各级发展改革部门，审批的权限随行业和项目的类别有所区别	《目录》规定“由国务院投资主管部门核准”的项目，由国务院投资主管部门会同行业主管部门核准，其中重要项目报国务院核准。《目录》规定“由地方政府投资主管部门核准”的项目，由地方政府投资主管部门会同同级行业主管部门核准，省级政府可根据当地情况和项目性质，具体划分各级地方政府投资主管部门的核准权限，但《目录》明确规定“由省级政府投资主管部门核准”的，其核准权限不得下放	除国家另有规定外，由企业按照属地原则向地方政府投资主管部门备案。备案制的具体实施办法由省级人民政府自行制定。国务院投资主管部门要对备案工作加强指导和监督，防止以备案的名义变相审批

续表

	审批制	核准制	备案制
严格程度	非常严格	相对严格	相对宽松

2. 我国市场准入管理制度的主要特征

在计划经济这一特定的历史条件下形成的由国家主导一切经济活动的思想，极大地冲击着我国的市场准入管理制度。总的来说，在经历多年的改革之后，我国的市场准入管理体制正逐渐朝着更加开放、透明和公平的方向发展，但是相对于其他市场经济成熟的国家，仍然保留着自己的特色。

（1）三类主体管理格局已经形成

根据市场准入管理方式的差异，目前我国已形成对一般主体、特殊主体和涉外主体三类主体的市场准入管理模式。我国主要通过民法对一般主体的市场准入加以调整，一般采用备案或简易审批程序的方式，目前已有比较完善、统一的立法。由于特殊主体的市场准入涉及国计民生、国家利益和社会公共秩序，所以必须通过获得政府的行政许可，才能获得市场准入资格，这类主体会受到行政法、经济法和某些产业法规的规范，一般采用行政许可或核准等行政许可的方式。对于涉外主体的市场准入制度，包括外资进入本国市场和本国资本进入国际市场两类，一般采用审批许可的方式。

（2）国际经验与中国特色相结合

随着中国经济的不断发展，我国市场准入制度已逐渐形成具有中国特色和世界先进经验相结合的复合模式。一方面，由计划经济转变而来的市场管理制度，产生了中国特有的管理模式；另一方面，我国市场准入管理制度的深化是改革开放、借鉴国际经验的结果。尤其是在加入WTO后，我国加速了市场准入制度的改革，逐渐削弱甚至废除了对国企的特殊优惠政策，使我国的市场主体更为多元化。

（3）“严进疏管”特征明显

目前，我国的市场准入管理体制对市场主体的准入条件较为严格，对市场主体的责任过于重视，存在着明显的重事前监管，轻事中事后监管问题。在市场准入方面，过分注重事前监管，需要的批准核准手续太多，这都是导致市场准入的事前成本增加的主要原因。此外，现有法律并未确立有效保障申请者正当权利的机制，也未对准入过程中其他主体（包括相关政府部门、中介机构等）的职责进行确切界定与监督，导致申请者在准入过程中始终处在弱势地位。但在事后监管方面，存在着“严进疏管”的明显特点。

3. 我国市场准入管理制度的困境

尽管国家已开始逐步降低对市场的直接介入，但是在现实运作过程中，仍然存在许多问题，这些问题直接或间接地制约着市场活力。第一，总体上来说，市场准入门槛较高。虽然我国市场主体准入管理制度持续完善，尤其是最近几年，商事登记制度改革和行政审批制度改革都在一定程度上激发了市场主体的活力。但是，不能否定的是，相对于那些市场经济成熟的国家和市场主体的迫切发展需求来讲，我国的市场准入门槛还是相对较高的。在我国，对市场主体准入制度的立法以行政许可为主要内容，行业主管部门拥有很大的自由裁量权，因此，如果将准入标准和条件设定得过高，将会对市场主体进入市场的积极性和速度产生直接的影响。第二，市场准入方面的法律规定过于繁复。在中国，针对不同身份的市场主体有不同的立法，加之与之相适应的各种规章，构成了一个复杂的市场主体准入法律法规体系，这不但提高了政府的管理成本，更主要的是造成了不同身份的投资者很难在相同的起跑线上进行平等的竞争。第三，我国的市场准入管理体系比较繁杂。由于市场准入的制度结构和运行比较复杂，使得市场主体很难进入，甚至有可能失去市场机遇，具体体现为“三多”：首先是管理机构多。纵向来看，有中央政府和地方各级政府。横向来看，有发改、住房建设、环境保护、卫生、消防等相关的部门及其下属组织。其次是进入途径多。包括发放营业执照、审批、许可、许可、特许、注册、批准、审核等多种途径，类型多样，相互交错。最后是审批部门多。层层审批，手续烦琐，这都会增加市场主体进入市场时的困难与费用。

（二）市场准入负面清单制度的提出及其实践

一般来说，负面清单指的是一种针对外商投资准入的管理模式，也就是东道国根据其国民待遇或最惠国待遇中更优惠的条件，为外商投资提供完全准入，只对国家经济非常重要的特定产业或幼稚行业给予特殊保护，并列为一份清单，在此清单之外“法律无禁止即可为”。虽然在国内，它出现时间并不长，但是它的管理理念和运用的领域却得到了很大的扩展。

1.负面清单管理理念从“外”至“内”推开

2013年9月30日，上海市人民政府公布了《中国（上海）自由贸易试验区外商投资准入特别管理措施（负面清单）》，“负面清单”这一概念也随着自贸试验区建设的不断推进映入大众视野。该清单以现行的《外商投资产业目录（2011年修订版）》及《中国（上海）自由贸易试验区总体方案》等为基础，按照国民经济行业分类进行编制，针对包括农业、制造业、金融服务业等在内的18个行业门类列出了190余条外商投资管理措施，涉及国民经济行业1069个小类中的17.8%。[①]

2013年11月，《决定》明确要求“实行统一的市场准入制度，在制定负面清单的基础上，各类市场主体可依法平等进入清单之外的领域”。在构建现代化市场的过程中，对国内投资制定“负面清单”，实施统一的市场准入，构建平等、开放、透明的市场是当务之急。截至目前，我国发布并实施的负面清单主要包括由国家发改委、商务部发布的《市场准入负面清单》《外商投资准入特别管理措施（负面清单）》《自由贸易试验区外商投资准入特别管理措施（负面清单）》，形成了“自贸区—全国—内外资市场准入”的负面清单蓝图。

在上述三类负面清单中，市场准入负面清单适用于全部市场主体，包括内

---

① 参见《上海自贸区190条“负面清单”公布禁开网吧博彩业》，https：//finance.people.com.cn/n/2013/0930/c1004-23081015.html，2022年5月16日访问。

资企业及外商投资企业，外资全国版负面清单适用于全国范围内的外商投资企业，外资自贸区负面清单则专门适用于自贸区内的外商投资企业。关于两份外资负面清单的适用规则，《外商投资法》中明确规定：国家根据需要，设立特殊经济区域，或者在部分地区实行外商投资试验性政策措施，促进外商投资，扩大对外开放。在自贸区进行的外商投资应优先适用外资自贸区负面清单，而在自贸区之外的地区进行的外商投资应适用外资全国版负面清单。此外，外商投资还应根据内外资一致原则适用前述市场准入负面清单。三种负面清单所适用范围如图4.1。

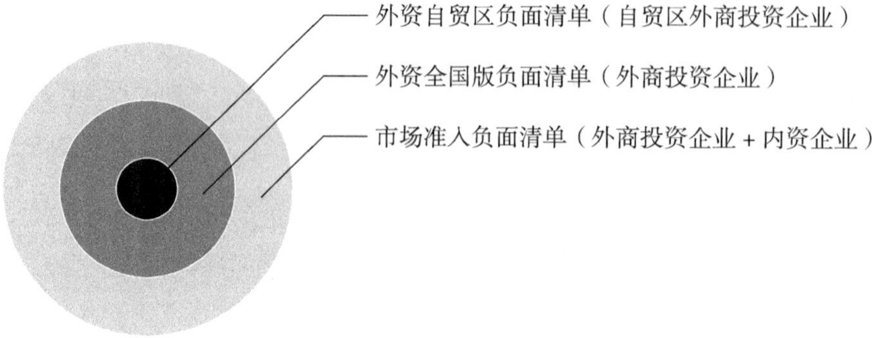

图 4.1　三种负面清单适用范围

2. 市场准入负面清单的地区扩散

（1）市场准入负面清单实践阶段梳理

从2015年10月《国务院关于实行市场准入负面清单制度的意见》发布，到2018年12月《市场准入负面清单（2018年版）》（以下简称《清单（2018年版）》）正式公布，我国的市场准入负面清单制度从概念正式引入到全面实施历时三年有余，这场极具创新的实践探索并非一帆风顺。从最初的负面清单概念的引入，到各地自由探索负面清单制度，最后到国家统一实践，我国市场负面清单制度实践可以分为三个阶段——探索阶段、试点阶段和全面实施阶段。

表4.2　我国市场准入负面清单制度改革阶段

阶段	时间	事件	备注
探索阶段	2013.11	广东省佛山市南海区行政审批“负面清单”	负面清单最初进入国民视野，各地开始自由探索负面清单制度
	2013.12	吉林探索放开民企准入出台负面清单目录	
	2013.12	山西省也明确提出在保险与民营经济领域引入负面清单	
	2013.12	浙江省行政审批改革推行“权力清单+负面清单”	
	2013.12	福建省推动试行台资准入负面清单	
	2014.6	北京市昌平区出台产业准入负面清单	
	2014.6	四川成都高新区探索负面清单管理模式	
	2014.6	福建厦门探索制定民间资本投资准入负面清单	
试点阶段	2014.7	《国务院关于促进市场公平竞争维护市场正常秩序的若干意见》发布	明确提出要制定市场准入负面清单，全国负面清单概念出现
	2015.9	通过《国务院关于实行市场准入负面清单制度的意见》	首次提出市场准入全面引入负面清单管理，意味着我国市场准入将全面开启“负面清单时代”
	2016.6	国家发展改革委、商务部会同有关部门汇总、审查形成的《市场准入负面清单草案（试点版）》（以下简称《清单草案（试点版）》）	先行在天津、上海、福建、广东四个省（市）进行试点，主要是检验草案涉及事项的合法性、合理性、可行性和可控性，探索管理新理念新方式新机制
全面实施阶段	2018.12	实行全国统一市场准入负面清单制度	全国正式进入负面清单时代
	2019.6	《清单（2019年版）》的修订工作开启	各省市全面开展制度培训和清单新一轮的修订工作

三个阶段的改革各有特点。由于负面清单的概念在最初的自由探索时期才被引进我国，很多地方都把它当作“时髦用语”用于各种领域。虽然各地应用

方式都不同，但是在很多特定的领域开展了很多有意义的实践。例如，在2014年6月，北京市昌平区就发布了产业准入的负面清单。在这些区域自由探索中所产生的经验或者改革经历，都为推动和实施市场准入负面清单提供了一定的依据，也引起了一批改革实践者和专家学者的注意，并为制度实践建言献策。试点地区成为改革的“排头兵”，其主要任务是“试清单、试制度、试落地机制”。此时，市场准入负面清单成为一个专门术语，避免了对负面清单概念的过度使用，与此同时，对此制度的探索也有了一个统一的框架。2018年12月《清单（2018年版）》公布，标志着市场准入负面清单制度进入全面实施阶段。全国各地一张清单（允许一定程度的地方差异），首次达成我国市场准入领域的统一管理。

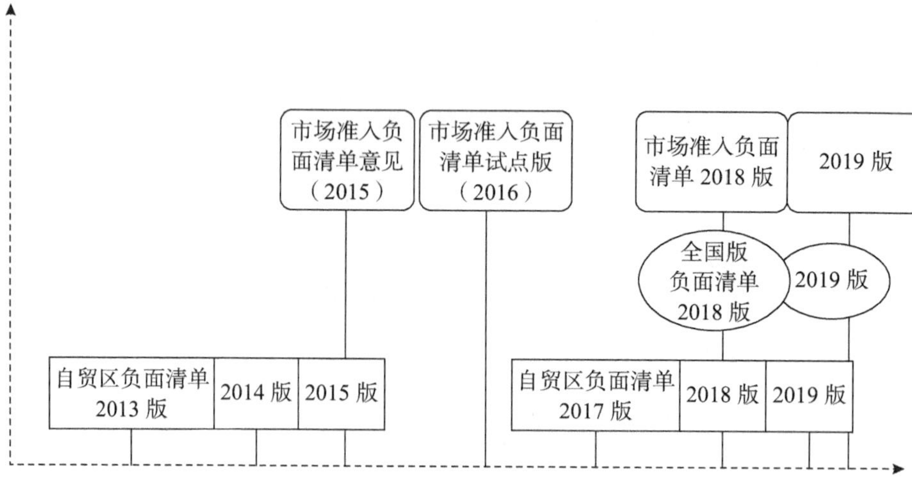

图4.2　我国负面清单历史沿革

（2）我国市场准入负面清单制度实践的特征

2019年，国家发展改革委、商务部在《清单（2018年版）》基础上，修订形成《清单（2019年版）》，经党中央、国务院批准，于2019年10月发布实施。市场准入负面清单制度改革不断深化，“一年一修，动态调整”将成为这项改革的关键特征之一。

清单“一年一修，动态调整”的目的，就是要确保市场准入负面清单成为一张管用好用的“活清单”，避免负面清单措施落后于时代发展，沦为“僵尸条款”。一是要根据“放管服”改革的深入推进、法律法规的“立改废释”等情况，对清单及时作出修改调整；二是要对市场上出现的新形势、新技术、新产品、新业态、新商业模式等作出及时的应对，在必要情况下对市场准入政策进行调整。

市场准入负面清单制度在我国是一个从无到有的“起点式改革”。《国务院关于实行市场准入负面清单制度的意见》要求，制度实施要本着渐进原则，“立足国情、循序渐进、整体规划、分步实施，取得可复制、可推广的经验后全面推开”。“一年一修，动态调整”，逐步对清单作出调整完善，正是这一原则的践行。

从梳理公布《清单草案（试点版）》开始，我国市场准入负面清单制度，一步步从“摸家底”开始，到《清单（2018年版）》的公布，宣布了制度实施的全面开启，再到陆续公布2019—2022年版，标志着开始步入常态化工作阶段，清单不断进行着自我更新升级。

一是清单长度日益变短。与《清单草案（试点版）》最初的328项相比，《清单（2018年版）》中规定的151个禁止和许可类事项，减少了177个项目，降低幅度为54%。在2019年又根据“放管服”的改革进展，将“消防技术服务机构资质审批”“职业技能考核鉴定机构设立审批”“养老机构设立许可”“社会福利机构设置许可”等措施放开并以《清单（2018年版）》为依据，对清单进行了修改。此外，还更加清晰地对市场准入负面清单进行定位，通过对其逐项审核，将不符合清单定位的措施（例如“船舶安全检验证书核发”“打捞或者拆除沿海水域内沉船沉物审批”等）移出。《清单（2019年版）》修改后，共包含131项禁止和许可类事项，比《清单（2018年版）》减少了20项，下降幅度为13%。

二是清单整体性日益增强。在《产业结构调整指导目录》《政府核准的投资项目目录》《互联网市场准入禁止许可目录》等已经被列入《清单（2018年版）》的情况下，《清单（2019年版）》还纳入了将地方国家重点生态功能区和农产品主产区产业准入负面清单（或禁止限制目录）。此外，《清单（2019年版）》的

"说明"一节将党中央和国务院要求编制的地方性产业准入禁止限制目录直接列入其中。随着更多同类清单被纳入，清单整合力度越来越大，"全国一张清单"管理模式全面落实。在清单的修订过程中，还对地方自行发布的市场准入类负面清单以及带有负面清单性质的政策性文件进行了清理，并禁止各地区、各部门擅自发布市场准入性质的负面清单。

三是清单内容日益丰富。随着清单的不断优化、清单事项和具体措施的文字表述的规范，清单的表现形式和内容也在不断充实，这极大地提高了其可操作性。《清单（2018年版）》增设了"地方实施性措施"一栏，从而使全国统一的清单在地方更具可操作性；《清单（2019年版）》由此还将37条地方性许可措施纳入其中。《清单（2019年版）》对清单中事项信息公开的范围进一步扩大，对清单措施主管部门和清单事项进行统一编码并公开，日益丰富的清单内容使其具有更强的可操作性。

从整体上来看，清单内容在保持主要框架结构不变的前提下，逐步缩短了清单长度，减少了管理措施，增设了地方实施性措施栏目，公布主管部门，明确统一编码，不断整合同类清单，这样不仅确保了清单的稳定性和连续性，还对清单内容进行了充实、健全了清单体系，增强了清单的系统性、科学性和规范性，使得清单更为成熟完善。

（三）市场准入负面清单的制定

"市场准入负面清单由国务院统一制定发布；地方政府需进行调整的，由省级人民政府报经国务院批准。"可见，清单制定是一项"由上而下"的改革推进工作。制定清单的权力属于中央，地方无权自行发布市场准入负面清单，地方有关市场准入负面清单制定的探索，必须是以国务院统一制定发布的"市场准入负面清单"为基准，有关清单的"特殊要求"须报经国务院批准。

市场准入负面清单事项源于法律法规中的明确规定。梳理法律法规，是清单制定的一件基础性工作。但准确而不遗漏地将法律法规中属于市场准入领域的事项纳入清单实属难题。以2015年修正的《保险法》为例，仅在有关保险公司设立与业务范围的两章内容中，分别涉及了对保险公司设立、保险公司分支机构设立、保险公司从业人员、保险公司业务范围等各项禁止或限制规定。可见，虽然清单以法律法规为依据，但法律法规条文并不能直接作为负面清单事项，原因在于：一是法律法规涉及禁止限制方方面面，条目过多、过杂，简单梳理的结果显然不能直接纳入负面清单，需要甄别出市场准入相关事项；二是不同来源的条目或有重叠或有冲突，需要进一步合并；三是现有的市场准入管理审批事项的表述并不能与法律法规中的表述完全一致，如将其直接列入负面清单，可能会影响其可操作性。

清单的制定探索恰逢中央政府公布权力清单。将与市场准入相关的审批项目进行统计后，被作为清单许可类的“蓝本”，再结合相关的法律法规，进行整合、调整，最后形成市场准入负面清单的草案“雏形”。但当时草案“雏形”中的许可类事项，大部分都是按照国家权力清单列出的，很多都只涉及中央的权限内容，却没有将地方权限的内容纳入考虑范围。比如在有关“兽药及兽用生物制品生产经营许可”一条中，国务院各部门行政审批事项汇总清单仅涉及“强制免疫所需兽用生物制品的指定生产”，对于属于地方事权的“非国家强制限制免疫兽用生物制品经营审批”却没有涉及。

此后，在国家发改委及商务部牵头负责、试点地方积极配合下，以此草案“雏形”为蓝本屡次开展讨论、研究，最终制定出我国首版市场准入负面清单。2016年4月，《清单草案（试点版）》公布，在天津、上海、福建、广东四个第一批试点地区试行。

当时，试点地区首要任务是根据当前审批事项梳理结果，提出对《清单草案（试点版）》的修改建议。据作者在试点地区的调研，天津作为第一批试点地区之一，先后三次组织市级50多个部门和16个区政府进行研究，初步发现《清单草案（试点版）》可能存在以下几方面亟待解决的问题：一是《清单草案（试点版）》内容宽泛，其中部分事项与市场准入不直接关联，对市场准入理解有所“泛化”。例如，《清单草案（试点版）》提出，“禁止在历史建筑上刻画、涂污”“禁止擅自设置、移动、涂改或者损毁历史文化街区、名镇、名村标志牌”等。二是《清单草案（试点版）》与地方性法规存在不一致的情况，如烟花爆竹生产在清单草案中属于许可准入事项，但在《天津市烟花爆竹安全管理办法》中属于禁止准入事项。因此天津试点建议在新修订的市场准入负面清单中，预留政策出口，允许地方性法规、地方政府规章确定的市场准入管理事项，列为市场准入负面清单的地方性条款。三是《清单草案（试点版）》遗漏了一些现行的市场准入管理事项，如国务院令明确保留的旅馆业特种行业许可、渔港内危险品货物装卸许可，国家相关部委设定的农业转基因生物生产、加工许可等行政许可事项等。

总体而言，《清单草案（试点版）》作为我国首版公开的市场准入负面清单，虽可操作性有所欠缺，但其价值在于首次清晰地展现了市场准入清单的框架模式，并作为试点工作推进的“切入点”，为各方研究市场准入负面清单制度提供了一个明确的“靶向”，为市场准入负面清单这一“起点式”改革奠下了基石。

此后根据各方意见的汇总，结合试点工作的反馈，2018年，国家发改委会同商务部印发《关于开展市场准入负面清单（试点版）全面修订工作的通知》，正式启动了《清单草案（试点版）》的修订工作。2018年12月25日，国家发展改革委、商务部公布《清单（2018年版）》，其主体包括4项“禁止准入类”和147项“许可准入类”事项，对应581条具体管理措施，相比于《清单草案（试点版）》，事项减少了177项，具体管理措施减少了288条，压减54%。

表4.3 《清单草案（试点版）》与《清单（2018年版）》的对比

	《清单草案（试点版）》	《清单（2018年版）》
清单说明	无	对清单内容、定位、范围、事项来源、适用条件等进行了说明
清单边界	清单边界不够清晰，一些不属于市场准入的管理措施被列入清单	剔除了非投资经营活动的管理措施、准入后的管理措施、备案类管理措施（含注册、登记）、职业类管理措施、只针对境外市场主体的管理措施以及针对特定地理区域、空间的管理措施

续表

	《清单草案（试点版）》	《清单（2018年版）》
清单项目	“禁止准入类”和“限制准入类”两大类，共328项，包括：禁止准入类96项，限制准入类232项	“禁止准入类”和“许可准入类”两大类，其中禁止准入类4项，许可准入类147项，一共有151个事项、581条具体管理措施
法律明令禁止的具体规定	逐条列明，条目过细、过杂	不再逐条列明
与《产业结构调整指导目录》的衔接	清单禁止事项中逐条列明《产业结构调整指导目录》相关条目	以清单附件形式列出
地方性许可措施	未涉及	为地方性市场管理城市预留空间
与国际惯例的衔接	缺乏考虑	考虑国际惯例，将“限制准入”修改为“许可准入”
适用地区	15个市场准入负面清单试点	全国

（四）市场准入负面清单实施下的国家治理创新

随着《市场准入负面清单》的公布，市场准入负面清单这一治理工具正在成为我国国家治理创新重要推动力之一。而这一过程如何实现国家治理创新，本书将从“特征—理念—路径”这一整体框架进行分析。

1.治理特征

市场准入负面清单制度的设计，在兼具清单治理优点的基础上，还具有以下几点特征：第一，依法列单。列单依据是现行法律、法规和国务院决定，对于其中没有明确规定的事项不得纳入市场准入负面清单。第二,一单尽列。将所有分散各处的禁止、许可事项在一张清单上集成，实现市场准入禁止类和许可类事项“一网打尽、一单尽列”，致力于做到真正意义上的“非禁即入”。第三，全国统一。实现了全国层面统一准入办法和各类市场主体统一准入标准，是我国对统一市场准入管理的一次前所未有的尝试。第四，重心后移。市场准入负面清单制度是一个“牵一发而动全身”的改革，制度设计也不只是一味追求“宽进”，更意在通过直接涉及配套的改革实现市场准入领域的“严管”，将现有体系的管理重心后移，实现“事前、事中、事后”的全方位治理。

2. 治理理念

纵观古今中外，国家治理从传统到现代的演进是有规律可循的。落实公平正义的关键在于制度建设和政策创新。对于实现公平正义而言，最重要的制度保障便是法治。俞可平认为，法治的实质意义，是宪法和法律是国家治理的最高准则和最高权威，任何组织和个人必须在宪法和法律的框架内活动。[①]依法治理，已经成为判断国家治理创新、现代化的必要条件。而整体性治理的出现，更着眼于政府内部机构和部门的整体性运作，主张管理从分散走向集中，从部分走向整体，从破碎走向整合。它强调的是政府部门对资源的整合，并通过有效的沟通与协调，达成治理的目标。同时，实践早已证明，政府与市场单独作为治理主体，都存在其局限性，无法实现资源配置的帕累托最优。国家治理需要来自公共和私人机构的多方主体协同参与制定、执行和管理规则，为共同面对的挑战提供长期解决方案。而协同治理更成为继传统公共行政、新公共管理之后的公共管理主流范式。此外，国家治理变革并不是单一的变革，而是一个复杂的系统工程，涉及治理主体横向、纵向间结构关系的调整，同时还涉及如何以具体的公共需求为出发点，以系统治理的理念高效实现公共利益的问题。党的十八届三中全会《决定》也多次提及“系统治理”，要求按照国家治理现代化的目标坚持实施系统治理。总结起来，在更加多元、复杂的治理背景下，国家治理的创新有着向依法治理、整体治理、协同治理、系统治理不断演进的趋势。

3. 治理路径

市场准入负面清单制度具有的“依法列单”“一单尽列”“全国统一”“重心后移”四个特征，实际上分别对应着现代国家治理的“依法治理”“整体治理”“协同治理”和“系统治理”四种治理理念，在实践中分别通过对市场和政

① 俞可平：《论国家治理现代化》，社会科学文献出版社2014年版，第65页。

府两个层面的作用，将治理理念转化成治理创新的效果（如图4.3所示）。

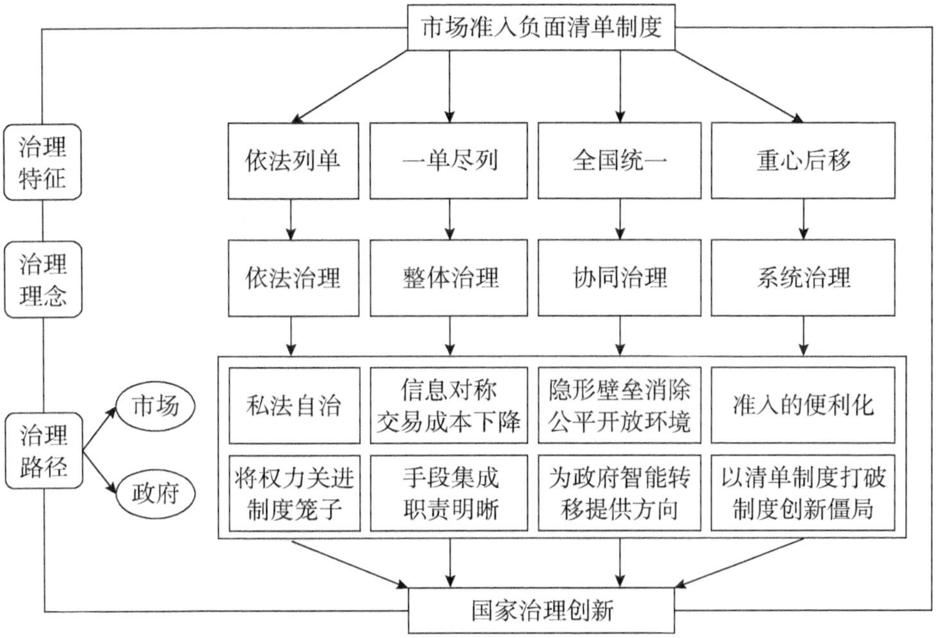

图4.3 市场准入负面清单制度与国家治理创新的内在联系

一是一单尽列，体现了整体性治理的治理理念。市场准入负面清单制度下，国务院以负面清单的形式明确列出在我国境内禁止和限制投资经营的行业、领域、业务等，将所有分散各处的禁止类、许可类事项在一张清单上集成。这是以破解市场治理领域“碎片化”，达到整体治理效果的尝试。对于市场而言，“一网打尽、一单尽列”的列单方式，既清晰地表明了市场准入的“红线”所在，又明确地给市场主体点亮了“交通灯”。这避免了市场主体与政府管理部门、政府各管理部门之间的信息不对称，减少由于市场交易中的有限理性、信息不对称、外部不经济性等因素导致的种种交易费用。对于政府而言，通过一单尽列，实现了管理手段的整合、集成，治理效率得到极大提升。并且市场准入管理部门可以基于清单进行监管信息的互通、交换和共享，为加强事中事后监管提供信息支撑，使得政府监管更具整体性。

二是全国统一，体现了协同治理的治理理念。市场准入负面清单由国务院统一制定发布，实现准入全国范围统一标准。这不仅是不同治理层级和地域范围上的统一，也是对内外资市场准入的统一。对于市场而言，市场准入负面清单制度通过全国统一协调的治理方式，建立统一的准入规则，在一定程度上消除了市场壁垒，能够有效促进市场治理的公平正义。随着未来进一步废除对非公有制经济各种形式的不合理规定，消除各种隐性壁垒，制定保障各类市场主体依法平等进入自然垄断、特许经营领域的具体办法，市场发挥决定作用将有更大、更自由的空间。对于政府而言，通过市场准入负面清单对政府职能范围进行确定，将不符合市场准入负面清单思想的职能区别出来，为下一步政府职能转移提供明确方向。通过这一制度有利于打破传统治理的路径依赖，从而开启政府、市场、社会协同治理的新模式，能够实现政府、市场、社会等各类主体之间的良性互动，优势互补，以达到治理的协调、优化，实现善治。

三是重心后移，体现了系统性治理理念。市场准入负面清单是一场系统性改革，不仅推动了直接涉及的制度改革和相关配套改革的落实，还促使政府将治理的重心从事前的审批向事中事后监管和服务转移，蕴含了系统性治理的理念。对于市场而言，通过改革配套落实告知性备案、准入信息公示等手段，以及进一步深化商事制度改革，实施“三证合一”“一照一码”等方式，能够使得市场主体准入成本下降和准入周期缩短，极大地便利市场主体的准入。对于政府而言，市场准入负面清单制度“牵一发而动全身”，在制度推行过程中，当前政府管理方式和理念不断转变，以往不少政府管理中存在的“尾大不掉”“顽固性”管理弊端，或因制度的全面实施于无形中被解决。比如，伴随着负面清单事项网上审批、统一编码，各地审批事项总数、类别将在网上留痕，能够直观地呈现出各地“放管服”改革的成效。同时市场准入负面清单制度下有效监管的实现，必须依赖于市场主体和部门之间、部门与部门之间的信息共享，为此配套进行的“统一代码制度”“黑名单制度”“信息公开制度”等，将可能打破长期以来在市场主体与政府部门、部门与部门间的信息隔阂。

三、市场准入负面清单实施情况评估

（一）上海市从实施层面对市场准入负面清单制度的深化理解

上海从实施的层面对制度的内涵进行深入理解，对市场准入负面清单制度下如何分类进行准入进行了详细分析。同时，为了厘清行政审批在该制度下的作用，这部分还结合具体案例对上海的行政审批作用形式进行了分析，以期厘清其在这一职能中的地位。

1.市场准入负面清单进行了更为细致的分类

在市场准入的负面清单管理制度下，市场领域被划分成了清单事项（包括禁止类、限制类）和非清单事项，对各种情况都进行了覆盖。针对上述情况，可以分为三类准入：一是禁止准入事项，市场主体不能进入，行政机关不予审批、批准，不得办理有关手续；二是限制准入事项，可以通过市场主体主动申请，然后由行政机关根据法律法规作出决定，或由市场主体依照政府规定的准入条件和准入方式合规进入；三是没有列入负面清单的行业、领域和业务等，所有市场主体都可以依法、平等地准入。

2.市场准入负面清单制度下的政府行政审批

在市场准入负面清单管理制度下，政府审批何去何从，还要弄明白一个问题，那就是在负面清单外是不是可以不经任何审批，就可以自由进入？答案当然是否定的。首先，各类市场主体确实可以在合法的条件下，平等进入负面清单外的行业、领域和业务等中，但是，这些市场主体也不能违法，在准入时依然要按照相应的法律法规。例如，经营娱乐场所可能属于清单外事项，但并不意味着市场主体可以随地开展经营业务，还需要遵循《娱乐场所管理条例》的相关规定，不得设在居民楼、博物馆、图书馆和被核定为文物保护单位的建筑物内；居民住宅区和学校、医院、机关周围；车站、机场等人群密集的场所；建筑地下一层以下；与危险化学品仓库毗连的区域。此外，在经营娱乐场所的过程中，还需符合国家相应的消防、环保等方面的要求，例如娱乐场所的边界噪声需要满足国家的环境噪声标准。其次，市场主体在进入负面清单以外的领域时，政府只是取消对其准入资格的审批，但是具备某一领域的准入资格，并不意味着该此市场主体就符合在该行业进行生产经营的一系列特殊要求或条件，其具体的准入行为还需要遵守规划、环评、用地审批等一系列的规定。比如，新能源产业是国家鼓励发展的产业，可能不在清单事项中，各类市场主体都具备准入资格，但这并不代表某个公司就可以把新能源汽车的场址设置在天安门，这种准入方式是不符合环评和土地规划等相关规定的。事实上，市场准入负面清单应着重于“要不要赋予市场主体在某一行业、领域、业务准入资格”，其所考量的内容以事先的资质授予为主，而准入中和准入后的行为约束，则应由现有的法律法规以及政府的各项有针对性的专项审批来实现。

3.制度实施中与现行其他管理办法的衔接

市场准入负面清单制度改革是一种综合性的改革，相关的具体改革事项将会涉及现有的很多其他管理模式、手段，甚至现行的法律法规。推进我国市场准入负面清单制的改革，首先要深入理解其与现有其他管理方式之间的联系。本部分对于市场准入负面清单制度与现行法律法规、政府权力清单和责任清单以及《产业结构调整指导目录》《政府核准的投资项目目录》的关系分别从以下几个方面作了详细的阐述。

（1）与现行法律法规的关系把握

目前的法律体系与市场准入负面清单制度存在着不匹配之处，例如，在市场准入负面清单公布之前，涉及市场准入、投资经营的法律、法规、规章、规范性文件以及各种行政审批，都是前置性的，如果实行市场准入负面清单，这一系列的法规条文被停、改，那么，后置监管就会导致某些市场准入法律体系的空白，制度不健全的缺点可能会变得更为明显。比如在食品安全领域，我们迫切需要建立一个儿童食品安全的标准，而目前国内还没有一个专门法律对“儿童食品”的含义进行明确界定、对“儿童食品”的安全标准进行规范。如果放开准入，那么政府监管就会陷入“无法可循”的窘境。

正确处理市场准入负面清单与现行法律、法规和国务院决定的关系，要从以下三个方面入手：一是对于现有法律法规及国务院决议中已有明文规定的事项的考虑。在原则上，凡是法律、行政法规和国务院决定中明确将其确定为前置条件的，均要通过修改法律、行政法规和国务院决定来取消其前置条件；确实需要的，应当对其进行合法性审核，并发挥市场决定性作用的要求进行合理性、可行性和可控制性分析，审查后将其归入禁止准入类清单和限制准入类清单；对经过审核，没有被列入市场准入负面清单的事项，要按照有关的程序，尽快地废除或修改设置依据。二是对于现行法律、行政法规和国务院决定中没有明确规定的事项的考虑。按照《国务院关于实行市场准入负面清单制度的意见》的要求，凡是未在现有法律、行政法规及国务院决策中作出明文规定的事项，一律不能列入。对于尚未作出规定，但根据市场准入负面清单的实施结果，发现有可能被纳入市场准入负面清单进行准入前禁止或限制的事项，应该在进行科学评估的基础上，按照法定程序提请制定或修订法律、行政法规和国务院决定。三是在市场准入负面清单制度下，要更加重视有关政府准入后监管方面的立法，确保准入后监管有法可依。进一步加强完善如《安全生产许可证条例》《环境保护法》《土地管理法》《标准化法》《产品质量法》《节约能源法》《循环经济促进法》等有关生产安全、环保、用地、行业标准、规范等的法律法规。

（2）与政府权力清单、责任清单的衔接

权力清单，指的是将各级政府和部门所拥有的各种公共权力进行全面统计，并将其列为一份清单，对大众进行公布，并积极地接受社会的监督。按照权力与义务的统一，公共权力对应公共责任，权力清单和责任清单也应该相对应，这是一个问题的两个方面。当前，在国务院各部门和各省市所汇总的权力和职责清单中，出现行政审批事项的汇总清单这一重要表现形式。市场准入负面清单与其之间存在着紧密的联系：从目标上来说，它们都是为政府和市场的行为划定边界。市场准入负面清单还可以在限定边界的同时，给予市场主动配置资源的权利，从而有利于市场决定性作用的发挥。以权力清单和责任清单来界定政府权力边界，可以作为政府简政放权的操作指南，有利于政府更好地发挥作用。在内容上，当前凡是在行政审批事项清单中列明确有必要对市场主体准入进行审批的事项，都应纳入市场准入限制类清单，市场准入负面清单与行政审批事项清单的衔接还应加强。

（3）与《产业结构调整指导目录》《政府核准的投资项目目录》的衔接

与《产业结构调整指导目录》的关系：在目的上，两者都是通过列单的形式，列明特定市场领域的相应准入要求和禁止限制事项，进行分类的市场准入；在管理范围上，市场准入负面清单针对所有投资经营行为及其他市场准入行为，而《产业结构调整指导目录》仅针对固定资产投资行为，两者在固定资产投资领域的管理目标具有一致性；在内容上，《产业结构调整指导目录》列明了政府引导投资的鼓励类、限制类与淘汰类产业，对其中淘汰类项目和限制类新建项目“禁止投资”，属于市场准入负面清单禁止类清单事项，应直接纳入市场准入负面清单。

与《政府核准的投资项目目录》的关系：在目的上，二者都以促使市场在资源配置中起决定性作用，确立企业投资主体地位，更好发挥政府作用为目标；在管理范围上，市场准入负面清单针对所有投资经营行为及其他市场准入行为，《政府核准的投资项目目录》仅针对固定资产投资项目，两者在固定资产投资领域具有相同的目的；在内容上，《政府核准的投资项目目录》中明确实行核准制的项目属于市场准入负面清单限制类清单事项，应直接纳入市场准入负面清单。

（二）市场准入负面清单的文本分析

国家发展改革委《清单草案（试点版）》主要内容有：一是根据法治原则、安全原则、渐进原则、必要原则、公开原则汇总审查形成，初步列明了在中国境内禁止和限制投资经营的行业、领域、业务等措施，共328项，包括禁止准入类96项，限制准入类232项；二是所列事项截至2015年12月31日；三是属于试点版，根据改革总体进展、经济结构调整、法律法规修订等情况，按照程序适时调整。

《清单草案（试点版）》禁止准入类有3个模块：一是分产业的禁止类措施；二是按《产业结构调整指导目录》的禁止类措施；三是兜底条款，即法律法规，国务院决定规定的其他禁止投资经营的行业、领域、业务等。限制准入类也有3个模块：一是分产业的限制类措施；二是按《政府核准的投资项目目录》的限制类措施；三是兜底条款。

表4.4 《清单草案（试点版）》禁止类措施和限制类措施的产业分布

类别	产业、行业	禁止类			限制类		
		措施（条）	事项（个）	占比（%）	措施（条）	事项（个）	占比（%）
一、禁止准入类和限制准入类	一、农、林、牧、渔业	6	12	1.6	19	45	5.3
	二、采矿业	1	1	0.1	3	14	1.6
	三、制造业	2	3	0.4	30	131	15.3
	四、电力、热力、燃气及水供应业	2	5	0.7	2	5	0.6
	五、建筑业	7	10	1.3	14	34	4.0
	六、批发和零售业	2	4	0.5	15	65	7.6
	七、交通运输、仓储和邮政业	3	8	1.1	18	86	10.0
	八、住宿与餐饮业	0	0	0.0	2	2	0.2
	九、信息传输、软件和信息服务业	0	0	0.0	10	30	3.5
	十、金融业	2	2	0.3	17	86	10.0
	十一、房地产业	0	0	0.0	1	3	0.4
	十二、租赁和商务服务业	1	1	0.1	22	62	7.2
	十三、科学研究和技术服务业	3	7	0.9	11	59	6.0
	十四、水利、环境和公共设施管理	11	49	6.5	22	65	7.6

续表

类别	产业、行业	禁止类			限制类		
		措施（条）	事项（个）	占比（%）	措施（条）	事项（个）	占比（%）
一、禁止准入类和限制准入类	十五、居民服务和其他服务业	3	3	0.4	2	2	0.2
	十六、教育	1	4	0.5	1	16	1.9
	十七、卫生和社会工作	1	1	0.1	10	7	3.5
	十八、文化、体育和娱乐业	4	6	0.8	18	75	8.8
	十九、公共管理、社会保障和组织	0	0	0.0	2	7	0.8
	二十、所有行业	0	0	0.0	2	2	0.2
二、产业结构调整	二十一、产业结构	46	637	84.5			
三、投资项目核准	二十二、投资项目	——		——	10	36	4.2
四、兜底措施	二十三、其他	1	1	0.1	1	1	0.1
合计		96	754		232	856	

根据以上分析，可以得出以下结论。

一是《清单草案（试点版）》含许可审批事项856个，包括“兜底条款”，数量很大。该清单有328项措施，含禁止措施96项、限制措施232项。由于单项措施下设若干个事项，实际存在754个禁止事项和856个限制事项。凡禁止类措施，任何行政部门不能审批准入，856个限制事项可转化为许可审批事项，加上“兜底条款”，实际审批事项超过856个。2013年至今，我国外资负面清单大幅度缩减，但国民待遇的市场准入禁止和限制措施缩减不多。

二是服务业准入许可审批事项588个，占总量的三分之二。按产业划分，服务业市场准入限制措施151项和许可审批事项588个。在服务业中，“交通运输、仓储和邮政业”18条措施和86个事项、“金融业”17条措施和86个事项、“文化、体育和娱乐业”18条措施和75个事项、“批发和零售业”15条措施和65个事项、“水利、环境和公共设施管理”22条措施和65个事项，等等。下一轮改革的工作重点将放在如何放宽服务业的市场准入。

三是“行为准入”的后置许可审批事项占比96%。按“主体准入”和“行为准入”划分，前者为企业设立工商登记的前置审批事项，后者为展开相关经营的后置审批事项。《清单草案（试点版）》含856个限制事项（许可审批点），减去工商登记的前置许可审批33项，后置许可审批事项超过820项，这是下一步“证照分离”改革的主要对象。

四是相关政策文件措施需要加强衔接。例如，根据自贸试验区外资准入负面清单，允许“外资开办外籍人员子女学校”，备案即可，而《清单草案（试点版）》仍然有“10.开办外籍人员子女学校审批”要求。在外商投资产业指导目录中，养老机构的设立属于非负面清单领域，备案即可。但在《清单草案（试点版）》中仍然有“33.养老机构设立许可”。若上述审批事项确实需要，则要细化审批事项的名称和内容。

另外，我们发现，行政许可审批事项的权限，主要在中央政府部门和省级政府部门。在《清单草案（试点版）》的基础上，浦东新区政府发布了《2016试点版——涉及浦东新区区级行政审批事项目录》。该目录包含限制措施74项和许可审批事项157个。经对比和梳理发现，地方区级政府的市场准入审批事项，占全国版的比重为19.2%。区级政府仅对“住宿与餐饮业”“居民服务和其他服务业”等有一定权限。因此，简政放权、放管结合、优化服务的改革推进，进一步降低市场准入门槛，激发市场和企业活力，由于大部分审批权限在上层，还要自上而下地推动。①

就负面清单内容而言，对禁止准入事项，企业和市场主体不得进入，政府行政机关不予审批核准；对限制准入事项，由市场主体申请，政府行政机关依法依规审批核准，或由市场主体依照政府规定合规进入；对市场准入负面清单以外的行业、领域、业务等，各类市场主体皆可依法平等进入。

限制类许可审批事项的细化公式为：

---

① 孙元欣、牛志勇、应珊珊：《进一步探索完善市场准入负面清单制度》，载《科学发展》2018年第6期。

限制类许可审批事项=主体准入+行为准入=企业设立工商登记的前置审批事项+相关经营活动的后置审批事项

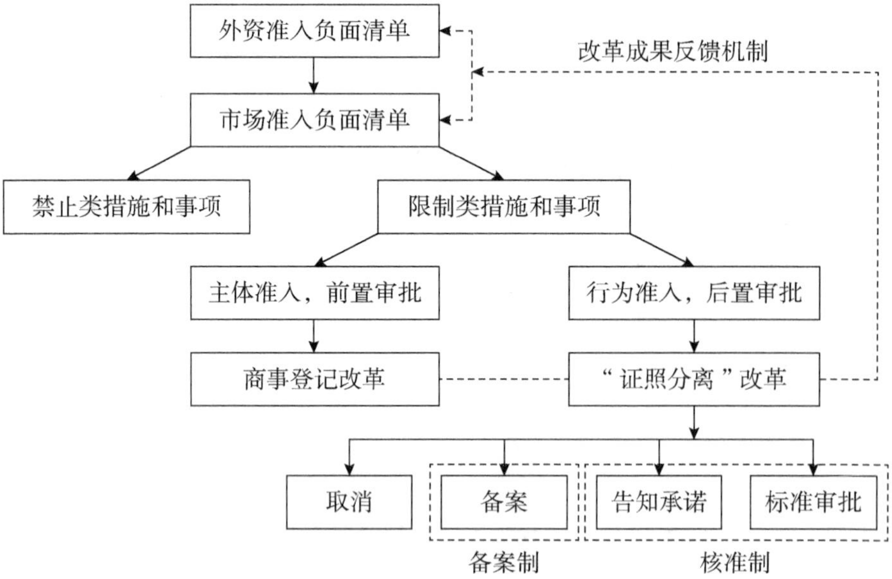

图 4.4　市场准入相关改革的内在逻辑

根据前述分析，《清单草案（试点版）》限制类许可审批事项856个，若加上“兜底条款”，估算实际事项数量在856个至1000个，减去33个工商登记前置审批事项与个别合并事项，增加个别分拆事项，后置审批事项有800个以上，这应是全覆盖“证照分离”改革目录的事项数量。然后，通过改革试点，逐步减少许可事项，优化审批流程，加强事中事后监管，激发企业活力，充分发挥市场资源配置的作用。

经过前期自贸试验区的改革试点，上海市场准入负面清单的制度框架已经形成。准入负面清单是市场准入制度的核心，有外商投资负面清单、市场准入负面清单。前者适用于境外投资者在华投资；后者是国民待遇的准入清单，适用于境内外投资者，是对各类市场主体市场准入管理的统一要求。外国投资者的市场准入需要经历“两道门”，即外资准入负面清单、市场准入负面清单；本国投资者需经历“一道门”，即市场准入负面清单，不同市场主体、不同阶段的市场准入框架。

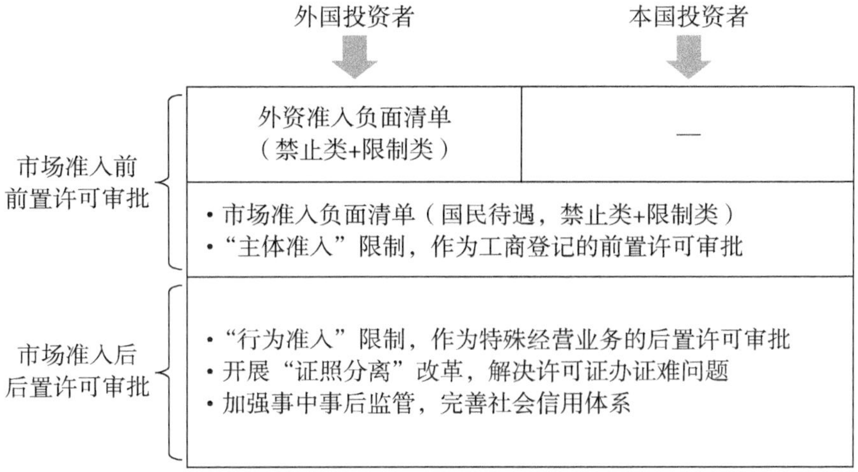

注：（1）前置与后置的区别是就工商登记注册企业而言的；（2）市场准入负面清单的限制类措施和细目，作为依据，进而转化为行政许可审批清单。

图 4.5　不同市场主体、不同阶段的市场准入框架

（三）“浦东新区市场透明度和便利度”问卷调查和国际借鉴

我们于2020年3月到4月进行了问卷调查。调查问卷一共包含四个方面的内容，分别为：对改革内容的认识、对改革实施的评价、公司的需求和建议、公司的基本情况。首先，询问企业是否了解市场准入负面清单的相关改革事项和认识；其次，对公司进行满意度调查，并对改革效果进行评估；再次，通过开放性问题作答方式了解企业对于当前我国市场准入制度改革的要求及建议；最后，归纳受访对象的属性特征。

该次调查在浦东新区行政中心大厅进行。该中心集行政许可、公共管理、公共服务、效能监察等综合服务于一体。包含发展改革委、建委、经委等22个政府机关和法律援助中心、公证处、婚姻登记中心、政府采购中心等。调查员分为三人一组，每人都佩戴标牌，随机选取被调查者，在征得同意后，对其进行调查。最后共获得325份调查问卷，其中308份为有效问卷，有效问卷率达到

94.8%。调查结果呈现如下。

一是企业对上海市、浦东新区市场准入和营商环境的评价良好。其中，浦东新区市场准入透明度和便利度的得分为81.2分（百分制，下同），合格以上的占98.7%；浦东新区营商环境的得分为82分，合格以上的占98.6%；上海营商环境的得分为81.8分，合格以上的占99%。

二是企业对“互联网+政务服务”的模式非常推崇。企业和个人相关事项在网上进行申报和审批办理，提高了办事效率。其中，有78.5%的公司对此持完全同意和基本同意的态度，11.7%的公司对此持不明确态度，只有9.8%的公司对此持不赞成和非常不赞成态度。总体来讲，公司对负面清单制度、办事效率提高、“互联网+政务服务”的评价是很高的。

三是在市场准入方面尚存在一些问题。企业对市场准入的基础政策认识不足，如45.8%的企业对市场准入限制和禁止措施的含义表示“很不了解+不了解”；65%的企业对“外资准入负面清单”制度表示“很不了解+不了解”；企业获得行政审批信息的渠道不畅，企业对提高办事流程便利度呼声仍然很高。

四是企业建议的下一步改革方向。企业需求按照以下顺序排列：改善办事流程（22.6%）、增加网上办事事项（20.4%）、提高办事员的办事效率（16.5%）、合理减少限制类措施（15.6%）、政府主动推送信息（12.8%）、政府部门信息共享（11.2%）、其他（0.9%）。

五是进一步明确“告知承诺制”的责任界定。按照《证照分离改革方案》的要求，告知承诺是审批方式之一。据“谁审批，谁负责；谁分管，谁负责”的原则，有关政府部门承担审批责任。但是，企业也并不明确签字承诺后将会承担哪些责任。到底是承诺如实提供信息？还是承诺行为后果责任？核准责任是否由政府转移到企业？

此外，我们分析了美、德、英等国家的市场准入制度，以及提高透明度的相关措施。其一，国外的市场准入“负面清单”主要针对外资，有三方面的特征：一是服务性和协调性；二是管理权责的明确；三是有较为完整的法律体系。市场准入管理有审批、限制和禁止三类，大部分行业进入门槛较低，所限制的行业主要是具有战略性地位的行业。其二，OECD国际组织和多数国家对市场准入透明度有很高要求，而且要求非常具体、全面，有企业信息披露制度，这有利于提高企业对政府政策的预期，建立长期经营计划。①

（四）上海自贸区负面清单的特色及发展趋势

上海自贸区是中国在上海建立的一个区域性自由贸易区，于2013年9月29号在上海浦东成立，包括上海市外高桥保税区、外高桥保税物流园区、洋山保税港区、上海浦东空港保税区、金桥出口加工区、张江高新技术园区以及陆家嘴金融区7个片区。上海自贸区自建立至2019年以来，共发布6个版本的自贸区负面清单，且内容根据实际情况进行了多次修订和调整，从原来的190项缩减为2019版的37项，积极引进外资。根据商务部有关资料，上海自贸区为外资提供了一个很好的投资环境。

表4.5　六版负面清单管理措施及与前版的缩减比

自贸区负面清单版本	管理措施条目（条）	缩减比（%）
2013版	190	
2014版	139	26.8
2015版	122	12.2
2017版	95	22.1
2018版	45	52.6
2019版	37	17.8

可以看到，负面清单的开放程度在不断提高，符合人们对于上海自贸区建设的期望。通过对管理措施的大幅削减，可以看出外商进入的限制正在逐渐减少，这也说明了政府对利用外资建设充满信心，努力打造一个良好的、公平的市场，而不是单纯地使用政府的强制力来保护国内市场。管理措施项目的持续

① 孙元欣、牛志勇、应珊珊：《进一步探索完善市场准入负面清单制度》，载《科学发展》2018年第6期。

减少，也体现出政府制定负面清单的水平越来越高，持续吸收实践经验，管理模式越来越稳定。缩减比是指与上一版的负面清单相比，条目缩减的情况体现了负面清单的缩减程度。从图4.6中可以清楚地看到，除了2015版与2014版的变动幅度相对较小之外，其余各版的变动都是比较大的，并且呈现出了加快的趋势，直到2019版在基本上保持稳定的状态，这说明我国在提高开放水平、创造内外资平等营商环境方面的决心和努力。

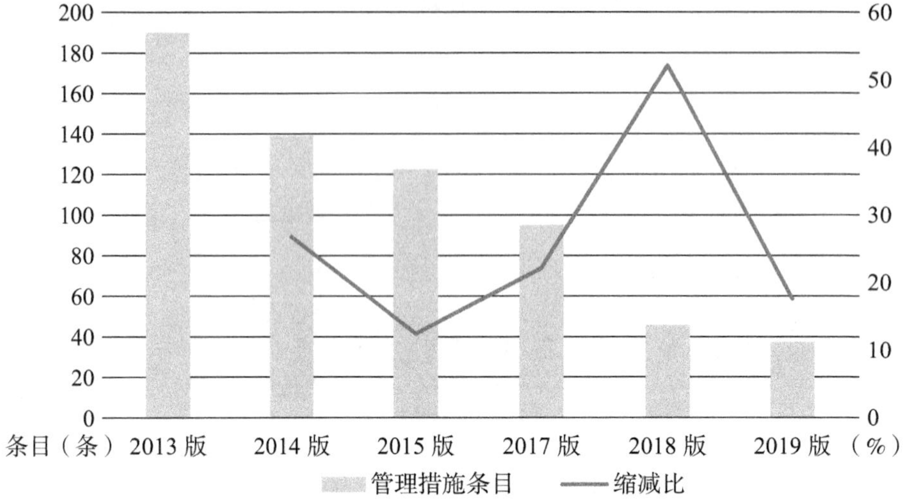

图4.6　六版负面清单管理措施及与前版的缩减比

总的来说，上海自贸区自建立以来，对外开放水平整体上呈现逐年提高的态势，我国积极履行加入WTO后贸易减让表的承诺，对外开放程度也在逐步提高。在上海自贸区先行先试“负面清单管理模式”，是我国构建开放经济新体制的一种全新尝试，树立负面清单中“法无禁止即自由”的思想，对长期以来形成的强调政府作用的行政审批管理思维产生一定的冲击。在管理措施中分成禁止性规定和限制性规定，在特定领域设置较高门槛，既是对事关特定行业的特殊保护，也为将来新版负面清单修改留有进一步开放的空间。①

国家层面市场准入负面清单从顶层设计架构的角度考虑，难免缺乏对各地

① 匡敏洁：《负面清单制度下对市场准入法律制度的思考》，载《北方金融》2020年第8期。

特殊情形的考虑，需要进一步与地方实情和经验接轨。根据《国务院关于实行市场准入负面清单制度的意见》的要求，地方政府需进行调整的，由省级人民政府报经国务院批准。因此，上海市认真全面梳理市内实际情形，根据地区产业结构、资源禀赋、生态环境、人民生活等特点，对市场准入负面清单提出修改意见。凡负有市场准入管理职责的部门和单位及下级政府，都可以全面梳理禁止和限制市场主体投资经营的行业、领域、业务等，并从中凸显体现地方实情的准入事项，对于其中确有必要在全国统一市场准入负面清单中作出特别规定的事项，应该报国务院批准。

地方积极探索制定负面清单实施细则，有利于为全国市场准入负面清单制度形成可复制、可推广的制度性经验。市场准入负面清单在中国乃至世界都是一个全新的制度体系，无论中央还是地方都没有经验。中央在探索负面清单制度过程中也会存在问题，比如，限制类一开始是从国务院及其下属部门权力清单、责任清单中梳理出来的，但是它仅将国家的权限纳入考量，而忽视了地方权限，这就会造成在中央和地方的制度在对接时存在问题，同时，地方在开展清单工作时也会遇到一些问题。这就要求各地也积极探索负面清单制度，形成一套符合地方特色的可操作的实施细则，并在这个过程中形成可复制、可推广的制度性经验，为市场准入负面清单制度的建设提出建议。基于上述考虑，上海市完善市场准入负面清单制度建设的出发点在于做到精简高效、清单事项确有必要。市场准入负面清单的本质要求在于通过负面列单的形式，将市场准入领域的禁止和限制事项明确划定范围，对属于范围以外的领域，交由市场主体自主决策，依法平等进入，发挥市场在资源配置中的决定性作用。因此，市场准入负面清单必须做到精简有效、清单事项要做到确有必要，否则限定政府权力范围和释放市场潜力就无从谈起。

根据《国务院关于实行市场准入负面清单制度的意见》要求，市场准入负面清单是由国务院统一制定发布的，地方无权自行发布市场准入负面清单。而地方制定市场准入负面清单的探索，必须以国务院统一制定发布的“市场准入负面清单”为基准，有关调整须报经国务院批准。上海市以市场准入负面清单为基础，在充分考虑本市产业结构、资源禀赋、生态环境、人民生活等特殊情形后，对清单提出修改意见，并说明修改依据。

上海市全面梳理市内各级政府部门权力清单，防止地方事权的遗漏。由于限制类清单主要是根据国务院及其下属部门的权力清单整理而来，其中不少限制类的规定仅属于中央的权限内容，许多地方权限的内容并没有考虑。因此，要对全市各级政府部门的权利清单进行全面梳理，尤其要对与市场准入相关的行政审批权限进行逐一甄别，将应当列入市场准入负面清单的事项进行说明，并提出修正意见，提交国务院核准，以避免地方事权的遗漏。

上海市注重对共性问题的研究，以形成可复制可推广的制度经验。对市场准入负面清单制度的全面探索，是对全国乃至世界范围内的一次具有创新意义的制度探索。对地方政府来说，按照《国务院关于实行市场准入负面清单制度的意见》的指导，在进行前期探索时，既要努力学习、贯彻和落实中央的改革要求，还要主动分析和发现问题。

（五）上海市实行市场准入负面清单管理制度改革第三方评估

本部分阐述了层次分析法的基本原理，推导出市场准入负面清单改革评估指标体系，在此基础上，通过层次分析法对各相关指标的组合权重予以赋值，并测算了市场准入负面清单改革的实际水平。

1. 市场准入负面清单改革工作评价方法

层次分析法（Analytical Hierarchy Process，AHP）是由美国运筹学家萨蒂（Saaty）于20世纪70年代中期提出的一种多层次权重分析决策方法，现已被广泛地应用于社会经济系统的决策分析之中。层次分析法的主要流程为：（1）建立模型；（2）构造判断矩阵；（3）计算权重；（4）进行各层单一和总体一致性的检验；（5）对检验的结果进行调整；（6）最后得到科学而客观的评价结果。层次分析法具有如下优点：一是一种定性和定量相结合的分析方法，能将一个复杂问题的各种要素转化为有条理的有序层次；二是适用于对多层次、多因素、复杂的决策问题进行分析评价；三是层次分明，通过分层比较，确定最优方案，从而得到最终的定量化描叙。基于多方面考虑，本研究以选用层次分析法为主，结合专家打分的方法对市场准入负面清单改革评估指标体系进行构建。

2. 市场准入负面清单改革评估的程序

市场准入负面清单改革评估的一般程序可以分为以下步骤：（1）资料收集和实地调查；（2）市场准入负面清单改革工作的组成因子分析；（3）评价指标体系的筛选和指标体系设计；（4）专家咨询；（5）确定指标标准，选择评价方法；（6）进行单项和综合评价，向专家咨询和进行民意测验；（7）修改评价；（8）论证与验证；（9）提出评价报告。具体过程如图4.7所示。

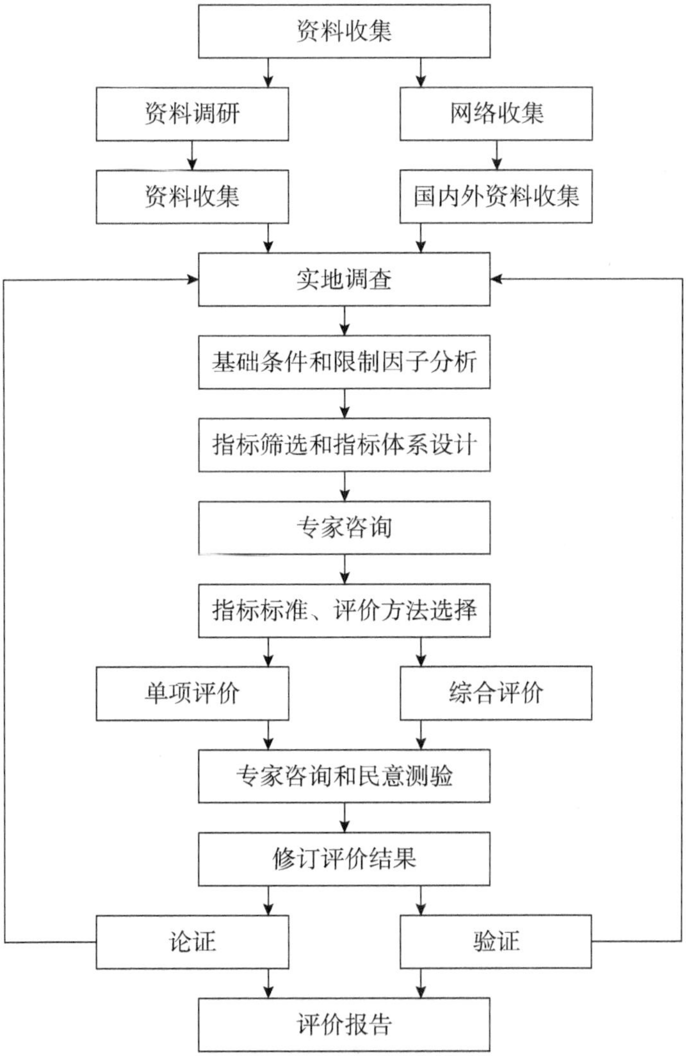

图4.7　市场准入负面清单改革评估的一般程序示意图

3. 层次分析法评估的基本思路

要科学评估市场准入负面清单改革一定要选用一个合适的评价体系和方法，这不仅影响到评价的结果和准确性，而且也会影响评价结果流程和设计的合理性，在选定方法的时候，要经过慎重的比较，选定最合适、最经济、最简便、最高效的评价方法，同时要考虑市场准入负面清单改革推进工作的具体情况和分析手段，在这里我们选用了层次分析法。

（1）层次分析法的概念

层次分析法是一种定性和定量相结合的分析方法，其基本思想与人们对一个多层次、多因素、复杂的决策问题的思维过程基本一致，最突出的优点是分层比较、综合优化。其解决问题的总体思路如图4.8所示。

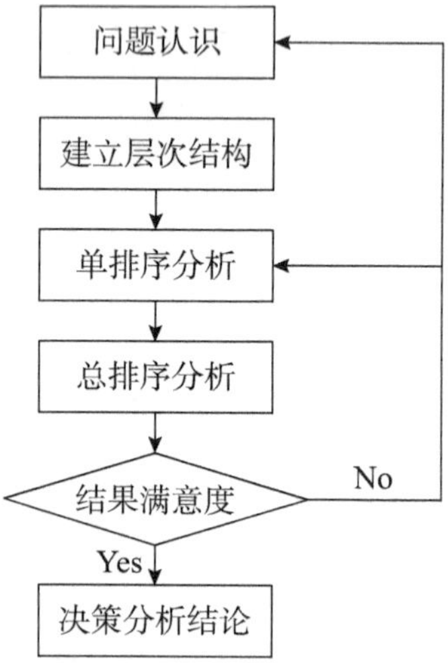

图 4.8　层次分析法总体结构图

（2）层次分析法的原理

层次分析法的基本原理是将一个复杂问题看成一个系统，根据系统内部因素之间的隶属关系，将一个复杂问题的各种要素转化为有条理的有序层次，并以同一层次的各种要素按照上一层要素为准则，构造判断矩阵，进行两两判断比较，计算出各要素的权重。根据最大权重原则确定最优方案，进而得到方案或目标相对重要性的定量化描述，它是在简单加性加权法的基础上推导得出的。奥派特（Aupetita）等在萨蒂（Saaty）的研究基础上，进一步明确了对判断矩阵进行一致性检验的问题。

（3）层次分析法流程

层次分析法的流程主要包括：建立模型、构造判断矩阵、计算权重、进行各层单一和总体一致性的检验、对检验的结果进行调整，最后得到科学而客观的评价结果，具体如图4.9所示。

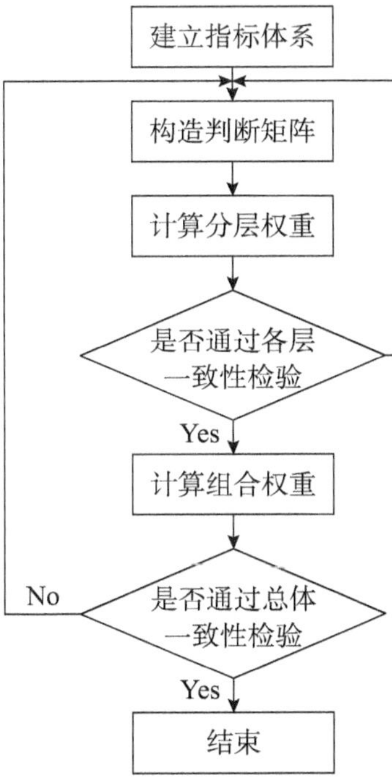

图4.9　层次分析法

4.基于层次分析法构建市场准入负面清单改革评估指标体系

《市场准入负面清单改革评估体系》采用层次分析法确定二级指标、三级指标、主观指标和客观指标之间的权重关系。本书主要征询了上海社科院经济所、上海社科院智库研究中心、上海社科院法学所等单位专家意见。最终获得的指标结果如表4.6所示。

表4.6　市场准入负面清单改革评估指标体系权重

一级指标	二级指标	三级指标	指标说明
改革举措A1（0.2481）	调整机构设置B1（0.1691）	内设机构精简率C1（0.2668）	内设机构平均精简量
		机关编制精简率C2（0.3423）	局机关行政编制精简量
		一线监管执法人员增加C3（0.2017）	一线人员上升比例
		设立基层派出机构C4（0.1892）	设立基层派出机构数量
	整合职能业务B2（0.2043）	监管流程方面C5（0.5938）	完善监管、执法、技术支撑相衔接的体制机制
		检查模式方面C6（0.4062）	探索形成“集约化”检查机制
	整合服务机制B3（0.2636）	“大窗口”服务模式C7（0.2386）	企业登记、食品许可等新设、变更环节等一个窗口受理
		“大平台”维权机制C8（02528）	将投诉热线进行归并及平台建设
		住所登记制度改革C9（0.1943）	推出住所登记制度改革措施
		市场准入便利化措C10（0.3143）	推出市场准入便利化措施
	创新监管模式B4（0.2042）	重大创新举措C11（1.000）	市场监督管理局创新监管模式的重大举措
	优化保障机制B5（0.1588）	机构设置保障C12（0.2844）	市场监督管理局优化机构设置举措
		信息化保障措施C13（0.2157）	建设统一的综合监管业务平台
		法治保障措施C14（0.3031）	保障改革梳理实施的制度保障
		干部业务培训C15（0.1968）	对基层干部的特种设备监察员取证培训
改革成效A2（0.4133）	简政放权B6（0.4137）	监管方法优化C16（0.3527）	对市场准入方面和日常监管方面的创新举措
		企业设立数量增加C17（0.2841）	企业设立数量增加幅度
		企业满意度C18（0.3632）	企业对浦东市场监督管理局的改革满意度

续表

一级指标	二级指标	三级指标	指标说明
改革成效A2（0.4133）	提高监管效能B7（0.3404）	监管机制优化，流程简化C19（0.2142）	监管机制优化，流程简化程度
		监管平台效能提升C20（0.1536）	完善市场主体信用信息共享平台建设
		查处违法案件数量增长C21（0.2033）	查处违法案件数量增长幅度
		重点领域检查企业户次增长C22（0.1357）	重点领域检查企业户次增长
		管理机制优化，专业资质人员数量增加C23（0.1231）	具有特种设备监察员专业资质人数增加幅度
		内部干部评价C24（0.1701）	监管干部对市场准入负面清单改革的评价
	提升服务水平B8（0.2459）	办理时间提速率C25（0.1327）	“单一窗口”等一体化平台的办事效率
		优化窗口服务机制C26（0.1801）	窗口服务快速反应机制
		住所登记制度改革C27（0.1520）	住所登记制度改革成效
		解决“注销难”问题C28（0.1348）	企业/个体户简易注销户数
		集中登记地政策C29（0.1839）	集中登记地增加幅度
		消费者满意度C30（0.2165）	消费者对市场监督管理局改革满意度
改革影响力A3（0.3386）	社会影响力B9（0.6385）	复制推广制度成果数量C31（0.2158）	浦东市场监督管理局的制度经验被本市其他同类部门借鉴的数量
		上海其他区县、外省市政府改革的效仿C32（0.2987）	推出市场准入负面清单创新举措数量
		对其他领域综合执法的影响C33（0.3299）	浦东市场监督管理局的制度经验被上海市其他不同类部门借鉴的数量
		媒体报道情况C34（0.1556）	市场准入负面清单改革被中央媒体报道数量

续表

一级指标	二级指标	三级指标	指标说明
改革影响力A3（0.3386）	相关方评价B10（0.3615）	监管服务对象受益情况、满意度C35（0.1941）	监管服务对象受益情况、满意度
		消费者受益情况、满意度C36（0.1704）	消费者认为改革后市场安全监管力度评价
		监管内部人员受益情况、满意度C37（0.1345）	市场监管局干部认为市场准入负面清单改革给自身带来的变化
		地方政府受益情况、满意度C38（0.1329）	街镇、居（村）委对浦东市场监督管理局综合体制改革的评价
		媒体评价C39（0.1645）	媒体对浦东市场监督管理局综合体制改革的评价
		专家学者评价C40（0.1194）	专家学者对改革的评价
		其他评价C41（0.0842）	其他方对改革的评价

5.评估指标体系

经过3轮评估组“设计—修改”指标体系过程，以及两轮专家论证指标体系过程，最终形成《市场准入负面清单改革评估指标体系》，本评估指标体系设计的要点如下。

（1）指标体系特点

构建市场准入负面清单改革指标体系，并对市场准入负面清单改革进行客观的测量，不仅是各类理论研究的前提条件，也可以从中发现市场准入负面清单改革工作中的强势和弱势之处。我们认为，市场准入负面清单改革指标体系具有以下特点。

一是科学性。指标体系要以科学为依据，能全面反映系统的内部机制，指标有清晰的物理意义、标准的测量方法、规范的统计计算方法，具体指标能够体现可持续发展的内涵和目标的实现程度，只有这样，评价方法的科学性、评价结果的真实性和客观性才能与风险控制理念相吻合。

二是全面性。指标体系应对各评估要素充分覆盖，并将其体现出来，以便反映各评估要素的主要特征和状况。这就需要简洁、直观地对各项指标进行度量，且最好利用现有的统计资料，使数据和计算方法便于掌握。

三是层次性。在全面性满足的基础上，还要注重层次性，要体现各子系统相互协调的动态变化和发展趋势。市场准入负面清单改革中心工作是由各层次中复杂程度、作用程度不一的功能团构成的，因此选择指标也具有层次性。高层次指标是低一层次指标的综合，并指导低一层次指标的建设；低层次指标是高层次指标的分解和建立基础。

四是动态性。市场准入负面清单改革既是一个评价的目标，又是一个建设的过程，因此，我国的市场准入制度必须在一段时间内保持比较稳定的状态，这就要求指标体系是动态的。动态的指标能够较为全面地体现市场准入负面清单改革工作的现阶段特征及今后的发展方向。

围绕上述构建要点，构建市场准入负面清单改革评估指标体系，主要对改革举措、改革成效、改革影响力3项以及一级指标，调整机构设置、整合职能业务、整合服务机制、创新监管模式、优化保障机制、简政放权、提高监管效能、提升服务水平、社会影响力、相关方评价10个二级指标和41个三级指标进行评估。具体思路如图4.10所示。

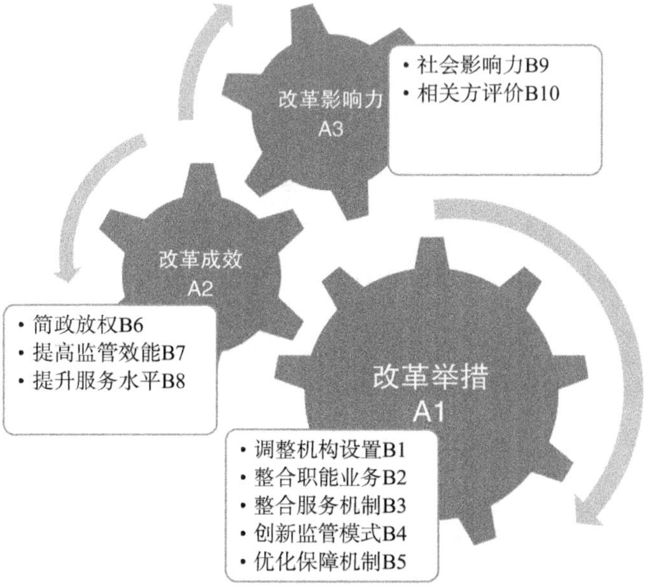

图4.10　市场准入负面清单改革评估指标体系图

（2）指标体系构成

一级指标以市场准入负面清单改革推进工作作为目标层的指标，用以衡量市场准入负面清单改革工作综合水平。

改革举措A1：长期以来，市场准入负面清单领域存在“多头管理”“九龙治水”现象。本书将从调整机构设置B1、整合职能业务B2、整合服务机制B3、创新监管模式B4、优化保障机制B5五个维度对市场准入负面清单的改革举措指标开展评估。

改革成效A2：市场准入负面清单是“体制改革”与“制度创新”结合，加快政府职能转变，打造“大市场、大部门、大监管、大服务”的升级版市场准入负面清单新模式。本书将从简政放权B6、提高监管效能B7、提升服务水平B8三个维度对市场准入负面清单的改革成效指标开展评估。

改革影响力A3：市场准入负面清单改革的目标就在于发挥综合执法优势，坚持综专结合、条块结合，着力探索“一体化”市场监管体制机制，以其制度创新的优势，为中国政府职能转变提供可复制、可推广的改革样本。本书将从社会影响力B9和相关方评价B10两个维度对市场准入负面清单的改革影响力指标开展评估。这些指标不仅静态反映市场准入负面清单改革工作的现状，而且动态反映其变化发展的趋势和程度。

6.评估实施过程

根据评估目的和要求，本次第三方评估主要采用民意调查、工作测评和座谈访谈三种方法对浦东市场准入负面清单改革进行评估。

（1）民意调查。围绕《市场准入负面清单改革评估指标体系》内容，本次第三方评估通过科学的调查与统计方法，运用问卷调查方式，收集企业、浦东市场监督管理局干部等群体对浦东市场准入负面清单改革的意见和态度倾向等民意调查主观评价数据。对企业群体的问卷调查主要采用多阶抽样的概率抽样方法，结合使用配额抽样，按浦东中心区：浦东近郊区：浦东远郊区＝2：2：1比例抽取，即抽取2个浦东中心区、2个浦东近郊区、1个浦东远郊区，共发放问卷1000份，有效回收789份，有效回收率为78.9%。对浦东市场监督管理局干部主要采用简单随机抽样方法，在市场监督管理局机关发放问卷100份，有效回收78份，有效回收率为78%；在市场监督管理局各所发放问卷100份，有效回收69份，有效回收率为69%。通过上述两个途径，共计获得有效问卷936份。

（2）工作测评。围绕《市场准入负面清单改革评估指标体系》内容，收集浦东新区市场监督管理局2014年度、2015年度、2016年度相关工作材料，分析与市场准入负面清单改革相关的工作数据。

（3）座谈访谈。围绕《市场准入负面清单改革评估指标体系》内容，邀请透景生命科技、三菱电梯、珍鼎餐饮、百联世纪集团等20余家企事业单位针对市场准入负面清单改革成效和存在问题进行座谈；邀请浦东市场监督管理局的干部人事处、政策法规处、市场主体监督管理处、公平交易处、市场规范监督管理处等机构负责人进行座谈交流。

7.评估结果与分析

（1）市场准入负面清单改革指标评估总得分

评价指标的计算公式为：

$$A=\sum_{i=1}^{41} W_I D_i$$

其中：A表示市场准入负面清单总指数；W_1表示第i个指标的组合权重；D表示第i个指标的分数。

根据调查资料，按照上述公式计算可得出各级指标评价结果，再进一步对综合指数进行分级，从而确定市场准入负面清单改革的水平。

本研究将市场准入负面清单改革水平分为5个等级，即高、较高、一般、较低、很低（如表4.7所示），以此确定市场准入负面清单改革所达到的水平等级。

表4.7　市场准入负面清单改革水平等级

市场准入负面清单改革	市场准入负面清单改革水平数范围	市场准入负面清单改革水平
Ⅰ	$80<A\leq 100$	高
Ⅱ	$60<A\leq 80$	较高
Ⅲ	$40<A\leq 60$	一般
Ⅳ	$20<A\leq 40$	较低
Ⅴ	$0<A\leq 20$	很低

根据企业、政府监管干部群体问卷调查的主观评价数据，评估组综合评估发现：运作三年来，浦东新区市场监督管理局市场准入负面清单改革达到良好程度，改革评估得分为85.18分，属于高水平。

（2）一级指标评估得分

从一级指标评估得分看，改革举措A1得分为81.57分，改革成效A2得分为85.71分，改革影响力A3得分为83.26分。通过一级指标评估得分占每项一级指标总分的比例看，浦东区市场准入负面清单改革得到认同最高的是改革成效A2（85.71%），其次是改革影响力A3（83.26%），最后是改革举措A1（81.57%）。

在改革成效方面，市场准入负面清单改革通过市场监管优化整合，打破了监管领域长期存在的“分段管理”“九龙治水”等桎梏，有效破解了重复监管、多头执法等深层次难题，监管空白点进一步消除，企业获得感不断提升。在改革影响力方面，浦东市场准入负面清单的放权基层、综专结合、化学融合、流程再造等改革思路，一体化、集约化、大服务、大监管等工作体制，信息化优化整合、公众诉求处置一体化机制、高风险企业“全项彻查”“互联网+信用监管”模式等多项制度创新成果在上海市复制推广，并产生了辐射全国的改革效应。

在改革举措方面，浦东市场准入负面清单面对监管对象量大面广、基层监管力量不足等挑战，政府监管坚持机关瘦身“做减法”和基层强身“做加法”，构建“大基层”运行机制；致力于打破部门分割，消除监管“缝隙”，以“3+1”资源优化整合为抓手，以食品药品监管、产商品质量监管、公众诉求处置、市场准入、执法办案等为核心，深化“大监管”执法机制；着力发挥资源整合优势，以“多元合一”的大服务格局，优化区域营商环境，助推经济转型升级，完善“大服务”工作机制。

四、市场准入负面清单管理制度的改革思路与路径选择

实施市场准入负面清单管理，不仅是市场准入管理模式的改变，也是一场关于政府职能转变、政府与市场关系协同、现代治理体制建立的变革。尤其是在经济运行新常态下，推进落实负面清单制度的重要性更加突出。实行市场准入负面清单管理制度是我国构建现代治理体系的关键环节，也是构建开放、统一的现代市场体系的着力点，因此，确定改革目标、明确改革思路、制定试点方案和推动试点工作，是目前改革工作的首要任务。

（一）上海市实行市场准入负面清单管理制度改革的目标设想

现阶段，上海市实行市场准入负面清单管理制度改革要从管理原则和管理方式上着力实现两个方面的转变。

1.从重在避免“市场失灵”向避免“市场失灵”与“政府失灵”双向推进转变

防止或缓解“市场失灵”是市场准入管理制度存在的核心理论基础。在此理论的指导下，我们过去只用一只脚走路，忽视了“政府失灵”的防范，造成了市场准入制度的种种弊端。因此新一轮改革要从重在避免“市场失灵”向避免“市场失灵”与“政府失灵”双向推进转变，特别是要着重解决“大政府、小市场”思维下的“政府失灵”问题。在制定市场准入负面清单管理制度时，要以《决定》提出的“除关系国家安全和生态安全、涉及全国重大生产力布局、战略性资源开发和重大公共利益等项目外，一律由企业依法依规自主决策，政府不再审批”为指导标准。实际上对“关系国家安全和生态安全、涉及全国重大生产力布局、战略性资源开发和重大公共利益”进行特殊准入管理就是避免

“市场失灵”的工作重点，而除此之外“由企业依法自主决策，政府不再审批”就是提出了消除和缓解“政府失灵”的指导标准。

2. 从以正面清单为主的管理方式向以负面清单为主的管理方式全面转型

从总体上讲，中国的市场准入管理制度对投资管理实行的是以正面清单为主，正面清单与负面清单相结合的管理模式。从历史角度来看，在各种法律法规和市场监管手段都还不完善的情况下，实行以正面清单为主的管理模式有利于维护市场秩序和培育主导产业。然而，随着市场经济体制的逐步健全，发挥市场在资源配置中的决定性作用和建立公平统一透明的市场的需求日益高涨，正面清单模式已很难满足经济社会发展的需要。新时期，我国市场准入管理体制正从以正面清单为主的管理模式向以负面清单为主的管理模式全面转型。具体而言，可以从主体资格授权方式、主体资格授予主体、市场准入标准设定原则三个方面来比较。

表4.8 正面清单与负面清单的对比

	正面清单	负面清单
主体资格授权方式	法律法规或规范性法律文件的明确许可	法律和规范性法律文件没有明确禁止或限制之外的
主体资格授予主体	行政机关通过行政立法行为或具体行政行为来授权	通过法律规范和法律准则来规定
市场准入标准设定原则	严格限制	相对宽松

一是主体资格授权方式。在确定市场主体的准入资格时，正面清单制度必须经过法律法规或规范性法律文件的明确许可，相关市场主体才可以进入相关市场实施相应的行为；而负面清单制度则是只要国家法律法规没有明确禁止或限制，市场主体就可以进入市场，实施经营活动。

二是主体资格授予主体。要想知道市场主体的市场准入条件及其可以参与活动的类型，则需有明确的授权主体。在“正面清单”管理模式下，市场主体的准入资格由政府决定，需要行政机关通过行政立法或具体行政行为来授权批准；在“负面清单”管理模式下，则是由法律规范和法律准则规范。

三是市场准入标准设定原则。“正面清单”和“负面清单”两种市场准入管理模式在准入管理标准设置上的原则各不相同。“正面清单”采取的是严格限制主体的市场准入资格以及行为的准入标准；“负面清单”则是以为主体营造宽松的市场环境为原则，给投资主体更多的机会进入市场。

（二）市场准入负面清单管理制度在上海市经济管理制度体系中的功能定位

《决定》提出：“实行统一的市场准入制度，在制定负面清单基础上，各类市场主体可依法平等进入清单之外领域。”依此，负面清单制度以列出负面清单为基础，构建透明、公平、开放、依法的市场准入制度，在清单内实现透明依法，在清单外实现公平开放，这意味着要对负面清单作出明确的职能界定，并在清单内外划出清晰的界限。

1. 明确实行负面清单制度改革对治的问题

负面清单制度的推行所对治的问题是：市场准入的缺乏开放性、公平性、透明度，一些领域中存在不当准入限制，因此，不同的市场主体会很难得到平等的市场准入条件。推行负面清单制度的目的在于对清单内管理措施上做到明晰、透明和合法；清单外的各种市场主体能够平等准入，对国资、民资和中小企业等市场主体一视同仁。

2. 负面清单的功能完全不等同于《产业结构调整指导目录》的功能

《产业结构调整指导目录》中列出限制类和淘汰类产业并且明确这两类严格禁止准入，在一定程度上发挥了规范市场准入的功能。但是，《产业结构调整指导目录》是依据产业结构调整的标准来列出相关事项的，而产业结构调整并不是负面清单应承担的主要功能，产业结构调整的标准也不应成为选择负面清单条目的依据。进入负面清单的标准和角度不统一，不利于负面清单在长期经济运行中发挥有效作用，应逐步减少采取行政命令淘汰落后产能的做法，产能淘汰、产业结构调整最终将由市场机制决定。因此，现阶段可以考虑负面清单独立于产业结构调整目录，二者从不同角度共同发挥作用。

3. 负面清单涉及的市场准入范围应包括凡是市场主体基于自愿的投资经营和民商事行为

以构建透明、公平、开放、依法的市场准入制度为出发点，对这些投资经营和民商事行为进行基于负面清单制定标准的审查，需要特别管理的列入负面清单，并列明特别管理措施；不需要特别管理的投资经营和民商事行为实现公平开放准入。负面清单中市场准入手段并不仅指行政审批。根据负面清单对治的问题，负面清单的特别管理措施除禁止进入外，还应该包含三类限制措施：一是履行必要的行政程序，包括涉及市场准入的行政许可尤其是行政审批事项；二是特别要求，如特殊行业国资民资股权比例要求；三是行业准入标准，如节能节地节水、环境、技术、安全等市场准入标准。

总而言之，市场准入负面清单管理制度改革应该针对的是以自愿为基础的投资经营和民商事行为，将提高市场准入的开放性、公平性、透明度作为目标，构建透明、公平、开放、依法的市场准入制度。在不属于法律法规禁止进入的领域，不影响国家安全、生态安全、全国重大生产力布局、战略性资源开发、重大公共利益的情况下，政府不得对其进行任何限制，并将其作为制定负面清单、选择负面清单条目的依据。在负面清单内，要采取履行行政程序、特别要求、行业准入标准等特别管理措施，对其展开管理。而在负面清单外，各类市场主体可以依法平等、自由进入，并赋予企业自主投资权。

（三）市场准入负面清单的制定标准和依据

负面清单的核心是清单条目选择标准和依据，即禁止或限制市场准入的理由及其法理基础（法律法规依据）。从国际经验来看，外商投资准入负面清单主要基于对东道国弱势产业的保护、国家安全及公共利益等理由，对竞争力不强、需要保护的产业部门进行准入限制，对关系到国计民生的产业部门则不予开放。其制定依据是东道国国内法律法规和缔约国之间达成的国际公约。

我国制定的市场准入负面清单，旨在建立一个公平公正、公开透明的市场准入体系，尽可能地降低市场准入的条件，使各种市场主体可以依法、平等地进入负面清单以外的行业和领域，进而激发市场活力、促进市场公平竞争。因此，对于涉及国家安全和生态安全、国家重大生产力布局、战略性资源开发、重大公共利益等领域的市场准入，应该进行严格的限定；其制定以立法和规章为基础，并对现有立法规章中与负面清单制定标准相悖的一些问题进行修改。

具体来说，以下方面的市场准入限制均应列入负面清单：关系国家安全的有关行业、领域和业务，包括政治、军事、国防、外交、国土等；关系生态安全的有关行业、领域和业务，包括野生动物保护、研究、驯化等，以及野生植物保护与开发、转基因动植物研究与开发、重点生态功能保护区的保护与开发活动、核能研究与开发等；涉及全国重大生产力布局的有关行业、领域和业务，如大型发电厂、大型水利枢纽工程（如南水北调工程）、重大煤化工基地建设等；涉及战略性资源开发的有关行业、领域和业务，如煤炭、石油、天然气、稀土资源的开发等；涉及重大公共利益的有关行业、领域和业务，如转基因食品生产、药品生产、具有潜在重大环境风险或安全风险的活动等；法律限制和禁止的其他行业、领域和业务。

（四）科学做好负面清单与其他相关制度的合理衔接

市场准入负面清单制度表现形式和作用载体是“清单”，要列出所有禁止准入类和限制准入类事项，其内容直接决定了市场准入的开放度、透明度、公平性。因此，市场准入负面清单应严格限制在事关国家安全、生态安全、全国重大生产力布局、战略性资源开发、重大公共利益等方面的市场准入活动，此外的行业、领域全部放开。在具体操作中，清单内的禁止和限制条目并不能凭空创造，同时为了穷尽列出所有禁止类和限制类条目，必须实现与现行准入管理制度的合理衔接。

1. 与现行法律法规的衔接

法律法规是制定负面清单的根本依据和措施来源，负面清单调整的是市场准入关系，反映的是背后的法律法规条款，市场主体可以通过负面清单明确进入市场时需满足的所有法律法规和权利义务。目前我国涉及市场准入的法律法规有的制定多年，已不符合当前经济发展需要，制定负面清单不能将这些法律法规全部纳入、照单全收，必须全面梳理其中涉及市场准入的内容，并进行审查，对不符合负面清单制定标准的一律不纳入，同时加快法律法规的“立改废”，确保负面清单内容与相关法律法规一致。

2.与行政审批事项的衔接

负面清单中的限制措施有很大一部分要通过行政审批手段来实现，而行政审批事项中也有很大一部分就是市场准入管理措施。因此，要实现负面清单外“法无禁止即可为”，就必须将负面清单和行政审批事项中的相关管理措施一一对应起来，即负面清单内的行政审批措施必须包含在行政审批事项中，而行政审批事项中涉及市场准入的也必须体现在负面清单中，二者都不能随意构造和新设。因此，制定清单必须整合梳理涉及市场准入管理的所有行政审批事项，按照负面清单制定标准对其进行合法性、合理性审查，不符合要求的，一律不纳入负面清单，并作为下一步行政审批事项取消下放的依据。

3.与《产业结构调整指导目录》的衔接

尽管负面清单和《产业结构调整指导目录》都列出禁止准入的行业领域清单，但这仅是二者在政策表现形式上的相似和内容的部分重复，二者的功能定位和条目选择依据完全不同:《产业结构调整指导目录》的目标是调整优化产业结构，而负面清单的目标是调整准入环节政府与市场的关系，确保各类市场主体依法平等进入市场。《产业结构调整指导目录》以生产规模、工艺流程、技术参数、装备规格等为标准列出了限制类（此“限制类”为《产业结构调整指导目录》中用词，其概念完全不同于负面清单中的“限制类”）和淘汰类行业领域，对于增量，禁止市场主体准入，这与负面清单的准入选择标准完全不一样。负面清单无法承载产业结构调整（鼓励、淘汰）的功能，《产业结构调整指导目录》无法承载调整政府与市场关系的功能，短期内二者不能相互替代。因此，严格来说，不应该把《产业结构调整指导目录》的限制类和淘汰类全部纳入负面清单。但现阶段该《目录》确实发挥着市场准入管理的功能，为了保证负面清单穷尽列出所有禁止限制领域，将该《目录》中的淘汰类和限制类行业领域（同上）动态纳入负面清单禁止类范畴，是当前尽快启动市场准入负面清单制度的必要之举。从长远来看，随着现代市场体系的建立、市场规则的完善，产能淘汰、产业结构调整最终将由市场机制来发挥作用。

（五）市场准入负面清单的制定与调整机制

1. 制定程序

市场准入负面清单经国务院授权，由国家发展和改革委员会牵头组织实施相关工作。

国务院凡负有市场准入管理职责的部门和单位，均要全面梳理禁止和限制市场主体投资经营的行业、领域、业务等事项，根据现行法律和国务院行政法规，对这些事项进行合法性、合理性审查。对部门规章、规范性文件设定的市场准入管理措施，各部门要按照《行政许可法》《国务院关于严格控制新设行政许可的通知》《国务院关于清理国务院部门非行政许可审批事项的通知》及负面清单选择标准加以清理，凡属于非行政许可审批事项的市场准入管理措施，按规定一律取消，确需保留的，要依法履行相关设定程序。在此基础上形成各部门的市场准入负面清单草案，报国家发展和改革委员会牵头汇总形成国家层面的市场准入负面清单，经国务院批准后实施。考虑到改革的紧迫性，为避免实施过程产生的风险，可借鉴菲律宾的经验，先制定一版过渡性负面清单，试行一两年后再制定正式的负面清单。

在制定市场准入负面清单的时候，要构建起一个多方参与的决策机制，将地方政府、行业协会、专家和公众的意见和建议都纳入考虑，然后组织专家对其进行论证，向社会公开征求意见。全国人民代表大会要根据负面清单的要求，对现有法律中禁止和限制市场主体投资经营的条款展开合理性评估，并对相关的法律进行及时的修改，尽早将投资法等相关的立法出台，让负面清单的制定和实施都能够有法可依。在没有得到全国人民代表大会和国务院批准的情况下，各部门、各地区不得自行制定市场准入负面清单，以避免造成行业之间、区域之间的市场准入规则差异。而外商投资负面清单由商务部牵头会同有关部门制定，不适用于本制定程序。

2. 调整程序

一是调整时间。负面清单发布实施后，要根据具体实践情况，及时总结经验教训，对负面清单进行调整，可每隔两年修订一次。

二是调整原则。市场准入负面清单由我国自行发布实施，其调整不采取棘轮机制（即外商投资负面清单调整时，只能减少其中的特别管理措施，不能增加），而是根据我国的法律法规、市场规则及负面清单实施的经验教训等进行调整，其中的特别管理措施是可增可减的，总体上要求逐渐放宽。

三是主管机构。市场准入负面清单的调整由国家发展和改革委员会牵头负责，修订后上报国务院批准后实施。

3. 实施

建议先制定《关于全面实行市场准入负面清单制度的意见》（以下简称《意见》），由国务院批准实施。按照《意见》要求，制定国家层面过渡性清单，过渡性清单可以根据情况由国家发展和改革委员会发布或上报国务院批准实施。根据《意见》和过渡性清单选择部分地区或行业进行试点，在总结试点经验的基础上制定国家层面的负面清单，上报国务院批准后在全国正式实施。市场准入负面清单发布后，由国家发展和改革委员会组织实施，各地方政府是地方层面负面清单的实施主体和责任主体。各部门应尽快清理取消负面清单以外的市场准入限制措施，不能自行增加市场准入限制措施。应建立第三方评价监测机制，对负面清单的实施效果进行评估，提出完善负面清单的对策建议。①

（六）市场准入负面清单制度的试点推进策略

试点地区应由国务院统筹部署进行，试点地区和试点内容应由国务院批准

① 郭冠男、李晓琳：《市场准入负面清单管理制度与路径选择：一个总体框架》，载《改革》2015年第7期。

通过。未经国务院批准，任何地区不得自行制定并发布负面清单。试点的指导、协调、督促、评估等工作由国家发展和改革委员会来主要承担，相关的主管部门要强化与试点的工作衔接，构建出一套关于负面清单试点的定期汇报和调研制度，并将试点过程中出现的重大情况和重要问题向国务院报。

1. 选择区域（省级、地市级或园区）进行试点

试点地区政府编制市场准入负面清单，报国务院批准后实施。试点地区编制负面清单时要以法律和国家层面过渡性负面清单为依据，在上报方案时必须表明需调整的部分并说明理由。涉及法律法规调整的，须经全国人大授权进行；涉及地方法律法规调整的，须经地方人大授权进行。试点地区应根据试点进展和出现的问题及时总结、分析，在两年试点时间内适时修订试点负面清单。

2. 选择行业进行试点

选择重点行业并由其主管部门编制市场准入负面清单，在报国务院批准后实施。负面清单的编制依据应以法律和国家层面过渡性负面清单为准。涉及法律法规调整的，须经全国人大授权进行；涉及地方法律法规调整的，须经地方人大授权进行。关注试点开展形势，不断扩展试点行业，逐步将所有行业纳入负面清单市场准入范围。

3. 区域试点和行业试点方式的比较

区域试点和行业试点方式各有利弊。如果以省（市、园区）作为试点，会产生负面清单制定过程复杂，工作量大，涉及主体过多，耗时久，不过制定主体为试点地区的人民政府，所以改革的积极性和力度更大；如果以行业展开试点工作，工作量小，涉及主体较少，可以较快推展，但由于改革方案设计和推进直接涉及行业主管部门的自身利益，所以会存在改革积极性和力度不够的问题。

第五章　办理建筑许可的经验比较与指标优化研究

一、“办理建筑许可”指标的世界银行评估

（一）世界银行为何确立该项指标

在一些国家，遵守建筑规范是十分昂贵的。因此一些建筑商在建造过程中为节省成本，不惜以建筑安全为代价违反建筑法规。世界银行营商环境评估组考虑到这种情况，在指标体系中设置了办理建筑许可这一指标。在世界银行《2006年营商环境报告》中，办理建筑许可作为一级指标被纳入营商环境评价指标体系。2016年对指标进行了扩充，《2016年营商环境报告》中增加了一项新的二级指标：建筑质量控制指数。施工执照只是一种营业执照，但设置这种许可证的理由却很简单：建筑不仅是每个经济体中最大的部门之一，而且建立完善的建筑规范和安全的建筑物可以挽救生命。而且，常理常识以及参与评估的经验告诉我们，建筑工程事关公共安全，人命关天，效率与便捷绝对不是该指标的唯一追求，甚至不能成为主要的价值。世界银行新增的“建筑质量控制指数”，即着眼于评估建筑的安全性与可靠性。

（二）世界银行如何开展指标评价

1. 世界银行评价思路

世界银行营商环境评估的办理建筑许可指标，记录的是建筑行业的企业建设一个仓库所需经历的所有程序以及各项程序所需的时间和费用。

办理建筑许可指标把建造一个仓库的过程分成明确具体的程序，并发放问

卷征集数据，用以计算完成每个程序所需的时间和成本。办理建筑许可的排名，由它们的前沿距离分数的排序决定。这些分数是其各个分指标前沿距离分数的简单平均值。从2016年开始，《营商环境报告》增添了一项新的指数——建筑质量控制指数，评估建筑规章的质量，以及质量控制与安全机制、责任与保险制度和执业资格要求的力度。

一是在样本地域方面，针对每个经济体，选择最大的商业城市采集数据。特别对于人口超过1亿的经济体，同步采集第二大商业城市数据，根据人口数量确定每个城市数据的权重，并且对于超大经济体，今后还存在进一步扩大样本城市的趋势。当前对于中国的评价，分别采集北京、上海两个城市的数据，分别占比45%、55%。

二是在受访对象方面，世界银行问卷的发放对象包括建筑师、土木工程师、建筑咨询律师、建筑公司、公用事业服务提供商以及办理建筑法规相关程序（包括审批、颁发许可和检查）的政府官员。

三是在采信数据方面，世界银行认为法律法规及规范性文件更可信，主要基于三方面考量：首先，表述客观明了，便于信息采集；其次，具有强制力，直接影响交易各方的切身利益；最后，世界银行以此来提示各个经济体，有针对性地修法，是优化营商环境、提高排名的有效办法。

四是在结果校正方面，设计两个机制来保证数据质量：一是核验程序；二是沟通说理。对于收集的受访者问卷数据，允许通过举出更强证据校正问卷结果。也可以通过电话会议、书面函件或者当面沟通的方式进行合理解释，从而保证最终评价结果趋于客观公正。

2.标准案例假设

由于被评估经济体来自世界各地，企业发展状况差异较大，政治、经济、社会状况也不尽相同，因此为了使数据在各个经济体中具有可比性，世界银行使用了关于建筑公司、仓库项目和公用设施连接的若干假设。

首先，关于企业（建筑公司）的假设如下①：

（1）企业是一家有限责任公司（或与其具有同等法律地位的主体）。

（2）企业在受访经济体的最大商业城市运营（对于11个经济体，也收集第二大商业城市的数据）。

（3）企业100%为国内私人所有。

（4）企业拥有5个所有者，都不是法律实体。

（5）企业获得了充分的许可和保险以实施项目，比如建造仓库。

（6）企业拥有60名施工人员和其他雇员，都是本国公民，都具有获得办理建筑许可和审批所需的技术专业能力和职业经验。

（7）企业有一个雇员是持证建筑师或工程师，并在当地建筑师或工程师协会注册（如适用），其他建筑公司雇员都不是任何技术或者持证专家（如地质或者地形专家）。

（8）企业已经缴纳所有税款，并获得所有必需的适用于公司一般业务活动的保险（如建筑工人意外保险和第三方责任保险）。

（9）企业拥有将建造仓库的土地并且在建成后出售。

其次，关于仓库的假设如下②：

（1）仓库将被用于一般的贮存活动（如书籍或文具的贮存），不用于贮存任何需要特殊条件的货物（食品、化学品或医药品）。

（2）仓库将有两层，都在地上，建筑面积约1300.6平方米，每层高3米。

（3）仓库将有道路可通，位于经济体最大的商业城市市区周围，即在该城市的边缘，但仍处于其正式边界以内（对于11个经济体，也收集第二大商业城市的数据）。

（4）仓库将不在特别经济或工业区内。

（5）仓库将占地929平方米（10000平方英尺）。如果存在土地的永久所有权，

---

① 世界银行:《2019年营商环境报告》，宋林霖译，天津人民出版社2020年版，第37页。

② 世界银行:《2019年营商环境报告》，宋林霖译，天津人民出版社2020年版，第37页。

且仓库所占地块100%属于上述建筑公司，则按照所有权所在地的籍簿在国土登记机关准确注册。然而，如果土地由政府所有而为上述建筑公司所租用，则建筑公司会在仓库完工时，按照相关地籍簿规定在国土登记机关注册。

（6）仓库估价为人均收入的50倍。

（7）仓库将是一个新建项目（之前这块地上没有建筑、树木、自然水资源、自然保护区及任何历史纪念物）。

（8）该项目将拥有由一名持证建筑师和一名持证工程师制定的完整的建筑和技术图纸。如果准备计划需要进一步获得资料，或需外部机构事先批准，这些都算作程序。

（9）该项目将拥有一切必需的技术设备，以便能全面运作。

（10）仓库将花费30周时间建设（不包括因行政和监管要求而发生的所有延误）。

最后，关于公用设施连接的假设如下[①]：

（1）连接了供水和排水。

（2）离现有水源和下水道接口150米远。如果经济体没有供水设施，将挖出一个深井；如果没有污水处理设施，将建成一个最小尺寸的化粪池。

（3）不要求消防用水，而是使用灭火系统（干式）。如果法律要求建立湿式消防系统，则假设以下规定的用水需求也包含消防用水。

（4）日平均用水量将为662公升，日平均污水流量568公升。最高峰日用水量将达到1325公升，最高峰日污水流量达到1136公升。

（5）常年拥有持续稳定的用水量和污水流量。

（6）接入水连接管直径将为2.54厘米（1英寸），排污水连接管连接直径将为10.16厘米（4英寸）。

---

① 世界银行：《2019年营商环境报告》，宋林霖译，天津人民出版社2020年版，第38页。

（三）世界银行如何构建具体指标

针对“办理建筑许可”指标的评价，具体通过项下几个二级指标进行测评：程序（procedures）、时间（time）、成本（cost）、建筑质量控制，其中对建筑质量控制的评价涵盖了六个方面内容：建筑法规质量、施工前质量控制、施工中质量控制、施工后质量控制、责任和保险制度以及专业认证等指数。如表5.1所示：

表5.1 “办理建筑许可”具体指标构成以及权重占比情况

<table>
<tr><th colspan="2">二级指标</th><th>计量方式权重</th></tr>
<tr><td colspan="2">程序</td><td>个数</td></tr>
<tr><td colspan="2">时间</td><td>天数</td></tr>
<tr><td colspan="2">成本</td><td>人均收入百分比</td></tr>
<tr><td rowspan="6">建筑质量控制指标</td><td>建筑法规质量</td><td rowspan="6">0—15</td></tr>
<tr><td>施工前质量控制</td></tr>
<tr><td>施工中质量控制</td></tr>
<tr><td>施工后质量控制</td></tr>
<tr><td>责任和保险制度</td></tr>
<tr><td>专业认证等指数</td></tr>
</table>

1. 程序（procedures）

程序指标是新建仓库所需办理的程序总数，定义为企业员工或管理人员或者企业代表与外部人员之间的一切互动。外部人员包括政府机构、公证人员、土地登记部门、地籍管理机关、公用设施公司、公共检查人员。程序也包括在所需的地方聘请除企业内部的建筑师和工程师以外的私营检查人员以及技术专家。企业员工之间的互动，例如，仓库图纸的制定和内部工程师所做的检查，都不算作程序。但是，企业内部的建筑师为了准备计划及图纸而与外部人员的互动（比如获得地质或者地表调查结果），以及企业获得外部单位批准或者盖章这样的互动，都会被计为程序。企业为仓库接通水和排水而经历的程序也包括在内。所有法律上要求和实践中为大部分企业所采用的、以建造仓库为目标的程序都计算在内，即便在个别情况下可以避免也不例外。如果取得电力技术条件或清理电力规划需要提前得到建筑许可，这些程序也将被计算在内。

2. 时间（time）

时间指标是新建仓库所需的总天数。该标尺衡量当地专家认为完成建设工作所需时长，该指标采用了当地专家所指认的实际上走完程序所需时间的中值。问卷假设每个程序所需的最少时间为1天，但对于那些完全可以在网上完成的程序，要求的最短时间为半天。尽管程序可以同时发生，但是它们不可能在同一天开始，也就是说，同时进行的程序，被假定为先后在不同日期开始。然而，对于那些可以完全在网上完成的程序，这一假设并不适用。

如果额外缴费就能够合法加速程序的进行，且该方案有助于经济体的前沿距离分数，并且被大多数公司采用，那就选择最快的程序。问卷假设这个建筑公司不会浪费时间，而且在完成接下来每一个程序时都不会耽误时间。该建筑公司用于收集信息的时间忽略不计。问卷假设，该公司遵循从一开始就知道的所有建筑要求及其顺序。

3. 成本（cost）

成本指标是为完成依法建设仓库有关的所有手续而支付的全部费用，仅记录官方成本，按照仓库价值（假设为人均收入的50倍）的百分比记录。为完成仓库建设所有程序而支付的费用，均要记录，包括获得土地使用审批和施工前设计许可的费用；施工前、施工时和竣工后接受检查的费用；接通公用设施的费用以及在财产注册处登记仓库财产的费用。完成仓库建设项目所需的、非经常性税收也要记录下来。但销售税（如增值税）或者资本收益税，还有预先支付后来退还的保证金，都不会被算在成本之内。[①]

在计算成本时，具有拘束力的所有规范、当地专家提供的信息以及收费明

① 罗培新：《世界银行营商环境评估方法论：以“开办企业”指标为视角》，载《东方法学》2018年第6期。

细，均被用作信息来源。如果当地几个专家提供的估算不同，则采用中间数值。

4. 建筑质量控制

建筑质量控制指数由六个三级指数构成，即建筑法规质量、施工前质量控制、施工中质量控制、施工后质量控制、责任和保险制度以及专业认证等指数。

（1）建筑法规质量指数。该指数评估的是：首先，建筑法规获取是否无障碍。如果建筑法规（包括建筑标准）或涉及建筑许可的任何规定，可以在网站上获取，且这个网站会随着新法规的通过随时更新，则打1分；如果建筑法规可以在相关的许可发放机构免费获取（或只是象征性地收费），则打0.5分；如果建筑法规必须通过购买才能获取或者在任何地方都不容易获取，则打0分。其次，对获得建筑许可的要求说明是否清楚。如果建筑法规（包括建筑标准）或任何开放的网站、说明书或手册，对需要提交的文件清单、需要支付的费用以及所有需要得到相关机构预先批准的图纸（如电力、水和污水处理、环境）或规划，有清楚的说明，则打1分；如果这些来源都没有对上述要求加以说明或说明所要求的事项不到三个，则打0分。①

（2）施工前质量控制指数。该指数评估的是法律是否规定审查和批准建筑许可申请的委员会或团队的成员，必须为持有执照的建筑师或工程师。另外，如果这个计划不符合规定，该成员是否有权拒绝。如果全国性建筑师或工程师协会（或同等机构）必须对建筑设计图进行审查，或持有建筑师或工程师执照的独立事务所或专家必须对建筑设计图进行审查，或绘制建筑设计图的建筑师或工程师必须向发放许可的管理部门提交声明，保证建筑设计图符合建筑法规的要求，或者持有执照的建筑师或工程师为相关许可发放部门负责批准建筑设计图的委员会或团队的成员，则打1分；如果没有持有执照的建筑师或工程师参与建筑设计图的审查以确保其符合建筑法规的要求，则打0分。

（3）施工中质量控制指数。该指数评估的是法律是否要求在施工过程中进行检查。如果法律要求有一个政府机构在整个施工过程中进行分阶段的技术检

---

① 宋林霖编：《世界银行营商环境评价指标体系详析》，天津人民出版社2018年版，第42页。

查，或者法律要求有一名内部工程师（建筑公司的一名雇员）、一名外部监理工程师或一个外部事务所在整个施工过程中进行分阶段的技术检查，并且被要求在完工时提交一份详细的检查报告；而且法律要求进行基于风险的检查，则打2分。如果法律仅要求有一个政府机构在整个施工过程中进行分阶段的技术检查，或者如果法律仅要求有一名内部工程师（建筑公司的一名雇员）、一名外部监理工程师或一家外部审查事务所在整个施工过程中进行分阶段的技术检查，并且被要求在完工时提交一份详细的检查报告，则打1分。如果法律只要求有一个政府机构进行不定期的检查，或法律不要求技术检查，则打0分。①

另外，评估还包括施工期间的检查在实践中是否得到落实。如果法律要求施工期间的检查在实践中每次都得以落实（例如，包括必须聘用监理工程师或事务所），则打1分；如果法律要求的检查在实践中没有落实，或检查多数时候但不是每次都得到落实，或法律没有要求检查是否在实践中得以落实，则打0分。

（4）施工后质量控制指数。该指数评估的是法律是否要求进行最终检查，以确认建筑是按照得到批准的设计图和现有的建筑法规建设的。如果法律要求有一名内部监理工程师（建筑公司的一名雇员）、一名外部监理工程师或一家外部审查事务所负责确认建筑是按照得到批准的设计图和现有建筑法规建设的，或者法律要求有一个政府机构在建设完成后进行最终的检查，则打2分；如果法律不要求进行施工后的最终检查，而且也不要求第三方负责确认建筑是按照获得批准的设计图和现有建筑法规建设的，则打0分。②

另外，评估还包括最终检查在实践中是否得以落实。如果法律要求的施工后最终检查在实践中每次都得到落实，或者监理工程师或事务所确认，建筑是按照获得批准的设计图和现有建筑法规建设的，则打1分；如果法律要求的最终检查在实践中没有得以落实，或法律要求的最终检查多数时候

① 宋林霖编：《世界银行营商环境评价指标体系详析》，天津人民出版社2018年版，第42页。

② 宋林霖编：《世界银行营商环境评价指标体系详析》，天津人民出版社2018年版，第43页。

但不是每次都得以落实，或者法律对无论最终检查是否得以落实都没有要求，则打0分。

（5）责任和保险制度指数。该指数评估的是参与施工过程的各方在法律上是否应对建筑投入使用后的潜在缺陷（如结构缺陷或问题）负责。如果设计建筑图的建筑师或工程师、负责监理施工的专业人员、实施检查的专业人员或机构、建筑公司中至少有两方在法律上应对建筑投入使用后的结构缺陷或问题负责，则打1分；如果有一方在法律上应对建筑投入使用后的结构缺陷或问题负责，则打0.5分；如果没有任何一方在法律上应对建筑投入使用后的结构缺陷或问题负责，或项目业主或投资者是唯一负责方，或责任必须由法院来确定，或者责任必须由合同来规定，则打0分。①

法律是否要求参与施工过程的各方为建筑投入使用后可能出现的结构缺陷和问题进行投保。如果法律要求设计建筑图的建筑师或工程师、监理施工的专业人员、实施检查的专业人员或事务所、建筑公司或者项目业主或投资者，为建筑投入使用后可能出现的结构缺陷或问题进行十年责任保险或者结构缺陷责任保险，或者即使法律未做要求但上述各方中的大多数主体在实践中通常也会投保，则打1分；如果法律不要求任何一方持有十年责任保险或者潜在缺陷责任保险，且任何一方在实践中通常也不进行投保，或投保的要求是由合同而非法律规定，或任何一方必须在施工期间为工人的安全或其他缺陷购买专业保险或者综合保险但无须为建筑投入使用后的缺陷投十年责任保险或者潜在缺陷责任保险，或者要求任何一方不必投保而是自己赔偿发生的任何损失，则打0分。②

（6）专业认证等指数。该指数评估的是负责验证建筑设计图或图纸是否符合建筑法规的专业人员的资质要求。如果国家或当地的法律要求该专业人员必须具备最低年限的实践经验、必须拥有建筑或工程方面的大学学历（最低为学

① 世界银行：《2019年营商环境报告》，宋林霖译，天津人民出版社2020年版，第86页。

② 世界银行：《2019年营商环境报告》，宋林霖译，天津人民出版社2020年版，第86页。

士学位）、必须是国家建筑师或工程师协会的注册会员或通过某项资格考试，则打2分；如果国家或当地法律要求该专业人员必须拥有建筑或工程方面的大学学历（最低为学士学位）且必须具备最低年限的实践经验或是国家建筑师或工程师协会的注册会员或通过某项资格考试，则打1分；如果国家或当地法律只要求该专业人员必须满足上述要求中的一项，或要求该专业人员必须满足上述要求中的两项但这两项都不是对大学学历的要求，或者国家或当地法律对该专业人员没有资质要求，则打0分。①

另外，该指标还评估对施工过程中实行技术检查的专业人员的资质要求。如果国家或当地法律要求该专业人员必须具备最低年限的实践经验、必须拥有工程方面的大学学历（最低为学士学位）、必须是国家工程师协会的注册会员或通过某项资格考试，则打2分；如果国家或当地法律要求该专业人员必须拥有工程方面的大学学历（最低为学士学位）且必须具备最低年限的实践经验或是国家工程师协会的注册会员或通过某项资格考试，则打1分；如果国家或当地法律只要求该专业人员必须满足上述要求中的一项，或要求该专业人员必须满足上述要求中的两项但这两项都不是对大学学历的要求，或者国家或当地法律对该专业人员没有资质要求，则打0分。②

建筑质量控制指数是指建筑法规质量、施工前质量控制、施工中质量控制、施工后质量控制、责任和保险制度以及专业认证等指数之和。该指数在0到15之间，分值越高，则表明建筑许可制度方面的质量控制和安全机制越出色。

如果某个经济体没有发放建筑许可，或者该经济体适用的建筑法律未得到执行，则该经济体在程序、时间和成本指数上都会得到“无实践”的标注。此外，即使其法律框架中包含与建筑质量控制和安全机制相关的条款，被标注了“无实践”的经济体在建筑质量控制指数上的得分仍然为0。③

---

① 世界银行：《2019年营商环境报告》，宋林霖译，天津人民出版社2020年版，第86页。

② 世界银行：《2019年营商环境报告》，宋林霖译，天津人民出版社2020年版，第87页。

③ 宋林霖编：《世界银行营商环境评价指标体系详析》，天津人民出版社2018年版，第46页。

二、“办理建筑许可”指标的中国表现

（一）指标整体表现情况

1.整体趋势表现

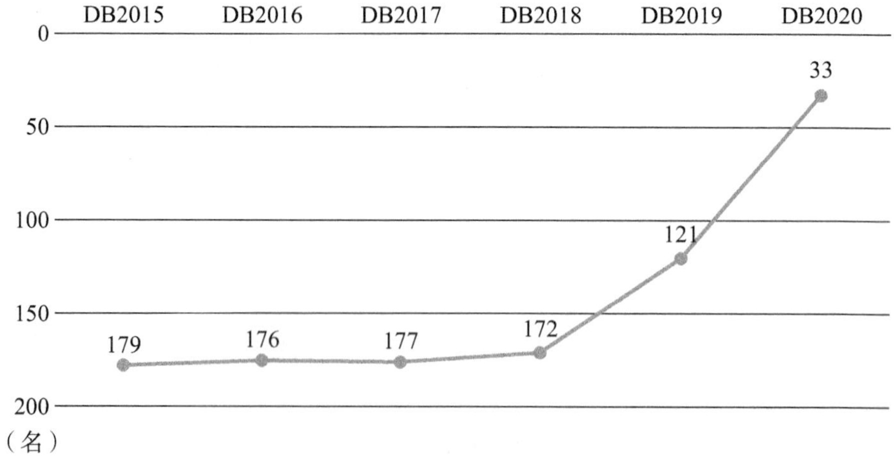

图 5.1　2015—2019 年“办理建筑许可”指标中国排名情况

通过图5.1比较中国该指标近六年排名情况的总体趋势，前四年排名情况比较平稳，始终徘徊在170名以外，2019年排名大幅提升，跃升至第121名，2020年再次大幅度跃升至33名。

根据2018年与2019年的对比分析可知，DB2018我国得分45.88分（23个环节，279天，成本7.6，质量控制指数10.0），DB2019我国得分67.71分（19个环节，169.5天，成本2.4，质量控制指数12.0）。两年差异在于：分值提升21.83分；办理环节由原来的23个缩减至19个；办理时间由原来的279天缩减至169.5天；成本费用由原来的近20万元降低至7万元；质量控制指数新增2分。①

2020年中国的排名再次大幅度跃升，主要归功于三个方面：办理程序减少、

① 丁艳彬：《上海住房城乡建设系统助力打造国际一流营商环境》，载《中国建设报》2019年1月4日，第10版。

办理时间缩短、对质量控制提升。尤其是办理时间，从2019年报告中的155天减少至111天，缩短了逾一个月，提升了企业施工的便利程度。2019年营商环境报告中，上海办理建筑许可的单项指标得分为67.7分，北京为62.1分，而在2020年的报告中，两座城市的该项得分分别上升至77分和77.8分。这归功于两座城市都在积极推进办理建筑许可的电子化和联审共享，比起过去要向不同部门分送书面材料，电子化、集约化的办理简化了流程、节约了时间。[①]

2. 2019年样本城市分别表现

表5.2　办理建筑许可2019年分项指标上海与北京评估结果

二级指标	定义	计量方式	上海	北京
程序	企业与外部人员之间的任何互动	个数	18	18
时间	完成一项手续所需的时间	日历天数	125.5	93
成本	官方费用，以及法律所要求的法律或专业人士的服务费	仓库价值的百分比	2.30%	3.50%
建筑质量控制指数	包含6项子指标	判断题	15.0	15.0

分析可知，上海得分77分（18个环节，125.5天，成本2.3，质量控制指数15.0），而北京得分77.8分（18个环节、93天、成本3.5、质量控制，指数15.0）。在环节数量、质量控制方面，上海与北京保持一致，在成本控制上上海优于北京，但北京在审批时间上远短于上海，反映在得分上，上海办理建筑许可指标得分低于北京0.8分。

（二）2019年具体指标表现情况

根据世界银行2020年评估结果，上海与北京作为两大指标城市，其办理建筑许可所历经的程序和时间、成本如下。

① 李晶：《我国营商环境全球排名再升15位》，载《中国市场监管报》2019年10月26日，第1版。

1. 程序指标表现

表 5.3　2015—2020 年“程序”指标表现情况

二级指标	计量方式	2015	2016	2017	2018	2019	2020
程序	个数	28.6	28.6	28.6	28	20.4	18

2. 时间指标表现

表 5.4　2015—2020 年“时间”指标表现情况

二级指标	计量方式	2015	2016	2017	2018	2019	2020
时间	天数	265.9	265.9	265.9	261.8	155.1	111

3. 成本指标表现

表 5.5　2015—2020 年“成本”指标表现情况

二级指标	计量方式	2015	2016	2017	2018	2019	2020
成本	人均收入百分比	8.9	8.4	8.2	7.8	2.9	2.8

4. 建筑质量控制指标表现

表 5.6　2015—2020 年“建筑质量控制”指标表现情况

二级指标	计量方式	2015	2016	2017	2018	2019	2020
建筑质量控制指标	0—15	9.0	9.6	9.6	9.6	11.1	15.0

（三）主要原因分析

1. 共性原因

中国营商环境国际排名的迅速提升，得益于一些地方在若干领域实施了前所未有的改革。如上海将2018年列为“营商环境改革年”，以自贸试验区建设为突破口，聚焦开办企业、办理建筑许可、获得电力、跨境贸易等评价营商便利度的关键指标，积极开展改善营商环境专项行动计划，推进投资、贸易、金融等制度创新先行先试，总体呈现改善态势，企业办事便利化程度逐步提升，制度性交易成本不断降低。[①]与此同时，依托进博会的大平台，主动对标国际最高标准，为进一步改善营商环境创造了有利条件。上海实行投资项目分类标准、联合审批。聚焦本市社会投资项目审批改革，成立社会投资项目工作改革小组，全面负责社会投资项目的改革。具体而言，主要通过流程再造、分类审批、多规合一、多图联审、多测合一、多验合一、限时办结等举措，项目的办理程序和时间大幅压缩，办理成本大幅下降。

（1）探索实行科学分类审批。改变原有“一刀切”的审批方式。根据资金来源、土地获得方式、工程类别、技术难度和风险控制等因素，将项目类型划分为两大类八小类，分别设定不同的审批流程、审批时限和审批方式，实现精细化、差别化管理。[②]在此过程中，加大对窗口、审批和审图人员的培训，为企业提供优质咨询服务。

（2）精简再造审批流程。改革后将项目审批划分为立项用地规划许可、工程建设许可、施工许可、竣工验收四个阶段。在审批环节上，共取消14项行政审批事项、取消11项审批前置条件。通过“多图联审、多测合一、多验合一”改革将26项审批事项整合为3项，并根据其他流程特点将36项审批事项整合为14项。优化调整12项事项办理顺序、下放审批权限3项，推进转变管理方式13项、推行告知承诺制8项。涉及项目外部空间平面形态布置的审批和征询事项进入设计方案审核环节，涉及项目内部功能结构安全的审批和征询事项进入施工图多图联审环节，项目开工前涉及的各部门审批及征询事项完成了“两个阶段选边”。[③]

（3）依托“多规合一”实行一网通办。通过打造“一网通办”的审批管理

---

① 蔚子：《提升营商环境质量，须全力以赴》，载《上海质量》2019年第4期。

② 陆扬：《上海国际旅游度假区基于BIM的工程竣工规划验收创新研究》，载《土木建筑工程信息技术》2018年第5期。

③ 马晓白、龙海波：《施工许可审批时间从279天缩短到百日内》，载《建筑时报》2019年3月25日，第1版。

系统，相继完成改革四阶段审批功能的开发，同步推进多规合一协同平台和用地规划许可审批模块，实现“对外由审批系统统一受理，对内与发改委在线投资审批系统、规划全覆盖系统、地理信息系统等各部门审批系统互联互通”的目标，向社会提供高效优质、规范透明、全方位无纸化的电子政务服务“通办”机制。①通过“多规合一”业务协同平台，加速项目前期策划生成速度，提升策划生成质量。

（4）强化事中事后监管。着重建立以诚信体系建设为基础的事中事后监管模式，建设单位事前告知承诺能够通过事中事后监管纠正且风险可控的审批事项，审批部门免予事前审批。全面推行“双随机、一公开”的监管机制，进一步明确落实建设各方的主体责任，加强各审批监管部门信用信息的互联共享，完善信用信息的记录、公开、评价和应用制度。强化守信激励和失信惩戒措施，建立“黑名单”管理制度，加大跨部门的失信联合惩戒，增加违规和失信成本。②

2.劣后指标

（1）审批流程再造要围绕企业和群众需求在“减”字上下功夫。流程再造不是简单的“加加减减”，也不是针对特定行业或部分企业，而是以办事全流程便利化为目标对原有以部门为基础的审批流程系统性重构。对于企业开办、投资项目审批、工程建设项目审批、获得电力等涉及营商环境改善的事项，要重点推进审批流程再造。③具体而言，以服务对象便利办成一件事的全流程为核心，整合原有各部门碎片化、条线化的政务服务事项前端受理功能，建立跨部门协同办理机制，进一步优化从“串联”到“并联”的审批流程。在此基础上，编制审批流程图，最大限度地简化审批环节、压缩审批时限，提高审批效率。

① 陆扬：《上海国际旅游度假区基于BIM的工程竣工规划验收创新研究》，载《土木建筑工程信息技术》2018年第5期。

② 丁艳彬：《上海住房城乡建设系统助力打造国际一流营商环境》，载《中国建设报》2019年1月4日，第10版。

③ 钟扬：《努力在营造良好发展环境上再创佳绩》，载《海峡通讯》2019年第11期。

积极推进多证合一、多图联审、多规合一，实行告知承诺、容缺受理、联审联办。此外，还要建立健全行政审批规范化、标准化制度机制，逐步做到一张清单告知、一张表单申报、一个标准受理、一个平台流转。

（2）推行“一网通办”关键在于整合各类政务服务平台。在各地调研中发现，仅工程建设项目审批事项，有的地区就有发改、规划、住建等多个管理平台，不同程度地存在政务平台建设管理分散、办事系统繁杂、事项标准不一、数据共享不畅、业务协同不足等问题。要以推行“一网通办”为目标，加快构建以国家政务服务平台为枢纽、以各地区各部门网上政务服务平台为基础的全流程一体化在线服务平台，建设全覆盖、全口径、全方位的政务“一网通办”总门户。与此同时，加快推进线上线下深度融合，政务服务整体联动、全过程在线留痕，做到线上线下一套服务标准、一个办理平台，真正实现群众和企业办事线上“一次登录、全网通办”，线下“只进一扇门、最多跑一次”。①

（3）以“按需共享”理念逐步实现数据有效归集和贯通。数据整合共享是推行“一网通办”的前提和基础，但数据整合不是把各部门所有的数据都归集起来，只有让归集的数据变成有用的数据才能真正实现“数据跑路”替代“群众跑腿”。总体而言，必须加快政务信息资源跨层级、跨地域、跨系统、跨部门、跨业务互联互通，按照办一件事的全流程做好数据归集和平台贯通工作。充分运用互联网、大数据、区块链等技术手段，通过技术创新和流程再造，逐步完善政务数据资源体系，与各级政务服务平台实现对接，避免数据和业务“两张皮”，减少在不同系统中重复录入。此外，还要抓紧推动现有法规、规章和规范性文件立改废释工作，加快电子证照应用推广和跨部门、跨区域互认共享，为数据有效归集和贯通提供规范标准。②

---

① 马志毅：《中外法治化营商环境之比较》，载《中国司法》2019年第8期。

② 马志毅：《中外法治化营商环境之比较》，载《中国司法》2019年第8期。

三、“办理建筑许可”指标的境外先进经验

（一）整体情况概况

表5.7 “办理建筑许可”指标排名前30位经济体①

经济体	“办理建筑许可”排名	2019年排名	总体排名	所属区域	收入水平
中国香港特别行政区	1	1	3	East Asia & Pacific	High income
马来西亚	2	3	12	East Asia & Pacific	Upper middle income
阿拉伯联合酋长国	3	5	16	Middle East & North Africa	High income
丹麦	4	4	4	High income: OECD	High income
新加坡	5	8	2	East Asia & Pacific	High income
中国台湾地区	6	2	15	East Asia & Pacific	High income
新西兰	7	6	1	High income: OECD	High income
毛里求斯	8	15	13	Sub-saharan Africa	Upper middle income
塞尔维亚	9	11	44	Europe & Central Asia	Upper middle income
立陶宛	10	7	11	High income: OECD	High income
澳大利亚	11	9	14	High income: OECD	High income
韩国	12	10	5	High income: OECD	High income
卡塔尔	13	20	77	Middle East & North Africa	High income
卢森堡	14	12	72	High income: OECD	High income
北马其顿	15	13	17	Europe & Central Asia	Upper middle income
摩洛哥	16	18	53	Middle East & North Africa	Lower middle income
巴林	17	57	43	Middle East & North Africa	High income
日本	18	44	29	High income: OECD	High income

① 数据来源：世界银行《2020年营商环境报告》。

续表

经济体	“办理建筑许可”排名	2019年排名	总体排名	所属区域	收入水平
爱沙尼亚	19	14	18	High income: OECD	High income
乌克兰	20	30	64	Europe & Central Asia	Upper middle income
格鲁吉亚	21	27	7	Europe & Central Asia	Upper middle income
挪威	22	22	9	High income: OECD	High income
英国	23	17	8	High income: OECD	High income
美国	24	26	6	High income: OECD	High income
越南	25	21	70	East Asia & Pacific	Lower middle income
俄罗斯	26	48	28	High income: OECD	High income
印度	27	52	63	South Asia	Lower middle income
沙特阿拉伯	28	36	62	Middle East & North Africa	High income
蒙古国	29	23	81	East Asia & Pacific	Lower middle income
德国	30	24	22	High income: OECD	High income

表5.7呈现了“办理建筑许可”指标项下，2020年世界银行营商环境报告中全球排名前30位经济体的基本情况。通过表格数据观察，30个经济体中，有20个属于高收入水平，6个属于中高收入水平，4个属于中低收入水平。从可资借鉴的角度考虑，主要遵循以下几方面原则：一是排名靠前原则，比如2019年和2020年都排名第一的中国香港特别行政区；二是所属地区与收入水平相当原则，排名第2位的马来西亚和我国一样属于东亚及太平洋地区的中高收入国家；三是涨幅较高原则，如巴林2019年世界银行营商环境报告排名第57位，2020年世界银行营商环境报告排名第17位，涨幅较大。

（二）具体经验借鉴

1. 中国香港特别行政区

我国香港地区在2020年世界银行营商环境报告中综合排名第3位。香港地区的“办理建筑许可”指标在2019年、2020年世界银行营商环境报告中均排名第1位，通过各项二级指标的具体对比可以更为直观地看到香港地区与内地差别所在。

表5.8　2020年“办理建筑许可”指标香港与内地对比情况

比较项目	“办理建筑许可”指标排名	“办理建筑许可”指标总分	程序（个数）	时间（天数）	手续办理成本（占仓库价值的百分比）	建筑质量控制指数（0—15）
香港	1	93.5	8	69	0.3	15.0
内地	33	77.3	18	111	2.8	15.0

通过对比，可以看到我国在“办理建筑许可”指标项下整体表现较好，建筑质量控制指数获得了满分15.0（190个国家和地区中，仅有6个国家获得满分），但仍然存在较大改善空间的指标是程序、时间、成本。如前所述，以下重点分析程序、时间、成本指标的先进经验。

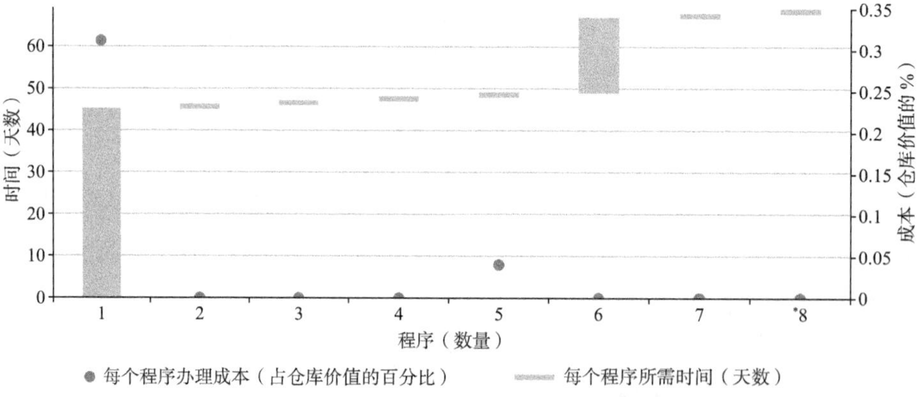

图5.2　2020年香港程序、时间、成本指标表现情况

（1）程序指标表现

我国香港地区获得建筑许可主要包括八个程序。

程序一：通过向一站式中心（OSC）提交申请来获得批准。建筑公司必须提交以下文件以供批准：建筑平面图、上层建筑计划、总体建筑图、分散基础计划、囤积计划、场地平整计划（如果需要场地平整工程）、消防安装计划、排水计划、开挖和横向支持计划以及其他相关文件。

程序二：接受屋宇署对基础层的检查。在建筑基础计划的批准阶段，屋宇署对基础的建设提出了一些要求和条件，以确保遵守批准的计划和所需的标准。建筑部将在收到通知后的一天之内检查地基层。对于分散基础工程，通常需要对承重层进行板荷载测试，并且建筑部门将在现场见证板承重测试并同时检查基础的承重层。

程序三：请求并接受上层建筑检查。屋宇署在上层建筑施工阶段对结构要素进行质量检查。

程序四：接受屋宇署的审核检查。在项目完成之前，屋宇署至少要进行一次计划外的审核检查。

程序五：提交项目完成和相关申请的通知。施工完成后，可以一次提交以下申请/通知前往一站式中心进行转介：（a）向渠务署申请进行渠务接驳工程技术审核（费用：港币4380元）；（b）向消防处申请发出消防证明书（费用：港币4130）；（c）向屋宇署申请职业许可证（免费）；（d）向地政总署申请发出合格证明书（免费）；（e）通过综合表格通知水务部完成管道工程（免费）；（f）申请联合检查（如果愿意）（免费）。

程序六：通过一站式中心获取相关证书。通过一站式中心可获得以下证书：（a）消防证书；（b）占用许可证；（c）符合证明；（d）供水证书。

程序七：接受一站式中心协调对相关许可机构的联合和最终检查。

程序八：获得水和下水道连接。供水连接的申请是在申请并支付供水连接工程的技术审计费用时较早完成的。供水连接的检查是在由一站式中心协调的有关许可当局的最终检查期间共同进行的。供水检查通常是在满足所有技术条件的同一天联合检查之后取得的。

（2）时间指标表现

程序一45天；程序二1天；程序三1天；程序四1天；程序五1天；程序六18天；程序七1天；程序八1天。

（3）成本指标表现

程序一61240港币；程序五8510港币；其余程序均免费。

（4）小结

2008年12月，在效率部门（EU）的管理下，我国香港地区建立了一个仓库建设许可证的一站式中心，以接收向6个政府部门和私人公用事业部门（水、污水和电力供应）提出的所有相关建筑许可证申请，并协调他们联合检查两层楼的仓库项目。房地产开发商可以使用OSC-1表格提交一站式中心，该中心将所有与建筑计划批准和同意有关的申请书提交屋宇署，以进行建筑工程供水连接工程的技术审核，并由水务署签发水务证明书，警察及路政署签发道路挖掘许可证。

通过一站式服务中心提交申请、领取证书，接受一站式服务中心协调的各机构联合检查，无须在各个部门分别办理手续，极大简化了办理建筑许可获得的程序、时间、成本。

2. 马来西亚

马来西亚在2020年世界银行营商环境报告中综合排名第12位。马来西亚的“办理建筑许可”指标在2020年、2019年世界银行营商环境报告中分别排名第2位和第3位，通过各项二级指标的具体对比可以更为直观地看到马来西亚与中国差别所在。

通过表5.9的对比，可以看到马来西亚获得办理建筑许可的时间更为短暂。在程序、成本上较我国也有优势，但在建筑质量控制指数上低于我国。

表5.9　2020年“办理建筑许可”指标马来西亚与中国对比情况

比较项目	“办理建筑许可”指标排名	“办理建筑许可”指标总分	程序（个数）	时间（天数）	手续办理成本（占仓库价值的百分比）	建筑质量控制指数（0—15）
马来西亚	2	89.9	9	41	1.3	13.0
中国	33	77.3	18	111	2.8	15.0

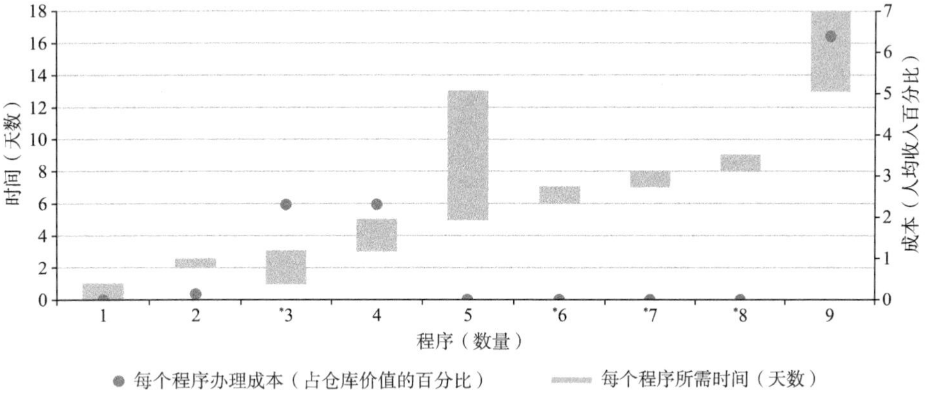

图 5.3　2020 年马来西亚程序、时间、成本指标表现情况

（1）程序指标表现

马来西亚获得建筑许可主要包括九个程序。

程序一：向水务局获取技术条件。建筑公司将访问水务局，以获取水设计计划的技术条件，使其符合法规要求。

程序二：通过吉隆坡市政厅的一站式服务中心（OSC）提交并获得开发批准。建筑商可以通过建筑准证新批准程序（OSC 1Submission）申请建筑许可。然后OSC将提交的材料提交给规划部门、建筑部门、工程部门、消防和救援部门、下水道局和水务局。OSC将向开发者签发开发批准书（计划批准书、建筑物批准书、工程批准书、消防安全计划认可书，水批准书和下水道工程批准书）。尽管可以在线获取所有表格，但仍必须亲自到OSC处进行归档。建筑公司将通过OSC提交以下文件并获得批准：规划计划、建筑图、工程计划（土方工程，道路和排水计划，道路开挖许可证和街道照明计划）、景观图、供水计划、污水处理计划、基础设施沟通计划、消防安全计划。①

程序三：向OSC提交施工前通知。在OSC 1Submission程序下，所有通知均通过OSC提交。OSC会将通知分发给相关机构——吉隆坡市政厅

① 中国城市规划学会、成都市人民政府：《面向高质量发展的空间治理——2020中国城市规划年会论文集（13规划实施与管理）》，中国建筑工业出版社2021年版，第12页。

建筑署、吉隆坡市政厅工程部、水务局、职业安全卫生局、下水道认证机构（IWK）。

程序四：通过OSC请求最终公用事业检查。根据OSC 1Submission程序，建造者必须通过OSC请求联合检查。

程序五：接受水务局的最终检查。水务局将对工程进行现场检查，并连接到公共管道。

程序六：接受消防安全检查。

程序七：从OSC单一窗口获得通关信。OSC将合并来自各个机构/部门的批准书，建筑公司可在OSC单一窗口中提取这些批准文件。

程序八：建筑公司的主要提交人归档完成和合规证书。建筑公司的主要提交人（负责项目的专业建筑师或工程师）将签发《完工与合规证书》（表格）以使该仓库能够被占用。表格的两份副本必须通过OSC提交给吉隆坡市政厅的建筑控制部门以及建筑师委员会/工程师委员会。

程序九：获得水连接。水务局将向建筑公司发出批准书，随后将在主要提交人签发完工和合格证书后安装水表，完成水连接过程。

（2）时间指标表现

程序一2天；程序二30天；程序三1天；程序四1天；程序五1天；程序六18天；程序七1天；程序八1天；程序九3天。

（3）成本指标表现

程序二3600马来西亚币；程序四24049马来西亚币；程序九1600马来西亚币；其余程序均免费。

（4）小结

马来西亚与中国香港地区一样，通过一站式服务中心整合各个审批部门，缩短审批手续。在建筑质量控制指数丢失的分数主要在于施工期间的检查仅有内部工程师，以及法律没有要求任一方购买建筑质量保险。

3. 巴林

巴林2020年世界银行营商环境报告综合排名第43位。巴林的“办理建筑许可”指标在2020年、2019年世界银行营商环境报告中分别排名第17位和第57位，增幅较大，通过各项二级指标的具体对比可以更为直观地看到巴林与中国差别所在。

通过表5.10的对比，可以看到巴林获得办理建筑许可的程序和时间优于我国，但在成本控制和建筑质量控制指数上低于我国。

表5.10　2020年“办理建筑许可”指标巴林与中国对比情况

比较项目	“办理建筑许可”指标排名	“办理建筑许可”指标总分	程序（个数）	时间（天数）	手续办理成本（占仓库价值的百分比）	建筑质量控制指数（0—15）
巴林	17	83.1	9	71	3.7	12.0
中国	33	77.3	18	111	2.8	15.0

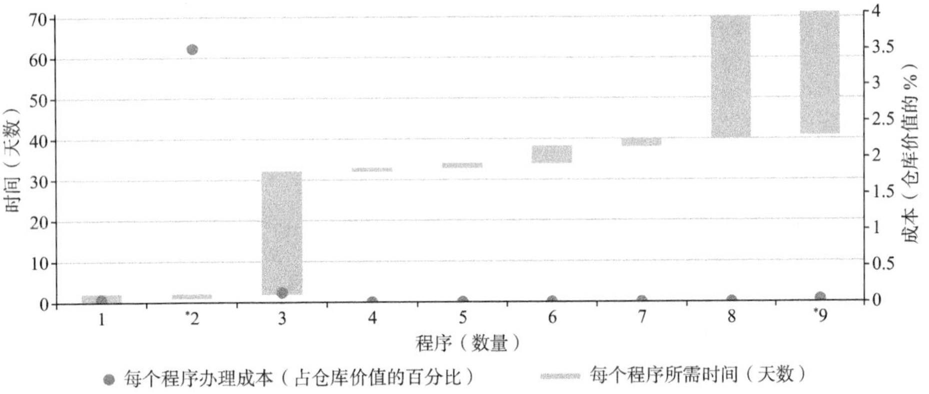

图5.4　2020年巴林程序、时间、成本指标表现情况

（1）程序指标表现

巴林获得建筑许可主要包括九个程序。

程序一：获取土地检验报告。政府允许聘请私人顾问从事此类服务。由检验人对土地进行地表信号标示并绘制电子地图。

程序二：聘请外部认证顾问以获取建筑许可并监督施工。建筑公司应当聘请经许可及注册的外部顾问公司设计项目工程、获取建筑许可并监督施工。

程序三：获取最终建筑许可。最新的“Benayat”在线平台已上线运行，建筑公司可通过该平台提交全部建筑许可申请及材料。建造公司在提交所有材料并在线完成申请程序后，可选择另一家持牌的工程公司，由该公司审查其提交的文档。所需文件包括：详细图纸［结构图、污水工程图、水网内部图（如有）、横截面图］；业主的信函（说明或证明）；地契复印件；财产所有人（或其代表/继承人）身份证的副本；有效且最新的土地测量证书；民防总局表格；实际地址的近期照片。

程序四：请求并接受民防部门的最终检查。巴林《建筑法》第七十五条规定，建造链接式或半链接式的房屋和仓库须符合以下条件：取得民防部门对应急出口、集合点设计规程的批准，并符合紧急情况下的其他安全、应急要求，如在发生火灾时房屋之间通行的便利性。

程序五：接受市政部门的最终检查。施工完成后，应当接受市政当局的检查。

程序六：市政部门颁发证书。检查完成后，建筑公司将获得建造完成证书，凭该证书可安装及接通电源。

程序七：取得地址证明（地址卡）。地址卡通常由中央信息组织根据市政清单，在接通电源之前发放。取得该地址卡须提交以下材料：建造许可证、盖章的图纸（须与市政清单完全匹配）。

程序八：供水接入。在申请建筑许可证的过程中，建造公司可通过一站式服务接通水网。

程序九：污水排放设施接入。如果建筑在城市的预划区域内，则建筑公司可直接连通预设的排放设施。污水连接所需的材料包括：从土地登记司法和伊斯兰事务部/调查和土地登记局获得的土地契据/调查证明（如果有）；从市政和农业部获得的场地选址图；显示了从咨询办公室/业主处获得的所有拟议的内部管道和排水设施的布局图；从中央统计局获得的中央人口登记卡副本；从市政和农业部获得的地址卡副本；从市政和农业部获得的建筑许可证副本（如果在咨询卫生工程规划和项目局之前签发）；从卫生工程计划和项目局获得的下水道连接申请表。

（2）时间指标表现

程序一2天；程序二1天；程序三30天；程序四1天；程序五1天；程序六4天；程序七2天；程序八30天；程序九30天。

（3）小结

在2020年全球营商环境报告中，巴林与中国一样，均属于经济增长最显著的经济体。巴林实施了数量最多的监管改革（九项），在营商环境报告所衡量的几乎每个领域都有所改善，中国和沙特阿拉伯在巴林之后分别进行了八项改革。在“办理建筑许可”指标方面，巴林通过新的“Benayat”在线平台进一步简化了申请流程，并将申请审查流程委托给持牌工程公司，从而使获得建筑许可变得更加容易。

4.其他进步较快经济体

在程序方面，印度德里简化了流程，减少了获得建筑许可的时间和成本，并通过加强专业认证要求来改善建筑质量控制。印度孟买简化了获得建筑许可的过程，并使其获得建筑许可的速度更快，成本更低。哈萨克斯坦通过简化对建设项目的专家评估，并改善了获得新的供水连接的过程，使处理建筑许可变得更加容易。

在时间方面，卢旺达通过减少获得水和污水连接的时间而加快了建筑许可的处理时间。

在成本方面，克罗地亚通过减少建造仓库的水费来降低建筑许可证的成本，丹麦取消了建筑许可费用，使处理建筑许可的费用降低了。尼泊尔通过减少建筑许可证的费用和改进在线电子提交平台，使处理建筑许可证的工作变得更容易且成本更低。

在建筑质量控制方面，埃塞俄比亚通过在施工结束后强制进行最终检查并加强对建筑专业人员的资格要求，从而改善了建筑质量控制。加蓬通过在施工阶段进行检查并任命一个专门的团队进行最终检查，使处理建筑许可更为安全。

缅甸通过对建筑师和工程师提出更严格的资格要求并在线提供建筑许可要求，从而加强了建筑质量控制；还通过引入服务质量标准改善了水和卫生设施，并提高了建筑许可程序的效率。

5. 中国“办理建筑许可”指标排名相对落后的原因

结合进步较快经济体的情况来看，我国内地“办理建筑许可”指标排名相对落后的主要原因有以下几个。

一是我国涉及部门较多，程序复杂。在“办理建筑许可”指标四个二级指标中，程序以及时间是影响分数的主要指标，成本指标各国相差不大，我国建筑质量控制系数已获得满分。而世界银行评价体系下，每一部门均对应一个程序，时间也是重复计算，如内地与香港特别行政区对比，办理建筑许可涉及建设、规划、房屋、消防等多个部门，每个部门均有独立的程序，每个程序即便是同时进行，相应的时间也会累积计算，造成最后世界银行报告中的结果为步骤繁复，时间冗长。而香港特别行政区则仅有房屋及规划局下属的屋宇署（Housing Department）作为特区政府管理工程建设行业的部门，屋宇署承担了基础检查、项目审核等职责，减少了多个程序。

同时，马来西亚等地建立了一站式服务中心，大大减少了审批所涉部门，巴林也因去年新建的“Benayat”在线平台而使排名大幅提升。我国虽然也建立了一站式受理中心，但仍未去除审批的各个环节中涉及的部门，审批程序及时间仍有上升空间。

二是政策受众范围小，落实有待加强。以上海为例，虽然出台了“1+17+N”的政策文件，但文件大多是针对世界银行评价中的“仓库”，因此大多数企业并不能立刻感受到政策的变化。目前上海的改革方向就是覆盖全部工程类型，以改善这一状况。因此，即便上述文件在世界银行报告涵盖时间内出台，最终结果仍与政策文件不一致，原因在于世界银行认为虽有政策文件，但实践中并未落实，不能作为依据。

三是世界银行评价条件苛刻，企业主观影响大。世界银行营商环境评估的办理建筑许可指标，记录的是建筑行业的企业建设一个仓库所需经历的所有程序以及各项程序所需的时间和费用。但是这个仓库应当符合位置、产权、面积等多方面条件，北京、上海两地本身符合条件的仓库就较少，专门从事此类仓库建设的企业更是少之又少，因此企业在世界银行的调查问卷中往往会将其从事其他建筑物建设的感受掺杂其中，导致本身属于社会投资低风险项目的仓库在世界银行报告中办理建筑许可的程序与实际并不一致。

四是出于语言问题，与世界银行对接节奏慢。许多国家或地区以英语为母语，与世界银行对接时比较顺畅，我国在世界银行评价之初，因语言问题，各类专有名词翻译较慢，近年来我国排名不断攀升，语言问题逐步得到解决也是重要因素之一。

四、"办理建筑许可指标"的国内典型经验

（一）国家系统部署推进工程建设项目审批制度改革

我国对优化"办理建筑许可指标"营商环境非常重视，近年来通过深化工程建设审批制度改革和监管制度创新，在确保建筑质量安全的前提下，最大限度地减少办理的程序、时间和成本，为企业办理建筑许可提供更多的便利。2019年我国在办理建筑许可指标上的世界排名实现了最大幅度的飞跃，从第123名升至第33名，创下了迄今为止世界银行营商环境评估单项指标的最大跃升记录。世界银行认为中国在这一指标上取得如此瞩目成绩的原因就是"大力推进改革进程"。这里的改革主要是指我国在工程建设领域开展的大刀阔斧的"全流程、全覆盖"的项目审批制度系统性改革。

工程建设项目审批制度改革是党中央、国务院在新形势下作出的重大决策，是推进政府职能转变和深化"放管服"改革、优化营商环境的重要内容。2018年，开始在北京、上海、天津、重庆、广州、深圳等15个城市和浙江省开展工程建设项目审批制度改革试点，基本形成统一的审批流程、统一的信息数据平台、统一的审批管理体系和统一的监管方式，即"四个统一"。2019年，开始在全国范围内全面开展工程建设项目审批制度改革。改革内容是对工程建设项

目审批制度实施全流程、全覆盖改革。改革覆盖工程建设项目审批全过程（包括从立项到竣工验收和公共设施接入服务）；主要是房屋建筑和城市基础设施等工程，不包括特殊工程和交通、水利、能源等领域的重大工程；覆盖行政许可等审批事项和技术审查、中介服务、市政公用服务以及备案等其他类型事项，推动流程优化和标准化。主要目标是：2019年上半年，全国工程建设项目审批时间压缩至120个工作日以内，省（自治区、直辖市）和地级及以上城市初步建成工程建设项目审批制度框架和信息数据平台；到2019年底，工程建设项目审批管理系统与相关系统平台互联互通；试点地区继续深化改革，加大改革创新力度，进一步精简审批环节和事项，减少审批阶段，压减审批时间，加强辅导服务，提高审批效能；到2020年底，基本建成全国统一的工程建设项目审批和管理体系。①

"四个统一"改革的要求是：在统一审批流程方面，明确提出精简审批环节、规范审批事项、合理划分审批阶段、分类制定审批流程、实行联合审图和联合验收、推行区域评估、推行告知承诺制等；在统一信息数据平台方面，提出建立完善工程建设项目审批管理系统；在统一审批管理体系方面，明确提出"一张蓝图"统筹项目实施，统筹整合各类规划，划定各类控制线，构建"多规合一"的"一张蓝图"："一个窗口"提供综合服务、"一张表单"整合申报材料、"一套机制"规范审批运行；在统一监管方式方面，明确提出加强事中事后监管，进一步转变监管理念，完善事中事后监管体系，统一规范事中事后监管模式，建立以"双随机、一公开"监管为基本手段、以重点监管为补充、以信用监管为基础的新型监管机制，加强信用体系建设，规范中介和市政公用服务。②

北京市、上海市等世界银行考察样本城市和浙江省、深圳市、天津市等改

---

① 参见《国务院办公厅关于全面开展工程建设项目审批制度改革的实施意见》（国办发〔2019〕11号）。

② 参见《国务院办公厅关于全面开展工程建设项目审批制度改革的实施意见》（国办发〔2019〕11号）。

革试点城市，结合各地实际，在落实国家改革试点要求、提高办理建筑许可便利化方面持续开展了一系列各具特色的改革创新举措，取得了积极的显著效果，形成了可复制推广借鉴的典型经验。

（二）北京市改革经验

北京市在优化办理建筑许可营商环境方面的改革思路是全面实施建设项目分级分类管理，让简单项目更加便捷化。按照国际惯例对建设项目进行分类，以新建社会投资简易低风险工程建设项目为蓝本，围绕“减少环节、压缩时限、降低成本、提升质量”的总体目标，重塑全新的审批、监管、验收、登记整体工作流程。①北京市自2019年4月28日起实施《关于优化新建社会投资简易低风险工程建设项目审批服务的若干规定》，将北京市新建的、直接使用各级公共财政投资进行建设的，地上建筑面积不超过2000平方米，地下不超过一层且地下建筑面积不超过1000平方米，功能单一的办公建筑、商业建筑、公共服务设施、普通仓库和厂房，确定为社会投资简易低风险工程建设项目。②2019年12月北京市住房和城乡建设委员会发布的《关于做好社会投资简易低风险工程建设项目建筑工程施工许可有关问题的通知》，进一步扩大了社会投资简易低风险工程项目管理的适用范围，将地上建筑面积不超过1万平方米，建筑高度不超过24米，功能单一、技术要求简单的社会投资新建、改扩建项目及内部装修项目（地下空间开发项目和人员密集场所除外），纳入社会投资简易低风险工程项目管理；豁免了社会投资工程投资额在100万元以下或建筑面积在300平方米以下（含300平方米）的建筑工程办理建筑许可程序，无须办理建筑工程施工许可证；简化了内部装修项目办理建筑许可证的程序和建筑许

① 林培：《北京构建全新办理建筑许可审批服务模式》，载《中国建设报》2019年5月7日，第1版。

② 李嘉瑞：《北京优化简易低风险工程建设项目审批流程》，载《建筑时报》2019年5月9日，第2版。

可变更手续。

建立以投资项目在线审批监管平台为主体的“统一申报、并联审批、一网通办”审批体系。具体做法如下：一是强化并联机制，注重部门互联互通。建设项目审批事项全流程均在社会投资简易低风险工程“一站通”服务系统，实行“一表式”受理，项目备案、规划许可、伐移树木许可、市政报装申请四个事项一次性受理。其中，项目备案、规划许可和伐移树木许可并联办理，一次申请、并联办理，5日办结。[①]建立数字化联合审图系统，实行施工图审查无纸化申报和网上审查，实现多图联审全过程数字化。二是规范权力运行，全面下放审批权限。明确取消了规划条件、人防、交通、竣工档案验收等9个审批和评价评估事项。同时，按照方便企业和群众办事的原则，将涉及市级审批权限的事项，全部下放区级部门办理。三是提升服务效能，着力打造市政“三零”服务。附属小型市政接入服务由市政公用服务企业负责建设，建设单位和市政公用服务企业均不需要办理行政许可手续（包括项目备案、规划、施工、占路、掘路、伐移树木）。四是注重质量控制，强化质量安全管控体系。施工图联审由事前审查调整为事后抽查监管，检查结果纳入设计单位及设计人员资质资格、信用管理。鉴于地勘工作与设计工作关联度较高，将工程勘察工作由工程建设项目的设计单位负责发包确定勘察单位。明确了开展质量安全检查的次数为1次。五是转变工作方式，实行多部门联合验收。将规划、消防、特种设备验收转变为事中监管，减少对建设单位的干扰。准备工作完成后，由住建部门组织各部门在建设单位进行四方验收的同时一并完成规划、消防、竣工验收、特种设备验收、不动产登记核查，涉及的验收项目合格或通过的，住建部门当场发放联合验收意见通知书并推送不动产登记部门。六是简化办理程序，不动产登记再提速。不动产首次登记办理时限进一步压缩至3个工作

---

① 李嘉瑞：《北京优化简易低风险工程建设项目审批流程》，载《建筑时报》2019年5月9日，第2版。

日以内，并且采取邮寄方式送达不动产权证书，减少建设单位跑路。积极推进“多规合一”，形成“一张蓝图”各部门共享共用，为投资主体提供查询渠道，缩短企业前期研究论证时间。①

此外，北京市还通过建筑工程施工许可证网上审批、建设工程联合验收管理平台2.0版、联合验收电子印章、基于风险管理的工程质量安全执法检查制度等多个“简流程、优服务、降成本、强监管”的系列新政策，进一步深化改革，持续激发建筑市场活力。

2020年12月30日，北京市推出营商环境4.0方案，提出“深化工程建设审批制度改革”，具体举措有：一是深入推进工程建设项目分级分类管理，精简规范工程建设项目全流程涉及的审批事项、技术审查和中介服务事项；二是在确保安全的前提下，对于社会投资低风险新建、改扩建项目施工许可实行告知承诺制；三是全面推进“多测合一”，优化整合用地、规划、施工、验收、不动产登记等阶段测绘事项，有关部门对同一标的物的测绘成果共享互认，减少对企业测绘次数；四是出台建筑师负责制指导意见，针对民用建筑和低风险工业建筑项目试点推行免除施工图设计审查、规划验线、施工放线复验等手续；五是公开地质灾害易发区分布图、各区域地质条件与地质灾害防治要求等信息，为企业自主开展初步勘察设计提供便利；六是搭建本市工程质量风险分级管控平台，根据风险等级确定质量安全监督检查频次和内容，低风险项目只进行1次检查；七是深化工程竣工验收“多验合一”改革，建立工程竣工联合验收服务平台，优化联合竣工验收流程。推行低风险项目不动产登记和联合验收合并办理，进一步压减首次登记时限。②

① 李嘉瑞：《北京优化简易低风险工程建设项目审批流程》，载《建筑时报》2019年5月9日，第2版。

② 参见《北京市人民政府办公厅关于印发〈北京市进一步优化营商环境更好服务市场主体实施方案〉的通知》（京政办发〔2020〕26号）。

根据北京市推出的改革措施，对于低风险社会投资项目，北京有望将DB2020确认的18个环节，缩减至4个：1.线上申请并获得建筑工程规划许可证、施工许可证等（6个工作日）；2.接受质量监督机构的质量安全检查（1个工作日）；3.工程竣工联合验收，取消建设项目人防、交通、竣工档案验收以及水、电、气、热等工程验收，市政公用服务企业现场同时完成供水、排水、供电等市政设施连通（1个工作日）；4.不动产登记（3个工作日）。

表5.11　DB2020中北京建筑许可程序及改革后变动

序号	项目	备注
1	建设项目在北京市发改委备案	取消
2	岩土工程研究/土壤测试	取消
3	由上海建设工程文件审查中心授权的建筑图纸审查员对建筑图纸进行审查并获得审查证明	取消
4	申请建设项目规划许可证	保留
5	委托具有专业资质的监理机构	取消
6	申请并获得建筑施工许可证	合并
7	接受北京市建筑工程安全质量监督站的定期检查	合并
8	接受北京建筑工程安全质量监督站一次审核检查	保留
9	接受北京建筑工程安全质量监督站二次审核检查	取消
10	申请连接水和污水	合并
11	接受水和污水检查	合并
12	建筑竣工后接受消防部门检查	取消
13	接受“四方”验收	保留
14	收到北京市规划和自然资源局竣工验收	合并
15	接受北京市住房和城乡建设管理委员会的竣工备案检查	合并

续表

序号	项目	备注
16	向北京市住房和城乡建设管理委员会申请竣工证书和最终检验证书	合并
17	获得供水和污水处理服务的连接	合并
18	向房地产登记部门进行不动产登记	保留

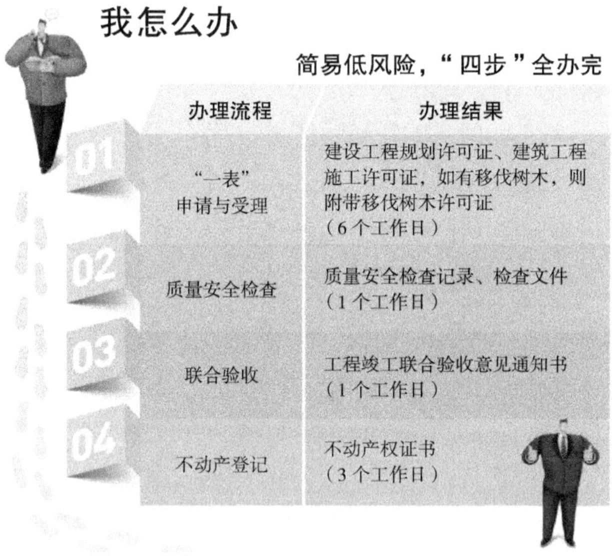

图 5.5　北京市简易低风险社会投资项目流程图

（图片来源：北京市社会投资简易低风险工程“一站通”服务系统:《一图读懂：新建社会投资简易低风险工程建设项目办理指南》）

（三）上海市改革经验

上海市借鉴国际先进经验，建立统一的审批审查中心，实行“一站式”统一受理。在香港特别行政区“仓储牌照审批中心”的基础上扩围，把所有社会投资项目囊括其中。2020年上海进入“一时代”，即加大审批资源的整合，做实、做强市、区两级的审批审查中心，全面推行“五个一”：“只登一扇门”，企业只需跑审批审查中心一个机构；“只对一扇窗”，企业在一个综合受理窗口就能办理所有相关事项；“只递一套表”，企业只需一次性在一个窗口递交所需表单；“只录一系统”，企业只需一次登录一个统一的审批信息系统；“只见一部门”，企业自报建至竣工验收只与审批审查中心一个部门打交道。①

具体做法主要有：一是优化项目现场监管方式。基于项目类型、规模、技术难度、风险控制等因素，实施分类审批和差别化监管。对于低风险项目，在强化建设、设计、施工、监理等单位主体责任的同时，进一步简化此类项目的审批流程，降低办理成本。二是免费获得供排水接入服务。供排水部门提供全流程免费代办服务，建设单位无须办理任何行政许可手续，对于涉及外线工程的项目，在供排水部门完成现场踏勘审核，限时完成供排水接入。三是整合许可证申请手续，获得许可证更加便捷。在设计方案免予审核的基础上，进一步取消投资备案、环境影响评价、施工图联合审查、首次监督例会、消防验收、竣工验收备案等环节，减少施工过程中质量监督频次，整合施工许可证、工程规划许可证为一站式申请并获取建筑许可。四是整合验收程序，减少验收事项和步骤。整合各部门的单独验收为一次性的六方验收，减免工程勘察、工程监理、供排水外线接入等费用。五是实行施工图审查无纸化申报和网上审查，实现多图联审全过程数字化。依托政务服务平台，将消防、人防、卫生、水务、抗震等技术审查事项并入施工图设计文件审查。通过审批管理系统上传电子施工图设计文件，实行施工图全程在线数字化联合审查和出具电子施工图合格证书。②

根据上海市2019年改革措施，对于低风险社会投资项目，上海将DB2020确认的18个环节，缩减至5个：1.一站式申请并获得建筑规划许可证、施工许

① 戚颖璞：《上海建设审批今年进入“一时代”》，载《解放日报》2020年1月17日，第1版。
② 史博臻：《在满分指标中，读懂高质量发展的上海》，载《文汇报》2019年12月4日，第1版。

可证（7天）；2.接受质量监督机构的一次检查（1天）；3.供排水接入改革2.0系统，获得自来水和污水处理服务（9天）；4.一站式申请建设单位、设计单位、施工单位、工程监理单位、规划管理部门、建设管理部门完成六方验收（5天）；5.不动产登记（5天）。而且，不动产登记这一环节，可与前序环节并联办理。

自2020年起，上海紧紧围绕“五个一”，高起点、高质量、高效率推动新一轮优化社会投资低风险产业类项目审批3.0改革，力争进一步提升世界银行营商环境报告得分及排名。根据上海市2020年的改革措施，对于低风险社会投资项目，上海有望将DB2020确认的18个环节，缩减至4个环节，仅需23个自然日便可完成全部审批事项：1.一站式申请并获得施工许可。合并办理建设工程规划许可证、建设工程施工许可证及供排水接入申请等3个环节为一站式办理施工许可，办理时限为9个自然日。2.一站式联合监督检查1次（含供排水现场踏勘）。将质量监督3个环节和供排水现场踏勘整合为1个环节，办理时限为1个自然日。针对低风险产业类项目，施工过程中由审批审查中心牵头，组织建设管理部门、规划自然资源部门、供排水服务部门的入驻人员实施1次现场联合监督检查，取消供排水现场踏勘审核环节。3.一站式综合竣工验收及首次不动产登记。实施一站式综合竣工验收及不动产登记，取消消防部门验收和四方验收，实施企业自验，建设管理部门不再参加，将建设管理部门的竣工验收备案、规划自然资源部门的竣工验收及不动产登记等环节整合为1个环节，办理时限为7个自然日。4.供排水接入（不含掘占路审批），办理时限为6个自然日（不含掘占路审批），占掘路审批部门必须使用工程建设项目审批管理系统完成占掘路审批，办理时限为5个自然日。

表 5.12　DB2020 中上海建筑许可程序及改革后变动

序号	项目	备注
1	建设项目在上海建设项目审批管理系统在线备案	取消
2	岩土工程研究 / 土壤测试	取消
3	由上海建设工程文件审查中心授权的建筑图纸审查员对建筑图纸进行审查	取消
4	申请建设项目规划许可证	合并
5	雇用授权的监督机构	取消
6	申请并获得建筑施工许可证	保留
7	接受上海建筑工程安全质量监督站的定期检查	合并
8	接受上海建筑工程安全质量监督站一次审核检查	保留
9	接受上海建筑工程安全质量监督站二次审核检查	取消
10	申请连接水和污水	合并
11	接受水和污水检查	合并
12	建筑竣工后接受消防部门检查	取消
13	接受“四方”检查	取消
14	收到上海市规划和自然资源局竣工验收	合并
15	接受上海市住房和城乡建设管理委员会的竣工备案检查	合并
16	向上海市住房和城乡建设管理委员会申请竣工证书和最终检验证书	合并
17	获得供水和污水处理服务的连接	保留
18	向房地产登记部门进行不动产登记	保留

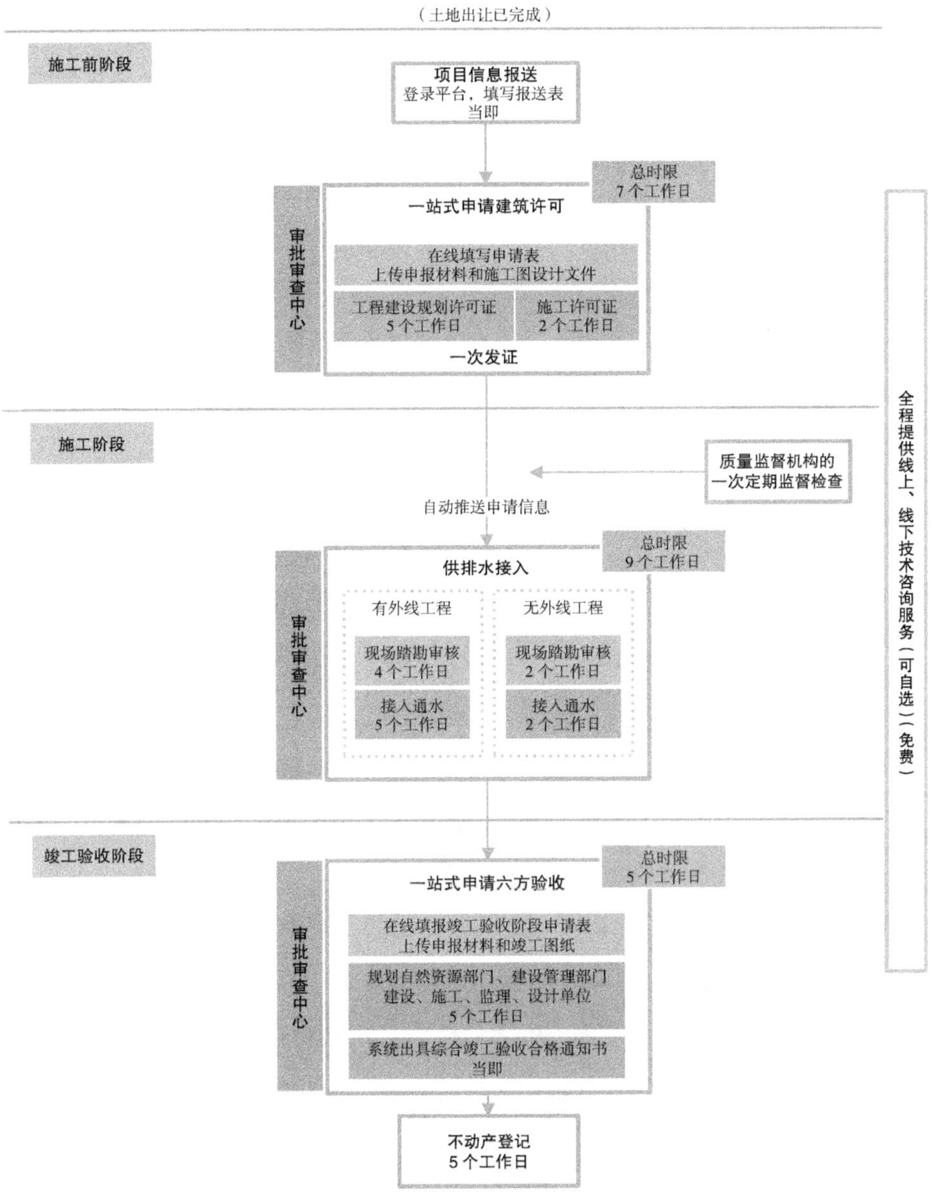

注：全流程可通过上海市工程建设项目审批管理系统在线办理

图 5.6 上海市低风险社会投资项目流程图

（图片来源：上海市人民政府营造超一流营商环境网：施工许可流程图—《社会投资项目流程图—低风险项目》）

上海2021年推出的建筑许可指标4.0改革，对上海市工程建设项目审批管理系统的适用范围进一步扩展，对标世界银行评测意见，推出了更多的改革措施。

（四）广州市改革经验

自2018年广州市被列为工程建设项目审批制度改革试点城市之一，推出了一系列改革试点措施和深化改革措施，审批制度改革取得了较好的成效。目前，按照推动现代化国际化营商环境出新出彩的要求，为优化办理建筑许可营商环境，进一步为企业减负，广州市又相继出台了一系列关于社会投资简易低风险项目的改革措施，环节流程极大简化，申请材料大幅减少，办理时间大幅压缩，建筑质量控制进一步提升。[①]主要举措有：优化综合服务窗口，完善“前台综合受理、后台分类审批、综合窗口出件”服务模式，实现审批事项指南化表单化。政府投资项目审批时限从立项到竣工验收不超过85个工作日，社会投资项目审批时限从签订土地使用权出让合同到竣工验收不超过35个工作日。社会投资简易低风险工程建设项目审批环节不超过7个、审批时限不超过29天，实现审批“零成本”。建立以“政府明晰告知、企业信用承诺、监管有效约束”为核心的企业投资项目承诺制，对试点区域内符合标准的企业投资项目，实行先建后验。优化公共设施接入服务，推动供电、供水、燃气、排水、通信等接入服务进驻政务服务大厅，合并纳入市政公用服务窗口，统一提供“一站式”服务。完善市联审平台协同审批功能，将电水气接入需求提前至办理施工许可证核发前，实时推送至市政公用服务企业。持续优化电水气报装流程，规范公示办理时限、服务标准、资费标准，为小微企业提供电水气快速报装“三零”（零上门、零审批、零投资）服务。促进不动产登记便利化。取消企业间办理存量非住宅交易网签，加快实现“四个一”（不动产转移登记一小时办结、不动产

① 马国钧、穗发宣：《打造企业投资首选地和最佳发展地》，载《中国改革报》2020年1月9日，第3版。

抵押贷款一天办结、不动产转移登记与电水气过户一窗联办、不动产交易登记与缴税一网通办）。①

（五）重庆市改革经验

重庆市改革制度在办理建筑许可方面的主要举措和亮点有：针对新建、改建、扩建的工业项目、仓储项目，总建筑面积不超过1万平方米、建筑高度不超过24米，且不涉及易燃、易爆、有毒、有害物品或危险品的项目，通过减环节、减时间、减费用、提质量等措施，促使重庆市办理施工许可营商环境不断优化，让企业办事更加便捷。在减环节方面，主要实施五大措施：一是将项目投资备案环节与用地规划许可环节合并；二是优化供排水环节，明确将供排水压缩成两个环节，即供排水现场踏勘审核和接受供水、污水检测并获得连接服务；三是将联合验收改为简易验收，取消消防、人防、工程档案、水、电的验收和备案，取消建筑能效测评以及建设管理部门的竣工验收备案，自然资源部门竣工规划核实通过后，建设单位可凭建设工程竣工规划核实文书直接办理不动产登记；四是取消消防、人防设计审核确认、施工图审查备案和施工许可现场踏勘，豁免水保、环评手续；五是市政公用设施接入工程不需办理备案、规划、施工、占路、掘路、伐移树木等手续。在减时间方面，将建设工程规划许可办理由8日压缩至5日，施工许可证办理由5日压缩至2日，施工图审查时间不超过5日。在减费用方面，主要实施以下改革：取消人防异地建设费和城市基础设施配套费；供排水实行零上门、零审批、零费用“三零”服务，外线建设由供排水单位负责建设，费用进行政府补贴；工程勘察、施工图审查由政府购买服务实施；取消强制监理，纳入改革的小型低风险建设项目可不委托监理，质量安全技术检查由建设单位内部工程师承担。为提升项目建设质量水平，根据质量安全风险等级情况，要求监督机构在施工过

① 马国钧、穗发宣：《打造企业投资首选地和最佳发展地》，载《中国改革报》2020年1月9日，第3版。

程中开展差别化监管；施工图审查人员、施工现场质量监督管理人员及总监理工程师除符合国家规定的最低从业年限要求和从业资格外，同时应满足建筑学、工程学或建设管理本科及以上的学历要求；推行住宅工程质量潜在缺陷保险，鼓励施工企业投保工程质量责任保险，取代建设单位预留工程质量保证金的做法。①

（六）深圳市改革经验

一是将小型低风险社会投资工程报建登记程序分为用地规划许可、工程规划和施工许可、竣工验收三个阶段。用地规划许可阶段应办理社会投资项目备案、土地使用权出让合同签订，总时限不超过2个工作日；工程规划和施工许可阶段应办理建设工程规划类许可证核发（含地名批复）、建筑工程施工许可证核发（含质量安全监督登记），办理时限不超过5个工作日；竣工验收阶段应办理建设工程项目联合验收、土地使用权及房屋所有权首次登记，各事项时限均减为1个工作日；三个阶段总审批时限不超过9个工作日。二是小型低风险社会投资项目工程勘察工作由各区通过政府购买的方式委托给符合资质要求的勘察单位完成，勘察工作时限不超过8个工作日。工程规划验收、产权登记涉及的测绘工作通过政府购买的方式委托给符合资质要求的测绘单位完成。三是建设单位具备工程项目管理能力，能够保证独立承担工程安全质量责任的，可以不聘用工程监理，实行自我管理。四是根据质量安全风险等级划分情况，工程质量安全监督机构在施工过程中开展差别化监管。质量安全监督登记和施工许可合并办理，不再另行监督告知。对于小型低风险建设项目，质量安全监督机构应当在施工过程中仅开展一次质量安全监督检查。质量监督、安全监督机构分别设立的，应实行联合检查。五是小型低风险社会投资项目免予办理生产建设项目水土保持方案审批（备案）、环境影响评价

① 孙琼英：《施工许可办理“三减一提”小型建设项目两天可拿证》，载《重庆商报》2020年1月20日，第2版。

审批（备案），建设工程开工验线（建筑类）、污水排入排水管网许可、用水节水评估报告备案。六是小型低风险社会投资工程需要附属小型市政公用设施接入服务的，由供水、排水、供电等市政公用服务企业负责组织建设。涉及伐移城市树木许可、临时占用城市绿地审批、占用和挖掘道路审批的，由市政公用企业分别向主管部门进行申报。七是对于1500平方米以下的极小型低风险的社会投资仓库或厂房项目，竣工验收前的审批事项均全部实行告知承诺制或即来即办。①

（七）浙江省改革经验

浙江省改革制度在办理建筑许可方面的主要举措和亮点有：结合优化营商环境的改革目标，以提升办理建筑许可“一件事”全流程（项目立项备案、工程规划许可、施工许可、竣工验收，及期间相关中介服务）便利化水平为抓手，到2020年底前一般企业投资项目从赋码到竣工验收全过程审批实现“最多80天”，试点地区低风险小型项目办理手续不超过16个、办理时间不超过20个工作日。

改革举措主要有：一是压减手续。深化施工图审查改革，2020年8月底前出台全面深化施工图审查改革的实施意见，缩小事前审查范围，实行事前审查、事后审查、无须审查分类管理。以“多规合一”为基础，全面推广规划用地“多审合一、多证合一”改革。深入推进“竣工测验合一”改革，优化验收内容和要求。二是压减时间。对标世界银行营商环境评价标准，在杭州、舟山开展小型仓储工业项目、改造项目“清单制+告知承诺制”试点。在杭州市、宁波市、衢州市、义乌市开展低风险小型项目全过程审批“最多20个工作日”试点。三是深化投资项目在线审批监管平台应用。依托投资项目在线审批监管平台3.0

① 窦延文：《社会投资房屋建筑项目审批缩短至30个工作日》，载《深圳特区报》2020年3月14日，第2版。

（以下简称投资在线平台3.0），实行收件、审批、出件三统一。2020年12月底前，实现“4个100%”：投资项目事项100%通过投资在线平台3.0网上申报、100%通过投资在线平台3.0网上审批、100%通过投资在线平台3.0出具批文（包括电子印章、电子证照和电子归档）、100%全流程项目审批覆盖省市县三级部门。四是加强数据共享和业务协同。全面推动市政公用基础设施接入服务事项网上办理，由各行业主管部门或单位开发形成全省电力报装系统、全省水气报装系统、省测绘地理信息综合监管服务平台、不动产登记系统，并与投资在线平台3.0对接实现数据共享、一网通办、联合审批。依托投资在线平台3.0开发承诺制项目办理模块。

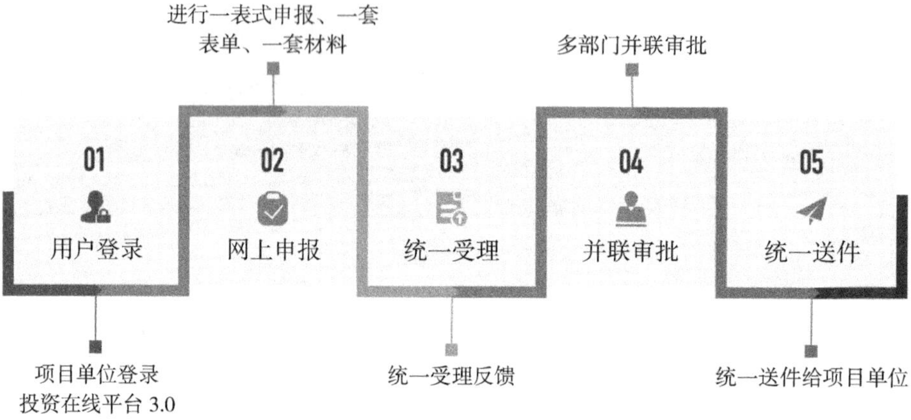

图 5.7　浙江省办理企业投资低风险小型项目审批流程图

（图片来源：浙江政务服务网投资在线平台3.0——“企业投资低风险小型项目”审批模块）

（八）北京城市副中心和雄安新区改革经验

1. 北京城市副中心

根据2016年《国务院关于北京市开展公共服务类建设项目投资审批改革试点的批复》、2019年《国务院关于北京市继续开展公共服务类建设项目投资审批改革试点的批复》，在北京城市副中心开展公共服务类建设项目投资审批改革试点，实行建设项目“一会三函”审批制度，取得可复制可推广的经验。所谓建设项目“一会三函”审批制度，“一会”即召开会议集体审议决策，“三函”即建设项目前期工作函、设计方案审查意见函、施工意见登记函。也就是说，具体建设项目开工前，将由二十多个审批事项优化为“一会三函”四个环节，开工手续由十三道简化为四道。[①]“一会三函”的具体做法：（1）实行集体审议，提高决策效率和水平。在做好相关基础工作的前提下，由北京市人民政府召开会议，对具备条件的项目集中审议。在充分听取各部门意见后，形成投资项目建设计划，明确建设时序安排。各有关部门根据会议精神分别办理项目审批手续。[②]（2）优化审批流程，简化审批手续和环节。简化建设项目前期工作启动手续；简化建设项目立项手续。将项目建议书和可行性研究报告合并审批；简化规划许可、划拨用地报批、施工招标投标、施工审批、水影响评价审查等手续。（3）精简审批事项及中介服务事项，加强事中事后监管。（4）创新审批方式，探索实行告知承诺制。[③]

2. 河北雄安新区

政府投资项目实行“一会三函”，企业投资备案类项目实行“先建后验”。2019年1月，中央政治局常委会会议审议通过《关于河北雄安新区建设项目投资审批改革试点实施方案》。雄安新区区域内政府投资项目，在做好前期工作前提下，由雄安新区管委会召开会议，对具备条件的项目集中审议，确定投资项目建设计划，明确建设时序安排。有关部门根据会议要求先后分别出具项目前期工作函、设计方案审查意见函、施工意见登记函后，即可开工建设。服务

① 贡宪云：《雄安新区将全面实施建设项目“一会三函”》，载《河北日报》2019年1月23日，第5版。

② 参见《国务院关于北京市开展公共服务类建设项目投资审批改革试点的批复》（国函〔2016〕83号）。

③ 参见《北京市人民政府关于印发〈北京市公共服务类建设项目投资审批改革试点实施方案〉的通知》（京政发〔2016〕35号）。

雄安新区区域外交通、水利、能源等重大基础设施类建设项目，在做好前期工作前提下，由省政府召开会议，对具备条件的项目集中审议，确定投资项目建设计划，明确建设时序安排。有关部门根据会议要求先后分别出具项目前期工作函、设计方案审查意见函、施工意见登记函后，即可开工建设。雄安新区区域内企业投资核准类项目，有关部门先后分别出具项目前期工作函、设计方案审查意见函、施工意见登记函后，即可开工建设。雄安新区区域内企业投资备案类项目，按照事先公布的准入标准向政府有关部门作出书面承诺，即可自主依法依规开展设计、评审、施工，有关部门不再审批，实行“先建后验”。①

雄安新区还积极探索开工备案制、规划单位和建筑师负责制，逐步推行工程质量保险制度代替工程监理制度。坚持数字城市与实体城市同步建设，依托“互联网+政务服务”平台和雄安新区智能化服务平台，建立雄安新区城市信息模型（CIM）和基于建筑信息模型（BIM）的三维报建平台，实现审批和监管的信息共享，各有关部门加强协调联动，确保审批与监管无缝对接。

五、“办理建筑许可指标”的应对策略

当我们为我国近两年在“办理建筑许可”这一指标得分和排名上取得显著提升感到欣喜鼓舞的同时，也应当清醒地看到，我国在“办理建筑许可”的总分和世界排名仍然不高，截至2020年，最佳成绩也仅为77分，排名第33位。与开办企业、获得电力、合同执行等其他一级指标相比，在总分和排名上均存在不小差距。需要通过继续深化这一领域的改革，持续降低办理建筑许可的成本。办理建筑许可往往是工程建设项目审批中的“堵点”。资金是企业的血液，

① 原付川：《雄安新区将探索建设项目投资审批制度改革创新》，载《河北日报》2019年1月9日，第2版。

很多的建设项目企业拿地花了数亿元，能够让企业早一天开工就节省了企业的纯财务成本，晚一个月开工，可能造成上千万元的资金损失。让企业尽快开展生产经营活动，尽早获得收益，这是衡量一个地方营商环境的重要标志。

（一）总体应对策略

根据2020年营商环境报告，我国建筑施工许可的四个二级指标得分情况分别是：手续为18个，最优表现前沿得分5个；时间为111天，最优表现前沿得分26天；成本为财产价值的3%，最优表现前沿得分0；建筑质量控制指标计15分，已达到最优表现前沿得分。接下来，需要对标国际，对接先进，吸纳香港等地先进经验和世界银行咨询专家的意见，吃透世界银行指标方法，坚持问题导向，抓住任何一个已然的失分点，同时也是潜在的得分点，有针对性地加以改革、优化和完善。2020年，我国在建筑质量控制指标上已达到满分，关键在于继续巩固和保持目前的满分得分。

1.总体应对思路

营商环境，没有最好，只有更好。没有完成时，只有进行时。优化营商环境不仅在于审批流程并联和时间压缩，核心是改善政府和企业的关系，最大限度地提高政府服务效能。办理建筑许可的环节多、流程长、专业技术性强，涉及的法律法规及规范性文件繁多和琐碎，需要政府部门工作人员进行细致的讲解和充分的沟通交流，才能被企业所理解，否则将会出现改革的滞后效应。因此，世界银行非常鼓励政府部门加强与市场主体的沟通，解决政策从出台到有效执行的“最后一公里”问题。一是更大力度推进改革进程。持续深化工程建设项目审批制度改革，进一步精简程序、时间和成本。地方根据机构改革情况和企业实际办事需求，进一步深化改革创新，按照“一类事项一个部门统筹、一个阶段同类事项整合”的原则，深入推进施工许可阶段“多审合一”改革。二是强化政府各部门的协同配合职责和工作机制。应当以政府机构改革为契机，通过相对集中行政许可的方式，将建设、消防、人防等有关审批职责集中到一个部门，着眼于政府职能的优化配置和部门间的协作配合机制，从根本上解决审批的协同、效率和质量问题。三是进一步提升政府服务意识，提高企业的感知度和获得感。应当以切实增强企业和群众获得感为目标，坚持解放思想、探索创新，推进新一轮深化工程建设项目审批领域“放管服”改革，在全国复制推广借鉴北京、上海等考察样本城市在办理建筑许可方面的改革举措，不断疏解市场主体办理建筑许可方面的痛点。同时强化政府提前服务、主动服务，拉近企业与政策的距离。所有涉企改革政策均须向社会公开，在政府门户网站和各部门网站发布，并制定公布简明通俗易懂的政策解读和办事流程图，提供线上线下的即时指导咨询服务。四是加强法治保障作用。确保办理建筑许可的效率与质量安全。发挥法治对改革的引领和保障作用，对标国际规则、标准以及最佳实践和国内最高水平，加强制度创新和精准服务，推进办理建筑许可审批流程的再造和优化。

总体思路是：围绕“减少环节、压缩时限、降低成本、提升质量”的总体目标，继续在“时长、环节、成本”这些关键点寻求突破与拓展，简化流程，进行政府权力“瘦身”和“塑性”。①以服务对象的企业便利办成建筑许可这件事的全流程为核心，坚持“减、并、调、放、转”五策并举，整合原有各部门碎片化、条线化的政务服务事项前端受理功能，建立跨部门协同办理机制，进一步优化从“串联”到“并联”的审批流程，最大限度地简化审批环节、压缩审批时限，提高审批效率。积极推进多证合一、多图联审、多规合一，实行告知承诺、容缺受理、联审联办。同时，要建立健全行政审批规范化、标准化制度机制。②

2. 主要目标

（1）实现办理建筑许可效率和建筑质量双提升。在办理建筑许可方面，争取国家改革在北京、上海等先进地区先行先试，在重点指标、关键环节和难点问题上取得新突破：大力推行“互联网+政务服务”，推进“一网通办”上取得

---

① 罗培新：《世界银行营商环境评估：方法·规则·案例》，译林出版社2020年版，第88页。

② 马志毅：《中外法治化营商环境之比较》，载《中国司法》2019年第8期。

新突破；提升政务服务水平，在建设综合窗口上取得新突破；下力气提升企业群众创业办事便利度，在落实“四减一增”（减环节、减材料、减时限、减费用，增加政策透明度）上取得新突破；提高信用管理和综合执法效能，在实施事中事后监管上取得新突破；推进大数据、人工智能、区块链、5G等新技术的智能场景应用，在政务科技上取得新突破；[①]进一步推进“放管服”改革，创新支持政策，营造审批程序最少、流程最优、效率最高、服务最好、成本最低、企业获得感最强、质量控制最安全的办理建筑许可营商环境。

（2）构建完善的法治化办理建筑许可营商环境。坚持法治是最好的营商环境，在推进办理建筑许可法治保障上取得新突破。加强工程建设项目审批和监管的规范化和法治化建设，将成熟有效的改革措施及时固定下来，形成稳定的制度预期，降低制度交易成本，打造国际一流的办理建筑许可法治化营商环境，为世界贡献更多更好的实践样本和制度创新。

（二）具体指标提升

1.精简优化审批程序

（1）政府刀刃向内进一步简化审批程序，坚持“应减尽减”“该并当并”“可调须调”“能放必放”“可转速转”。进一步取消行政审批事项和审批前置条件，合并审批事项，调整审批时序、调整优化事项办理的前后关系。进一步下放审批权限，鼓励有条件的审批事项实行同级化办理。转变管理方式，进一步扩大告知承诺制事项范围。

（2）减少事前审批，强化事中事后监管。对于能够通过事中、事后监管纠正且风险可控的审批事项，建立诚信体系建设为基础的监管模式，全面推行“双随机、一公开”监管方式。加强各审批监管部门信用信息互联共享，强化守信激励和失信惩戒措施，加强失信联合惩戒，增加违规违法成本。

---

① 参见《北京市人民政府办公厅关于印发〈北京市新一轮深化“放管服”改革优化营商环境重点任务〉的通知》（京政办发〔2019〕19号）。

（3）总结北京城市副中心和河北雄安新区开展工程审批制度改革试点经验并向全国推广。不断优化完善“一会三函”等审批流程，在充分授权放权的基础上，对重点项目开辟审查绿色通道、实现即报即审，努力打造建设项目投资审批领域的全国样板。

（4）总结世界银行对北京、上海等样本城市的测评反馈意见，进一步优化、整合现有审批系统，逐步实现将所有类型的投资工程建设项目在统一的系统内完成办理。

2. 利用一网通办最大限度压缩办理时间

按照世界银行报告的评价规则，每个程序所需的时间最少为1天。但对于那些完全可以在网上完成的程序，要求的最短时间为半天。尽管程序可以同时发生，但是它们不可能在同一天开始，也就是说，同时进行的程序，被假定为先后在不同日期开始。然而，这一假设对那些可以完全在网上完成的程序并不适用。①因此，通过依托“互联网+政务服务”，实行网上并联审批，不见面审批，实现多个审批程序同时发生和完成，实现办理建筑许可全程网上办理，从而实现办理时间大幅缩短，也同时减少了企业的交通、人力。坚持让数据多跑路，政府部门提前服务，提供代帮办服务，推进政务数据共享，让企业零跑腿，把大量的精力用于设计、项目定位和项目实施过程上。北京市规划自然资源委丰台分局发挥政府部门服务平台作用，主动与区政务服务局、发改委、住建委等部门联动，线下打通发改备案、规划许可、施工许可环节，并提前联系规划核验、不动产登记等环节，为建设单位提供全流程系列组合服务，依托社会投资简易低风险工程“一站通”服务系统，采取建设单位网上申报、上传材料，审批部门网上受理、网上审核办理的“零见面”审批方式，2月12日13时正式通过网上申报，4小时内完成规划许可的办理，半日内完成校核制证，并于2月

① 罗培新：《世界银行营商环境评估方法论：以“开办企业”指标为视角》，载《东方法学》2018年第6期。

13日通过EMS方式实现了审批成果免费寄递，1日内办结。[①]

3.最大限度降低办理成本

广义的成本，包括办理建筑许可过程中需支出的人力、物力和财力以及花费的时间。因此，精简办理的程序、缩短办理的时间，本身就是减少办理建筑许可的成本。这里的成本指的是狭义的成本，即指企业实际支出的费用。全面推行工程招投标交易全过程无纸化在线电子交易和电子化监管，全程网上受理、网上审批、网上办结，推进流程标准化、过程无纸化、业务透明化、系统智能化降低招投标成本。免费提供代办帮办服务。绝大多数企业对办理建筑许可的提前服务需求旺盛。需要政府部门的“店小二”们主动走进一线，去企业走访，主动超前深入了解企业可能的全方位需求，思考解决难题的创新招法，最大限度为企业节省人力、时间和费用支出。市政公用供排水部门提供全流程免费代办服务，建设单位无须亲自办理任何行政许可手续。推行全面实行电子证照，建筑工程施工许可证电子证照与纸质《建筑工程施工许可证》具有同等法律效力。建设行政主管部门将不再制作发放纸质《建筑工程施工许可证》，办理完成后自行下载、打印和使用建筑工程施工许可证电子证照。企业免予缴纳修建防空地下室和缴纳易地建设费。施工图审查实行政府购买服务。全面落实减免聘请监理机构费用和委托工程勘察费用等政策。

4.持续巩固建筑质量控制

世界银行2020年营商环境报告显示，中国在办理建筑许可指标中的建筑质量控制指数这一二级指标上取得了满分（15分），高于东亚及太平洋地区，跻身世界一流经济体行列。在世界银行测评的190个经济体中仅有6个经济体在这一指标上取得满分。之所以得到满分的成绩，是因为北京市、上海市针对2019年营商环境报告中在这一指标上的失分点（施工中质量控制指数、专业认证指数），采取了相应的改进措施，并将这些改革措施法治化。

一是，进一步完善建筑工程领域的法律、法规、规章和规范性文件，确保

① 曹政：《北京营商3.0版改革204项任务完成近八成》，载《北京日报》2020年3月6日，第1版。

办理施工许可相关的改革措施得以法治化、制度化、固定化，给企业和群众吃下定心丸，提供稳定的制度预期，同时有效约束和规范政府及其相关部门审批和监管行为，强化建筑工程质量控制。二是提高建筑从业人员专业水平。2019年4月30日，住房和城乡建设部办公厅发布《关于同意上海市开展提高注册监理工程师执业资格考试报名条件试点的复函》，提高了施工现场质量监督管理工程师的资格要求、社会投资项目设计负责人和总监理工程师的资格要求、注册监理工程师和注册建筑师执业资格考试报名条件。2019年3月，上海市出台《关于进一步优化营商环境提升建筑工程质量管控水平的通知》，提高了施工图审查人员的资质标准，明确承接本市社会投资项目的设计单位，其担任项目设计负责人除需符合国家的注册建筑师、注册监理工程师及最低从业年限外，同时应当满足本科及以上学历要求。三是规范中介服务、加强信用建设、提升监管服务水平。在办理的程序、时间、成本方面不是简单一味地“减”，而是“增加”政府服务，实行科学监管、智能监管、信用监管，确保建筑工程质量和安全。加强建筑工程领域社会信用体系建设，完善工程安全质量风险矩阵体系，出台基于各类风险等级的管控制度，根据风险等级科学合理确定检查频次和检查内容。

（三）健全完善相关保障机制

1.加强办理建筑许可营商环境改革法治保障

法治是最好的营商环境。办理建筑许可营商环境的优化，主要得益于工程建设项目审批制度的改革的不断深入。我国关于建筑许可的改革措施多以政府部门规范性文件的形式对外发布，这些文件的法律效力层级较低，且文件数量大，发布主体多，缺乏系统性和法律强制力，给予市场主体的制度合理预期不够稳定。将实践证明行之有效、人民群众满意、市场主体支持的改革举措通过法治方式固化下来，推动形成更多改革成果。改革越深入，涉及的深层次体制机制问题越需要立法层面作出回应。改革中遇到的障碍，尤其是制度性障碍，如果不通过立法就难以实现突破。通过立法固化实践中行之有效的改革成果，以破解改革中遇到的痛点堵点问题，为下一步深化改革留足空间。从企业角度来看，他们虽然享受到了改革带来的红利，但同时也难免存在隐忧。如果改革举措没有立法的固化认可，将来会不会“翻烧饼”，又说当年的审批不合法。及时、同步、完备的法治保障既对政府部门提出明确要求，也给企业吃下定心丸，使其对投资建设经营活动有稳定的制度预期。因此，加强办理建筑许可营商环境的法治保障既是法治化营商环境的重要组成部分，也是用法治确认巩固改革成果、推动工程建设项目审批制度改革进一步深入开展的必然选择。

2020年1月1日，国务院《优化营商环境条例》这部优化营商环境“管总的法”正式实施，其中对工程建设审批制度改革的主要内容进行了原则性规定。地方层面需要将国务院优化营商环境条例中关于建筑许可的规定，结合地方的改革实践积累的有效做法通过地方立法予以确认和固化下来。北京、上海、广州、深圳、重庆、天津等地方纷纷制定出台优化营商环境地方性法规或者规章，细化实施国务院优化条例。建议国务院在总结近年来全国工程建设审批制度改革经验的基础上，研究制定工程建设项目审批管理办法等专门的行政法规，系统固化改革成果，以法治方式规范、保障和推进改革。地方层面可以充分发挥地方立法“小而精”的优势，针对工程建设项目审批制度改革中的痛点问题，制定专门地方性法规，以小切口解决大问题，增强地方立法的可操作性。例如，2019年山西省人大常委会制定实施了《山西省企业投资项目承诺制规定》，2020年滨州市人大常委会运用设区的市立法权，制定实施了《工程建设项目并联审批管理规定》等立法经验可资借鉴。

此外，还要进一步发挥营商环境保障共同体在优化办理建筑许可营商环境中的作用。上海、北京、广州等城市成立了营商环境法治联合体，充分利用样本城市所在地区丰富的法治资源，将政府、高校、企业、市场、社会等各类法治资源进行优化整合，建立目标明确、信息共享、协同高效、有效沟通的法治平台和载体，形成合力来推动解决营商环境中法治保障的相关问题，更好地增进政府与市场之间的沟通，更快地听取并回应企业和群众关切，更广泛地推介宣传政策法规、改革举措，提升企业和群众的获得感，通过高质量法治保障不断优化营商环境。

2. 健全完善相关工作机制

一是进一步完善改革协同推进机制。各地工程建设项目审批制度改革工作领导小组办公室切实发挥推进改革的工作职责，健全长效管理机制，坚持统筹谋划，加强部门协同，深入推进各项改革任务落实，及时研判当前工程建设项目审批存在的突出问题，完善配套制度和工作机制。①

二是健全改革工作评估机制。建立科学、合理的工程建设项目审批制度改革评估机制，定期对本地区改革政策措施落实情况、工作成效进行评估，查找问题和不足，加强评价结果运用，持续推动工程建设项目审批制度改革，实现以评促改、以评促管、以评促优。②

三是建立良好的政企沟通机制。加强国家工程审批系统“工程建设项目审批建议和投诉”小程序推广应用，运用政务服务“好差评”系统、政府门户网站、调研座谈等多种渠道倾听和收集企业和群众意见建议，建立常态化联系机制，及时回应企业和群众诉求。③

六、中国特色“办理建筑许可”指标的构建思路

在营商环境评价的官方网站内，对每个评价指标提供一篇该领域内的经典论文作为方法论参考，对评价的理论和实践意义以及评价采用的方法进行详细阐述。参照世界银行评价方法，在经典论文方法论的支撑下，评价指标的设计能够在很大程度上反映出每个经济体营商环境的客观实际情况，在体

---

① 参见《住房和城乡建设部关于进一步深化工程建设项目审批制度改革推进全流程在线审批的通知》（建办〔2020〕97号）。

② 参见《住房和城乡建设部关于进一步深化工程建设项目审批制度改革推进全流程在线审批的通知》（建办〔2020〕97号）。

③ 参见《住房和城乡建设部关于进一步深化工程建设项目审批制度改革推进全流程在线审批的通知》（建办〔2020〕97号）。

系构建的客观性、完整性以及全面性等方面，有很多成功经验和具体思路可资借鉴。

遗憾的是，“办理建筑许可”指标项下并未提供可供参考的经典论文。这就需要在世界银行评价的基础上，借鉴其基本框架，针对我国具体国情，加以改善调整，通过评价体系的设计，对国内营商环境的整体改善提升起到推动促进作用，构建更符合我国具体实际的评价标准。为优化办理建筑许可营商环境，在国家层面出台了相关改革政策文件、法律法规，上海、北京、深圳、浙江、重庆、广州等地也陆续出台相应政策、地方性法规规章，对标世界银行指标，持续助力和保障我国办理建筑许可改革进程。

（一）指标思路

1. 世界银行评价假设

世界银行在评价“办理建筑许可”这一指标时，主要有如下假设：一是关于企业（建筑公司）的假设，包括公司性质、规模、股东组成等条件；二是关于仓库的假设，包括仓库的面积、用途、位置等；三是关于接通公用设施的假设，包括供排水连接、用水量、污水处理设施等。

2. 世界银行构建具体指标思路

针对“办理建筑许可”指标的评价，具体通过项下几个二级指标进行测评：程序（procedures）、时间（time）、成本（cost）、建筑质量控制，其中对建筑质量控制的评价涵盖了六个方面内容：建筑法规质量、施工前质量控制、施工中质量控制、施工后质量控制、责任和保险制度以及专业认证等指数。

3. 开展方法

世界银行在样本地域、受访对象、采信数据、结果校正等方面进行统一，尽可能减少因各国数据采集时的方法差异导致的数据差异，保证最终评价结果趋于客观公正。

4. 不足之处

上述思路的不足之处在于：一是理想化的案例假设在实践中极难找寻对应

实体，二级指标构建与开展方法很大程度上妥协于数据的可比较性，抹杀了各国内在独有的效率机制。二是问卷设计方式存在问题。为获得具体数据，“世界银行报告”团队主要采取问卷调查法，向各经济体内实际从业的建造师、建筑师、律师、公务员等专业人士发放问卷，问卷调查研究方法涉及复杂、琐碎的层级指标、赋值办法，获得的信息可能会过于零散，得出的结果也可能不够客观，从而影响说服力。而且不同研究团队的设计方案在指标选取、方法测算等方面一定会存有差异，因而得出的结论也往往不尽相同。三是对程序统计的重复计算问题。由于政府审批机关设置较多且权限大多各自独立行使，在改革后多部门同时进行的程序也被计算为单个程序的叠加，不利于时间、程序的缩减计算。①

（二）指标选择适当

指标选择上，要建立一套全国可推行的营商环境评估体系，所选指标必须贴合我国各省（自治区、直辖市）的实际情况，尽量找出各地可通用的“公约数”指标，再通过算法针对各种客观存在的不平衡给予适当加权。审批流程再造是以办事全流程便利化为目标对原有以部门为基础的审批流程的系统性重构。除了科学的审批体系设置，在具体案例假设上与世界银行的具体案例假设相区分，寻找符合中国实际的涉及全流程审批的建造对象，而非针对少数甚至不存在的“社会投资仓库”进行政策支持，在总结全国共性项目审批流程的同时，还应对不同省份的实际问题加以区分。

（三）数据来源权威

如果要像“世界银行报告”团队那样亲自进行田野调查以获得数据来源，则必须依靠既有专业能力又有公信力的研究团队。如前所述，世界银行问卷

① 李颖轶：《中国营商环境评估的进路策略与价值选择——以法国应对世行〈营商环境报告〉为例》，载《华东师范大学学报（哲学社会科学版）》2020年第1期。

调查研究方法得出的结果也可能不够客观，从而影响说服力。因此，在数据来源上，一方面，在指标体系设计完成后，可以考虑直接援引权威机构发布的统计数据。我国各级行政机构都有专门的统计单位，国家统计局、各职能部门也都有能力进行各项经济、社会指标的月度、季度、半年度和年度统计。通过这些专业机构获得相关指标的所需数据是一条成本更低、公信力更强、误差更小的捷径，如此也能倒逼有关机构发布相关统计数据时更为准确、公开、及时、透明。①另一方面，大幅削减程序、缩短办理时间，其中的一大利器是政府部门的数据互联互通与共享应用。在现有基础上，进一步加强部门数据互通，打破信息壁垒，力图使评价结果更准确地反映实际情况、结论更具说服力。②

（四）名次排布合理

营商环境评估指标几乎都可以通过经济学方法加以量化赋值，但并非所有指标都适合以排名方式发布，过于明确的名次会引发为了排名靠前而进行的恶性竞争。一方面，打分、排名等数字化呈现具有简明、直观的特点，可以先知道结果、形成整体认识；另一方面，有排名就有争议，一旦有了打分、排名，数字的简单粗暴就有可能引来恶性竞争，即只讲数据好看，不问必要性、可行性、合理性与合规性。应当在总体排序的基础上，也认识到差异性所在，同时构建排序的子序列，综合评价审批机构效率、工程质量的同时，构建前沿排名序列，忽略子项排名，使不同省份了解自己的总体定位，以便具体应对。③

① 李颖轶：《中国营商环境评估的进路策略与价值选择——以法国应对世行〈营商环境报告〉为例》，载《华东师范大学学报（哲学社会科学版）》2020年第1期。

② 罗培新：《世界银行营商环境评估方法论：以“开办企业”指标为视角》，载《东方法学》2018年第6期。

③ 李颖轶：《中国营商环境评估的进路策略与价值选择——以法国应对世行〈营商环境报告〉为例》，载《华东师范大学学报（哲学社会科学版）》2020年第1期。

附表　各地针对社会投资小型项目办理建筑许可政策

类型	文件名称	发文字号	发布日期
上海政策	2019年上海市优化施工许可营商环境工作总体安排	沪建审改〔2019〕1号	2019.02.11
	关于成立上海市社会投资项目审批审查中心的通知	沪建审改〔2019〕2号	2019.04.03
	关于本市社会投资小型工业项目减免相关费用和取消施工图设计文件审查的通知	沪建审改办〔2019〕1号	2019.04.26
	关于提升本市社会投资低风险项目审批服务质量实施细则	沪建审改办〔2019〕2号	2019.04.26
	关于进一步简化本市小型建筑工程竣工验收工作的通知	沪建建管联〔2019〕118号	2019.03.12
	关于在本市启用《建筑工程综合竣工验收合格通知书》的通知	沪建建管〔2019〕222号	2019.04.12
	关于进一步优化本市小型建筑工程质量安全管理工作的通知	沪建建管〔2019〕131号	2019.02.22
	进一步优化营商环境深化供排水接入改革的实施办法	沪建审改〔2019〕3号	2019.04.08
	进一步优化营商环境深化供排水接入改革的实施方案	沪水务〔2019〕139号	2019.01.30
	关于进一步优化营商环境提升建筑工程质量管控水平的通知	沪建建管〔2019〕182号	2019.03.27
	上海市不纳入建设项目环评管理的项目类型（2019年版）	沪环规〔2019〕3号	2019.04.08
	上海市工程建设项目施工图设计文件“多图联审”管理办法	沪住建规范联〔2018〕9号	2018.11.30
	关于在本市房屋建筑工程综合竣工验收阶全面推行在线“一网通办”的通知	沪建建管联〔2019〕117号	2019.02.25
	关于房屋建筑工程综合验收电子竣工资料（含图纸）平台上传及有关要求的通知	沪建建管联〔2019〕132号	2019.02.27
	上海市建筑工程质量安全风险分级监督检查标准	沪建安质监〔2018〕76号	2018.12.29

续表

类型	文件名称	发文字号	发布日期
上海政策	关于工业用地项目配套设施不再配建民防工程的通知	沪民防〔2019〕34号	2019.05.06
	上海市建筑市场信用信息管理办法	沪住建规范联〔2018〕8号	2018.11.30
	关于本市推进商品住宅和保障性住宅工程质量潜在缺陷保险的实施意见	沪府办规〔2019〕3号	2019.03.22
	关于进一步优化营商环境设立区级社会投资项目审批审查中心的通知	沪建审改〔2019〕4号	2019.04.22
	关于进一步优化本市建筑工程质量安全监督和综合竣工验收管理工作的通知	沪建建管〔2020〕72号	2020.01.20
	关于进一步优化本市备案类出让土地建设项目在线备案流程的通知	沪发改投〔2020〕23号	2020.01.19
	关于进一步细化完善本市社会投资低风险产业类项目工程勘察、监理费用减免和取消施工图设计文件审查工作的通知	沪建审改办〔2019〕3号	2019.12.30
	关于进一步优化本市社会投资低风险产业类项目竣工验收、不动产登记办理流程的实施办法	沪规划资源建〔2020〕23号	2020.01.20
	上海办理建筑许可对标世界银行营商环境新一轮改革总体工作方案	沪府办〔2020〕5号	2020.01.20
北京政策	关于完善简易低风险工程建设项目审批服务的意见	京规自发〔2019〕439号	2019.12.04
	关于完善简易低风险工程建设项目规划许可审批服务工作的意见	京规自函〔2019〕2696号	2019.11.30
	关于完善简易低风险工程建设项目全过程服务监督工作的补充通知	京规自发〔2019〕435号	2019.11.28
	关于进一步明确勘察设计质量事后检查工作方式的通知	京规自发〔2019〕447号	2019.12.11
	关于社会投资简易低风险工程建设项目工程勘察工作的意见	京规自函〔2019〕2812号	2019.12.11

续表

类型	文件名称	发文字号	发布日期
北京政策	关于做好社会投资简易低风险工程建设项目备案管理工作的通知	京发改〔2019〕1647号	2019.12.02
	关于做好社会投资简易低风险工程建设项目建筑工程施工许可有关问题的通知	京建发〔2019〕434号	2019.12.09
	北京市房屋建筑和市政基础设施工程质量风险分级管控技术指南（试行）	京建发〔2019〕438号	2019.12.12
	关于完善供排水接入服务意见的函	京水务批函〔2019〕6号	2019.12.12
	《建设项目环境影响评价分类管理名录》北京市实施细化规定（2019年本）	2019年第28号	2019.12.06
	关于加强和规范全市建筑工程施工许可审批事中事后监管的通知	京建发〔2019〕435号	2019.12.09
	关于简化施工许可变更程序有关工作的通知	京建发〔2020〕6号	2020.01.07
	新建简易低风险附属小型市政工程涉及占用绿化资源管理的暂行办法（试行）	京绿办发〔2019〕132号	2019.06.28
	关于进一步做好社会投资简易低风险工程建设项目有关工作的通知	京发改〔2020〕238号	2020.07.06
	关于社会投资低风险小型建设项目施工许可试行告知承诺制的通知	京建发〔2020〕245号	2020.08.31
深圳政策	深圳市社会投资建设项目报建登记实施办法	深圳市人民政府令第329号	2020.04.28
	关于完善我市小型低风险社会投资建设项目管理的通知	深圳市工程建设项目审批制度改革试点工作领导小组办公室文件	2020.06.10
	关于优化我市小型低风险社会投资工程附属小型水电气接入试行行政审批简易程序的通知		2020.06.02
	深圳市小型低风险社会投资工程规划许可和施工许可阶段并联审批办事指南		2020.09.09

续表

类型	文件名称	发文字号	发布日期
浙江政策	浙江省深化工程建设项目审批制度改革工作实施方案	浙政办发〔2019〕48号	2019.08.02
	浙江省实施优化营商环境“10+N”便利化行动方案（2.0版）	浙发改体改〔2020〕276号	2020.08.11
重庆政策	重庆市营商环境优化提升工作方案	渝府办发〔2019〕81号	2019.07.23
	重庆市推行住宅工程质量潜在缺陷保险试行意见	渝建质安〔2020〕4号	2020.03.02
	重庆市社会投资小型低风险建设项目审批服务实施细则（试行）	渝建管〔2020〕20号	2020.02.20
	关于优化社会投资小型低风险建设项目排水环节改革的实施意见	渝建〔2019〕470号	2019.12.31
	关于进一步优化营商环境提升建筑工程施工质量安全管控水平的通知	渝建质安〔2019〕39号	2019.12.31
	关于优化社会投资小型低风险建设项目勘察设计管理工作的通知	渝建〔2019〕469号	2019.12.31
广州政策	广州市工程建设项目审批制度改革试点工作领导小组办公室关于调整社会投资简易低风险工程建设项目范围的通知	穗建改〔2021〕1号	2021.01.26
	广州市住房和城乡建设局关于调整社会投资简易低风险工程建设项目委托监理要求的通知	穗建筑〔2021〕23号	2021.01.26
	广州市工程建设项目审批制度改革试点工作领导小组办公室关于印发进一步优化社会投资简易低风险工程建设项目审批服务和质量安全监管模式工作方案（2.0版）的通知	穗建改〔2020〕28号	2020.12.09
	广州市工程建设项目审批制度改革试点工作领导小组办公室关于社会投资简易低风险工程建设项目岩土工程勘察推行政府购买服务的通知	穗建改〔2020〕16号	2020.08.03

续表

类型	文件名称	发文字号	发布日期
广州政策	广州市工程建设项目审批制度改革试点工作领导小组办公室关于推进社会投资简易低风险工程建设项目一站式审批服务的通知	穗建改〔2020〕8号	2020.03.23
	广州市工程建设项目审批制度改革试点工作领导小组办公室关于调整社会投资简易低风险工程勘察设计质量监管方式的通知	穗建改〔2020〕7号	2020.03.02
	广州市工程建设项目审批制度改革试点工作领导小组办公室关于印发进一步优化社会投资简易低风险工程建设项目审批服务和质量安全监管模式实施意见（试行）的通知	穗建改〔2020〕3号	2020.01.13
	广州市住房和城乡建设局广州市规划和自然资源局关于印发社会投资简易低风险项目工程规划许可证和施工许可证并联审批操作细则的通知	穗建改〔2020〕2号	2020.01.23
	广州市规划和自然资源局关于简化办理社会投资简易低风险工程建设项目有关事项的通知	广州市规划和自然资源局文件	2020.02.19
	广州市规划和自然资源局关于社会投资简易低风险工程建设项目全流程综合测绘试行政府购买服务的通知		2020.02.03
	广州市不动产登记中心关于优化社会投资简易低风险工程建设项目不动产首次登记的补充通知	穗登记〔2020〕3号	2020.02.07
	广州市水务局广州市住房和城乡建设局关于优化社会投资简易低风险工程建设项目施工临时排水许可证核发工作的通知	穗水排水函〔2020〕5号	2020.02.07
	广州市工业和信息化局关于印发《广州市进一步优化社会投资简易低风险项目电力接入营商环境实施办法（试行）》的通知	穗工信函〔2020〕3号	2020.01.24
	广州市住房和城乡建设局广州市规划和自然资源局关于优化社会投资简易低风险工程竣工联合验收工作的通知	穗建改〔2019〕99号	2019.12.24

第四部分

热点思考

第六章　优化法律服务业营商环境法治保障的思考

近年来，中央高度重视优化营商环境，出台了一系列改革措施，取得了显著成效。但“营商环境只有更好、没有最好”，对照中央的要求和人民群众的期待，我国在优化营商环境方面尚有较大提升空间。法治化最佳营商环境的打造，需要国家和社会、政府和企业各方面的共同努力。上海市徐汇区认真落实区委和市局决策部署，把优化营商环境作为服务大局的重要着力点，综合发挥行政服务职能作用，积极营造安全有序的法治环境，努力提供更高质量的行政服务产品，为服务本区律师行业的发展作出贡献，并为区域经济转型提供专业支撑。本书以上海市徐汇区为例，尝试分析营商环境的发展给法律服务业带来的挑战与机遇。

一、营商环境建设为法律服务业带来的机遇

（一）优化营商环境是政府进行的深刻革命，需要律师全方位地参与帮助规范“有形之手”

良好的政务服务生态是营商环境的关键和核心，徐汇区正在根据“放彻底、管到位、服务好”的要求，进一步提高政策集成，进一步创新工作方法，以企业群众的获得感、满意度为评价标准，构建“指尖上、家门口、一体化”的全新政务服务体系。优化政务服务，建设法治政府是题中应有之义，要使法治成为上海制度竞争力的核心标志。

从2016年起，徐汇区陆续选聘了10名区政府兼职法律顾问，这几年来，兼

职法律顾问对提升政府社会治理水平起到了重要的作用，取得了良好的实效，同时也配备了区委的兼职法律顾问和专家库。法治政府的建设一方面需要律师积极参与顶层设计，帮助区政府狠抓“放管服”改革，解决好政府与市场、政府与社会的关系问题，充分发挥市场在资源配置中的基础性作用，减少政府对资源的直接配置和对微观经济活动的直接干预，通过优质高效的政府服务有效提升政府治理效能，着力建立法治化的营商环境制度框架，营造规范有序的法治环境。另一方面还需要律师参与本区“最优营商环境改革行动”，为本区政府行政审批精简事项、企业群众办事精简材料、行政审批事项精简流程把好法律关，协助深入推进依法行政，参与行政执法公示制度、执法全过程记录制度设计和落地，协助构建决策科学、执行坚决、监督有力的权力运行机制。

法律服务需要参与到政府服务营商环境顶层设计的各个环节，使法治环境更加透明、执法监管更加规范、法律保障更加完善，帮助政府在市场主体、市场准入、市场交易、市场退出、信用建设等环节加强管理、执法的规范和引导，确保市场主体形成稳定预期，保障市场交易公平、高效、安全，增强各类市场主体创业创新活力，为营造公正透明高效便利的营商环境提供有力的司法服务和执法保障，以法治政府的建设激发市场活力和社会创造力。

（二）优化营商环境要求企业树立自觉的法治意识，需要律师协助培育企业法治文化

在优化营商环境中，法治是最核心的因素之一。市场经济所要求的权利保护、公平竞争、理性预期等都与法治息息相关，只有企业和企业家信法守法、遇到问题找法、解决矛盾靠法，法治成为每一个市场主体的行为准则，才能孕育出政通人和、宜居宜业的营商环境。

第一，在专业化的法律服务中让企业养成诚信守法的思想自觉。受人情大于法律观念的影响，企业家更多的是以情营商，忽视了依法助商。这就需要作为法律服务工作者的律师以专业、可靠的法律服务在防范各类风险中，形成法律在营商活动中的价值认同。比如，为企业重大经营决策、规章制度建立等提

供的专业法律意见，助力企业依法规避和防范经营风险；让破产管理人律师帮助“僵尸企业”清理处置工作提供法律服务，依法促进危困企业改制、破产及重组；积极开展企业法治宣传活动，加强企业法治文化建设，引导企业家养成诚信守法、以信立业、依法依规生产经营的行动自觉；让法律服务成为无处不在的法治课堂，帮助企业家形成依法营商的法治思维。

第二，要在企业运营方面提供全方位的法律服务。一个企业从设立、成长到关闭有着诸多法律问题，比如企业的并购与重组、投资与融资、知识产权保护与交易等一系列问题都必须依靠法律，企业特别需要在某一领域内具有丰富经验和专业特长的法律服务工作者。律师要围绕产权股权、规章制定、合同管理、知识产权、投资融资、劳动关系等为企业决策提供专业精准的法律意见，帮助企业解决各类法律问题。要针对不同类型、不同发展阶段、不同主营范围的企业，以其实际需求为导向，创新法律服务方式，制定个性化的法律服务菜单。

第三，法律服务要参与到企业战略发展中。企业战略是宏观的规划和决策，分为公司战略、职能战略、业务战略以及产品战略等，是企业依据其资源和实力，通过适应外界环境变化，选择合适的经营领域和差异化产品，最终形成核心竞争力。法律服务参与企业战略，需要律师在提供法律服务的过程中，真正理解企业的战略取向。比如，股权设计是对企业战略的实施和控制，是将战略转化为实践的具体行动方式之一，律师要了解和思考企业发展的驱动类型、核心资源、需求方向等，从而帮助企业通过股权设计满足所有资源提供者的合理需求，为企业获得更多外部资源，并充分利用这些资源为企业创造良好的外部条件。根据企业将来发展对资源的需要，设立股权池或期权池，为引进优秀人才、员工激励和风投预留股权。

（三）优化营商环境需要律师以更宽广的视野提供更多元化的专业服务

企业为防控法律风险，需要更具专业化水平、国际化视野的法律服务。

第一，需要律师提供更精准的专业服务。在明晰产权、降低争议解决成本、提高经济活动可预期性、规范公权力运行等方面，法律都发挥着重要作用。现代市场经济的成长与发展离不开法律保障，中国经济的转型升级和全面开放需要律师更加主动地创新服务。以知识产权法律服务为例，不同企业在知识产权的申请、转移、转化方面的需求是不一样的，在知识产权保护、资本化、战略规划方面的需求也是不一样的，律师要为每个企业提供定制化的知识产权法律服务，必须各有侧重。

第二，主动护航重大战略、服务经济发展。随着“一带一路”建设的深入，中国企业“走出去”迎来良好发展机遇，经贸活动日益活跃。中国企业“走出去”要蹄疾步稳，强有力的法律保障不可或缺。需要深入了解国外政策法律环境，提升自身知识产权保护的意识和能力，有效规避和防控法律风险，这对律师的服务能力和专业水平提出了更高的要求。律师和律师事务所要先行一步，一方面律师要提升在外国法律和国际贸易规则方面的法律服务能力，另一方面律师事务所要拓展自己的服务范围，与外国律所建立紧密的合作关系或者到国外设立分所，为我国企业在海外的发展保驾护航。长三角经济一体化的发展，需要更多跨区域、综合性、高质量的法律服务，同样离不开广大律师的参与。在长三角经济一体化进程中，律师可以在社会经济的很多重要方面发挥重要作用，如参与地方立法、推进混合所有制改革、扩大对外开放、精准扶贫、防范系统性金融风险、生态环境保护等。

第三，为政府提供公益性的法律服务。当前徐汇区政府正在着力打造各种为企业服务的平台，如在区行政服务中心开设中小企业法律服务专窗，司法局组织了一批擅长公司法、商标法、知识产权法、劳动法等方面的律师参与，在每一个中小企业的设立之初就为他们提供帮助。司法局和工商局共同建立了区商事调解中心，组织律师参与调解，发挥律师的第三方作用和专业特长，提升企业通过非诉讼方式解决纠纷的便利度。在工商联、劳动仲裁院、消保委等建立的调解组织中，司法局组织的律师都深度参与并发挥了重要作用，为有需求的企业、为各类经济纠纷提供了更加便利的解决途径，极大地丰富了徐汇区公共服务平台建设的内涵，维护了区域经济和谐稳定发展。

二、徐汇区法律服务行业发展现状

近年来，徐汇区法律服务业实现快速、全面发展，是律师工作取得显著成绩的时期。

（一）行业发展良好，优质品牌和良好环境呈现聚集效应

截至2021年2月，徐汇区有律师事务所176家，数量位列全市前三名。其中10人以下的律所93家，占总数的52.84%；10人以上30人以下的律所62家，占总数的35.23%；30人以上50人以下所6家，占总数的3.41%；50人以上100人以下的律所7家，占总数的3.98%；100人以上规模的律所8家，占总数的4.54%。2020年度创收破千万所28家，创收349745.3万元，其中破亿元的律所6家，分别是君合律师事务所上海分所、竞天公诚律师事务所上海分所、上海市汇业律师事务所、上海市华诚律师事务所、隆安律师事务所上海分所、京衡律师集团上海事务所，优质的律所品牌吸引了不少高质量律所团队加盟或设立新所。

全区律所从事各类诉讼业务与非诉讼业务，领域涵盖民事、刑事、行政等各大类，其中开展公司、民商事和经济相关领域业务的律所超9成。包括君合、竞天公诚、汇业、浩信等在内的十数家律师事务所被汤森路透、钱伯斯、《亚洲法律杂志》和《亚太法律500强》等业内权威媒体和评级机构提名或授予年度奖项；被司法部、全国律协、上海市政府、市区两级司法局等授予各级各项荣誉称号；拥有包括股权托管、破产清算、涉外咨询、专利代理、商标管理等多项专业机构资质。

（二）律所精品化和国家化的推进

近年来，随着中国企业、资本与投行的“走出去”，中资律师事务所的国际化应运而生。在美国法律市场发展停滞不前、欧洲深陷债务危机之际，英美

律所正积极通过扩大在中国和其他新兴市场的业务规模来提升盈利能力。同时，中国资本与企业纷纷“走出去”投资全球市场，中国律所迎来了通过并购、联盟等方式实现业务国际化的历史性机遇。例如，徐汇区华诚律师事务所是全区首家在香港特别行政区开设分支机构的律师事务所，汇业律师事务所与塞浦路斯、法国、英国等国的多家律所开展战略合作。

（三）法律服务人才呈现梯度发展态势

全区98%的律师拥有本科及以上学历，超过1550名律师拥有硕士及以上学历，相当一部分拥有海外留学背景。全区共有党员律师1417名，民主党派律师约163名，近15人当选或曾当选全国、市或区县的党代表、人大代表和政协委员，为各级党和政府建言献策，贡献了自身专业的力量。在专业领域，每年有近百人被国际权威媒体和评级机构提名或授奖；被司法部、全国律协、市区两级司法局等授予“全国法律援助先进个人”“三八红旗手标兵”等各项荣誉称号；除拥有国内律师职业资格外，众多律师不乏拥有其他国家或地区的法律职业资格、注册会计师、专利代理人等多项专业资质。中青年律师已经成为徐汇律师队伍的中坚力量，是律师事务所未来发展的重要后备军，尤其是80后律师活跃于管理一线和业务一线，日渐承担起中流砥柱的作用。

（四）徐汇区法律服务行业发展不足与困境

虽然徐汇区法律服务行业取得显著成效，但仍有不足之处。首先，法律服务行业分工不够细致，很多从事专业领域（如知识产权领域等）的律师数量较少，竞争力不足。而国际化的法律服务行业，特别是涉及较复杂高端的法律业务，一般都需要多个领域的专业人才共同完成。比如，跨国收购项目大多同时涉及金融、投资、税务、证券、诉讼等多方面的问题。复合型法律人才亟须补充，不同领域的专业律师合作的通道也应打通。其次，徐汇区律师事务所整体而言规模偏小，律所人数较少。数据显示，规模偏小限制了我国法律服务行业的服务能力，也无法实现规模效应和实施品牌战略。最后，法律服务市场整体而言开放度有限。我国法律服务市场中的内部机构各自设定自己的执业范围、准入条件和执业标准等，这样很容易形成法律服务市场的行业壁垒，难以形成统一开放的大市场。

三、营商环境建设背景下，探索法律服务业发展的重点路径与保障措施

（一）鼓励律所差异化发展，培育先进律所文化，形成律师事务所独具特色的核心竞争力

每家律所都应该有明确的战略定位。近年来，除了传统的合伙制之外，越来越多的律所选择了公司制或类公司制的管理模式。律师行业呈现出规模不一、形式丰富、模式多元的发展态势，形成了相对合理的法律服务市场结构。因此，律所管理者必须对律所的发展战略有清晰、明确的定位选择。

律所的战略定位决定了与之相匹配的专业队伍。律所作为专业服务机构，需要有专业人才的支撑和实现。选择综合性规模化发展模式的律所，需要广泛延揽能够从事不同业务类型的律师人才，这些专业人才相互融合并形成合力，能够为客户提供综合性法律服务解决方案，且在业务类型、业务规模、区域覆盖上优势明显。选择精品化专业型发展道路的律所，则需要专注于特定业务领域，聚焦深耕并形成特色，在提供专项法律服务的能力上确立竞争优势。

律所要选择适合其战略定位的管理理念。我们看到，基于不同的发展战略，律所呈现出差异化发展态势。不管是何种类型的律所，都需要有与其相对应的管理理念并据此适用不同的管理方式和方法。如果选择做一家大型的综合性律所，那么在管理理念上就应当具有更高的包容性和合理性，因为不同的业务领域，服务的内容、形式和标准也各不一样；不同的业务团队，工作风格甚至文化理念都存在差别。如果选择做一家专业的、精品化的律所，那么在管理理念

上就应该更多地强调标准和要求的一致性和原则性。

（二）精准导向、人才为先，引导人才反哺区域发展

专业团队是律所核心竞争力的关键。律所的业务能力、服务质量及品牌效应，都取决于专业团队提供专业法律服务的能力与水准。管理和服务体系则是律所核心竞争力的基础。健全而高效的管理和服务体系，包括分配及薪酬体系、客户关系维护和管理、风险控制、品牌管理及营销等重要事项能够为律所业务提供强有力的支撑，为律所发展奠定坚实基础。

一方面以党建引领行业发展和规范。实施律师行业“双培”行动（把优秀律师培养成党员，把党员律师培养成骨干），随着律所党建的深入开展，发掘和培育一批业务精湛、服务优质的律所党支部，提升律所竞争力，培养律所服务于营商环境的建设中，通过聚焦企业需求，坚持问题导向，着眼解决法律服务供需矛盾，使徐汇区转变法律服务方式，提升服务能级，进一步整合区内外资源，并主动争取市司法行政部门支持，更有效提升法律服务能级。

另一方面实施高端人才培训和引进项目。依托区司法行政培训基地、律师人才培训基地、律师之家等现有资源，提高律师人才队伍整体素养和水平。对接《光启人才行动计划》，完善律师领军人才、拔尖人才和学科带头人的选拔、培养、服务体系，以及后备人才的推荐工作。与区域内知名律所、特色律所建立深度合作机制，以“巡回沙龙”形式为包括年轻律师、骨干律师、高级合伙人以及所内辅助人员等在内的各方面人才提供一个交流取经合作共赢的平台。对区域内重点律所引进国际、业内等顶尖人才的，经综合评价，给予一定奖励，并对其在本区创办的律所给予一定的租金补贴。

（三）以“市场之手”抓服务，政府引导搭建平台，提升法律服务能级助力营商环境建设

一是实施品牌战略。根据市场多元化和分工精细化的实际，按照分类指导、重点推进的思路，做好战略定位创新，引导鼓励法律服务机构向规模化、专业

化、品牌化、国际化方向发展，打造一批享誉全国的知名法律服务机构，提升整体竞争力；引导法律服务机构特别是律师事务所、司法鉴定机构，实行差异化战略，根据业务骨干的业务专长、重点法律顾问单位的优势产业和在某一领域内的业务影响，培育、发展和形成本机构的特色业务。鼓励律师事务所通过强强联合等方式，实现专业互补、优势叠加，提高集中团队优势承揽、办理大型综合高端业务的能力；加强对外交流合作，吸引一批具有跨国运作优势和国际影响力的法律服务品牌在徐汇区设立代表处，支持符合条件的法律服务机构设立境外分支机构，特别是在“一带一路”建设重要节点城市设立法律服务分支机构，搭建辐射境内外的法律服务网络。

二是多元共振，打造富有徐汇特色的营商环境法律服务项目。利用区内光启知识产权研究院等资源，推进知识产权法律服务集群的形成完善，进一步加强与高科技、新领域企业的法律服务对接。加强与知识产权保护协会、知识产权交易中心等机构组织的沟通联系，组织知识产权专业律师事务所和公证机构进驻知识产权交易中心，为市场主体进行知识产权的申请、转移、转化提供咨询和服务。引导区内律师事务所参与新一轮知识产权政策的实施，提升本区在知识产权保护、知识产权资本化、知识产权战略规划等方面的法律服务水平。拓展新兴行业法律服务领域，推动法律服务业与互联网、大数据、人工智能等领域的融合，组织律师主动参与新兴领域和业态相关法律问题的研究，参与相关领域法律问题解决方案的分析、论证，组织开展大专院校和科研院所的合作研究，设计课题、形成专题报告，对接法律服务市场的新风口。

三是搭建平台提供精准服务。在区内各部门有效协调下，区内律所各展所长，形成合力，为企业提供综合性专业法律服务。同时，打破律所和行政区域的限制，打造在对外投资、知识产权保护、金融与资本市场、人工智能等新兴领域具有专业水准的团队，精准化满足企业的法律需求。着眼徐汇建设现代化国际大都市一流中心城区的目标，主动融入“一带一路”“长三角一体化”等建设，积极对接本区产业改造升级和新兴产业培育发展，对标国际领先水平，打造具有全球视野的法律服务人才队伍，优化服务人才发展环境。

第七章　优化科技型小微企业营商环境法治保障的思考

习近平总书记强调“创新是引领发展的第一动力”，“法治是最好的营商环境”。科技型小微企业作为最具活力潜质的市场主体之一，有不同于其他小微企业的特点，在国家大力优化营商环境的过程中，有必要有针对性地改善对科技型小微企业营商环境的法治保障。

一、做好政策及法律制度的汇编及解读工作

近几年，无论国家层面还是地方层面都出台了不少专门针对科技型小微企业发展的政策文件。相关企业对这些优化营商环境的政策制度非常关注，希望能够及时了解、正确理解，并且出台的相关政策具有较强的明确性、稳定性和连续性，优化营商环境能够依法依规优化，一视同仁，营造一个公平、有序的市场竞争环境。为此，相关部门应当做好这些政策及法律制度的整理与汇编工作，并建立动态调整机制，明确在相关政策及法律制度作出调整后，由哪个部门、按照什么流程、在几个工作日内予以调整更新。对于政策及法律制度规定较为原则、实践中企业提出疑问比较多的规定，应当组织相关部门进行解读，细化具体情形，实现既方便企业查询对照，又方便服务窗口具体工作人员在遇到实际问题时可以予以解答的目标。

二、助力科技型小微企业拓宽融资渠道

中央层面出台了多项举措以拓宽科技型小微企业的融资渠道。但是，在银

行贷款统一评级标准或有限分级标准并没有实质性改变、民间借贷不规范风险高、通过资本市场直接融资的科技型小微企业寥寥无几的情况下，需要进一步强化政策性担保基金功能，扩大科技型小微企业的政策性担保基金规模，发挥政府对于风险投资的引导作用，更好地实现政策性担保基金的“放大效应”；可以通过发起或者参与设立科技型小微企业投资基金，引导社会资金流向科技型小微企业，从而保障发展预期良好的项目或者鼓励发展的项目能够获得资金的优先支持。比如，长沙市探索“银行+政府+园区”“银行+政府+企业”“银行+政府+保险”3种合作模式设立信贷风险补偿基金，以5000万元出资，撬动社会资本7500万元设立了总规模1.25亿元的小微企业天使投资基金。

由于科技型小微企业最为关注的是如何将技术转化为产品或服务，因此将大部分资金都投入研发中，而不是置办固定资产，导致可抵押物价值低，但银行和金融机构又主要是以固定资产作为提供贷款的依据。同时，有些科技型小微企业管理制度、财务制度、年报制度不太健全完善，致使银行、金融机构无法判断其真实经营情况，在融资中存在信息不对称的问题。为此，可以基于大数据、云计算等电子技术，对结构化和非结构化、离散型、碎片化的科技型小微企业的相关数据进行分析，在保证信息可靠性和透明性的前提下，帮助金融机构识别科技型小微企业动态运营中融资需求的特征及风险，从而提高金融机构风险管控能力，降低企业融资成本，提升金融资源配置效率。同时，可以进一步完善央行征信平台，满足金融机构对科技型小微企业与融资相关的信息获取，做好融资信用信息的共享，在为金融机构降低风险的同时，也为科技型小微企业拓宽融资渠道。

三、提升政府监管服务水平

在知识产权保护、降费减税、信贷政策等领域，地方更多的是执行国家的法律与政策要求。因此，针对科技型小微企业在初创期和发展期遇到的问题，各级地方政府更应当从提高法律规定与政策措施的执行力度、探索创新监管服务方式、提升监管服务水平等方面下功夫。比如：可以探索建立由科技或经济和信息化部门牵头的政务联动工作机制，组织协调科技、经济和信息化、发改、税务、国土、住建、交通、城乡规划、金融、人社、财政、统计等政府职能（或垂直管理）部门参与，银行、证券、保险等金融服务机构协助，以解决科技型小微企业遇到的实际问题。对于在监管过程中发现的处于初创期和发展期的科技型小微企业存在的问题，倡导各级地方政府采用包容审慎的监管模式。比如，上海市《市场轻微违法违规经营行为免责清单》的尝试，可以引进科创型小微企业中通过责令改正、批评教育、指导约谈等措施，让其意识到问题所在以及如何改正，促进其依法合规开展经营活动。在政府购买公共法律服务中，应当提升公共法律服务机构与科技型小微企业结对的匹配度，引导法律服务机构以“接地气”的方式，用科研人员及投资者听得懂的语言，在最短的时间内提供最有效的政策信息，打通政策服务的“最后一公里”，为科技型小微企业提供知识产权、税费缴纳、人才政策、融资等领域的指导。

参考文献

1. 世界银行：《2016年营商环境报告》。

2. 世界银行：《2017年营商环境报告》。

3. 世界银行：《2018年营商环境报告》。

4. 世界银行：《2019年营商环境报告》。

5. 世界银行：《2020年营商环境报告》。

6. 罗培新：《世界银行营商环境评估方法论：以“开办企业”指标为视角》，载《东方法学》2018年第6期。

7. 赫郑飞：《完善负面清单管理模式的思考和建议》，载《中国行政管理》2014年第8期。

8. 陈甬沪：《服务上海自贸区建设　探索市场监管有效机制》，载《中国工商管理研究》2013年第11期。

9. 李磊、陶劲松：《上海自贸区外商投资“负面清单”的挑战与应对》，载《贵州大学学报》2015年第3期。

10. 庄锡强：《关于建立自由贸易试验区事中事后监管体系的研究》，载《发展研究》2016年第2期。

11. 高凛：《自贸试验区负面清单制度下事中事后监管》，载《国际商务研究》2017年第1期。

12. 龚柏华：《“法无禁止即可为”的法理与上海自贸区“负面清单”模式》，载《东方法学》2013年第6期。

13. 孙婵、肖湘：《负面清单制度的国际经验及其对上海自贸区的启示》，载《重庆社会科学》2014年第5期。

14. 康峰：《迎接“清单”正转负的挑战》，载《中国外汇》2013年第12期。

15. 张焕波、杜靖文：《完善负面清单管理模式下的事中事后监管体系》，载《中国经济分析与展望》2016年第3期。

16. 张焕波、史晨等：《负面清单管理模式下我国外商投资监管体系研究》，载《全球化》2017年第4期。

17. 朱明：《探索双负面清单机制提升市场监管能力现代化水平》，载《工商行政管理》2015年第3期。

18. 于志宏、李长海：《自贸区扩容升级：不能忘记的责任清单》，载《WTO经济导刊》2015年第4期。

19. 刘天姿：《上海自贸区负面清单管理模式的完善：以监管型政府发展为背景的解读》，载《经贸实践》2017年第5期。

20. 任清：《负面清单：国际投资规则新趋势》，载《中国中小企业》2013年第12期。

21. 李颖轶：《中国营商环境评估的进路策略与价值选择——以法国应对世界银行〈营商环境报告〉为例》，载《华东师范大学学报（哲学社会科学版）》2020年第1期。

22. 潘锡泉：《科创型小微企业成长的“困”与“解”：金融科技视角》，载《当代金融管理》2019年第9期。

23. 胡兴旺、周淼：《优化营商环境的国内外典型做法及经验借鉴》，载《财政科学》2018年第9期。

24. 罗培新：《为什么法治是最好的营商环境》，载光明网，https://www.gmw.cn/xueshu/2019-05/15/content_32834089.htm。

25. 罗培新：《世界营商环境排名问卷，中国如何挽回“冤枉失分”？》，载上观新闻网，https ://www.jfdaily.com/news/detail?id=84437。

26. 上海发布：《世界银行报告积极评价我国营商环境改革成效！上海这样为国家助力》；北京市人民政府办公厅：《北京市新一轮深化“放管服”改革优化营商环境重点任务》。

27. 深圳市人民政府：《关于加大营商环境改革力度若干措施的通知》。

28. 上海金融法院：《上海金融法院启用“中小投资者保护舱”》。

图书在版编目（CIP）数据

优化营商环境的上海实践 / 上海市行政法治研究所编．—北京：中国法制出版社，2022.6（2023.12重印）
（中国法治化营商环境丛书）
ISBN 978-7-5216-2715-2

Ⅰ．①优…　Ⅱ．①上…　Ⅲ．①投资环境－研究－上海　Ⅳ．①F127.51

中国版本图书馆 CIP 数据核字（2022）第 094985 号

责任编辑：李宏伟　　　　封面设计：杨鑫宇

优化营商环境的上海实践
YOUHUA YINGSHANG HUANJING DE SHANGHAI SHIJIAN

编者 / 上海市行政法治研究所
经销 / 新华书店
印刷 / 北京虎彩文化传播有限公司
开本 / 710 毫米 ×1000 毫米　16 开　　　印张 / 15.25　字数 / 211 千
版次 / 2022 年 6 月第 1 版　　　2023 年 12 月第 2 次印刷

中国法制出版社出版
书号 ISBN 978-7-5216-2715-2　　　定价：60.00 元

北京市西城区西便门西里甲 16 号西便门办公区
邮政编码：100053　　　传真：010-63141600
网址：http://www.zgfzs.com　　　**编辑部电话：010-63141836**
市场营销部电话：010-63141612　　　**印务部电话：010-63141606**
（如有印装质量问题，请与本社印务部联系。）